감사의 마음을 담아

_____ 에게 드립니다.

홍익희의
유대인 경제사

일러두기

- 본《유대인 경제사》시리즈의 일부 내용은 저자의 전작《유대인 이야기》(행성B잎새, 2013)를 참조하였습니다.

글로벌 서비스산업의 장악
현대 경제사 下
THE DOMINATION OF THE
GLOBAL SERVICE INDUSTRY

10

홍익희의
유대인
경제사

한스미디어

6·25전쟁의 잿더미에서 맨손으로 시작한 우리 경제가 이제는 교역규모 세계 9위이자 수출 5강이다. 무에서 유를 창조한 것이나 진배없다. 1950년대 한국은 아프리카 나라들과 별 차이가 없는 극빈국이었다. 아니, 그보다도 못했다. 전쟁이 끝난 1953년의 1인당 소득은 67달러로 세계 최빈국의 하나였다. 그 뒤 8년이 지난 1961년에조차 1인당 소득은 82달러로, 179달러였던 아프리카 가나의 절반에도 못 미쳤다. 그마저도 미국 원조 덕분이었다. 전쟁 복구가 시작된 1953년부터 1961년까지 원조액은 무려 23억 달러였다. 당시 우리의 수출액과 비교해보면 미국 원조가 얼마나 큰 금액이었는지 알 수 있다. 1962년 우리 수출실적은 5000만 달러였다.

그해 정부주도로 처음으로 경제개발계획이 시작되었다. 같은 해 대한무역투자진흥공사KOTRA가 설립되었다. 변변한 자원 없는 우리 민족도 한번 해보자고 무역 진흥의 기치를 높이 내걸고 달리기 시작하였다. 2년 뒤 1964년에 1억 달러 수출을 달성했다. 이를 기념하여 '수출의 날'이 제정되었다.

그로부터 6년 뒤인 1970년에 수출 10억 달러를 넘어섰다. 또 그로부터 7년 뒤 "친애하는 국민 여러분, 드디어 우리는 수출 100억 달러를 돌파하였습니다. 이 기쁨과 보람은 결코 기적이 아니요, 국민 여러분의 고귀한 땀과 불굴의 집념이 낳은 값진 소산이며, 일하고 또 일하면서 살아온 우리 세대의 땀에 젖은 발자취로 빛날 것입니다"라고 대통령은 떨리는 목소리로 수출의 날 기념식에서 말했다.

100억 달러! 당시로는 쉽게 믿기지 않는 숫자였다. 대통령은 그날 일기에 이렇게 적었다. "10억 달러에서 100억 달러가 되는 데 서독은 11년, 일본은 16년 걸렸다. 우리는 불과 7년 걸렸다. 새로운 출발점으로 삼자. 새로운 각오와 의욕과 자신을 가지고 힘차게 새 전진을 다짐하자."

이렇게 달려와 2008년 수출액은 4200억 달러를 넘어섰다. 46년 사이에 8400배 증가한 것이다. 세계은행에 따르면 1960년대 이후 30년 동안 한국의 경제성장률이 세계 197개국 가운데 가장 높았다 한다. 자그마치 30년을 1등으로 달려온 민족이다. 세계 경제사에 유례가 없는 것이라 하였다. 바깥을 향한 경제정책이 우리 민족을 일으켜 세운 것이다. 해외에 나가보면 우리 수출기업들이 정말 열심히 뛰고 있다. 그들의 활약상을 보고 있노라면 누구라도 애국자가 아니 되려야 아니 될 수 없다. 우리 경제가 이만큼이나마 클 수 있었던 것은 수출기업들 덕분이다.

그런데 이러한 수출의 비약적인 발전에도 오늘날 우리 경제가 활력을 찾지 못하는 원인은 무엇일까? 내수경기는 좀처럼 불붙지 못하고 청년실업은 갈수록 늘어나고 있다. 상품 수출로 벌어들인 무역흑자는 서비스수지와 소득수지 적자로 까먹고도 모자랄 판이다. 이제는 세상이 바뀌어 상품 수출만으로는 안 된다. 서비스산업의 발전 없는 제조업 수출만으로는 한계가 있다.

필자는 해외 7개국에서 근무했다. 그 가운데 1990년대 중반 뉴욕무역관에 근무할 때, 제조업 고용비중이 10%도 안 되는 미국이 세계 경제를 호령하는 힘은 어디서 나오는지 궁금했다. 속내를 들여다보니 미국은 서비스산업 고용비중이 80%를 넘어선 서비스산업 강국이었다. 특히 금융산업 경쟁력은 세계 최강이었다. 뭔가 월스트리트에 답이 있을 듯했다. 그 속내를 들여다보고 싶었다.

세계의 제조업이 산술급수적으로 커가고 있을 때 금융산업은 기하급수적으로 성장하였다. 미국 경제에서 GDP 성장에 대한 금융산업 기여도는 3할에 이른다. 세계는 바야흐로 금융자본이 산업자본을 이끄는 금융자본주의 시대다. 이러한 금융자본주의 정점에 미국이 있었다. 제조업의 열세로 무역적자에 허덕이는 미국을 세계 각국에 투자된 미국의 금융자본이 먹여 살리고 있었다.

2001년부터는 스페인에서 두 번째로 근무하는 행운을 얻었다. 세계적인 제조업이나 변변한 첨단산업 하나 없는 스페인이 10여 년 전 첫 근무를 할 때에 비해 급속도로 발전하고 있는 데 놀랐다. 관심을 갖고 들여다보니 그 힘 역시 서비스산업이었다. 20세기에 힘들었던 스페인 경제가 21세기 들어 관광산업과 금융산업이 주도하기 시작하면서 활기차게 돌아갔다. 고용창출 효과 또한 대단했다.

해외 근무를 계속하면서 가는 곳마다 유대인들을 만날 수 있었다. 중남미에서부터 미국, 유럽에 이르기까지 필자가 근무한 나라를 더해갈수록 그들의 힘을 더 크게 느낄 수 있었다. 금융은 물론 유통 등 서비스산업의 중심에는 언제나 유대인들이 있었다.

도대체 그들의 힘의 원천이 무엇인지 알고 싶었다. 우리나라도 이제 예외가 아니었다. 이미 우리 생활 곳곳에 알게 모르게 유대인들의 영향력이 강하게 미치고 있었다. 이제는 유대인이 그동안의 개인적인 관심사의 대상을 넘어 우리 경제에서 그냥 지나칠 수 없는 거대한 상대방이 되어 있었다.

서비스산업의 실체에 대해 제대로 공부해보고 싶었다. 뿌리부터 알고 싶었다. 금융산업을 비롯한 서비스산업의 뿌리를 살펴보니 거기에는 어김없이 유대인들이 있었다. 경제사에서 서비스산업의 창시자와 주역들은 대부분 유대인이었다. 더 나아가 세계 경제사 자체가 유대인의 발자취와 궤를 같이하고 있었다. 참으로 대단한 민족이자 힘이었다.

매사에 '상대를 알고 나를 아는' 지피지기가 우선이라 하였다. 그들을 제대로 알아야 한다. 그리고 그들에게 배울 게 있으면 한 수 배워야 한다. 이런 의미에서 우리 경제가 도약하는 데 작은 힘이나마 보탬이 되고자 능력이 부침에도 감히 이 책을 쓰게 되었다. 우리도 금융강국이 되어야 한다. 그리고 다른 서비스산업에서도 경쟁력을 갖추어야 21세기 아시아 시대의 주역이 될 수 있다.

책을 쓰면서 '경제사적 시각'과 '자본의 공간적 흐름'에 주목했다. 지금 세계에는 직접투자자본FDI이 인건비가 높은 나라에서 낮은 나라로 물 흐르듯 흐르고 있다. 그 덕에 제조업의 서진화西進化가 빠른 속도로 이루어지고 있다. 중국이 대표적인 사례다. 이를 통해 아시아

시대가 우리가 예상했던 것보다 더 빨리 다가오고 있다.

그러나 그보다 더 거센 물결은 세계 금융자본의 초고속 글로벌화다. 대부분의 글로벌 금융자본은 돈 되는 곳이라면 어디든 가리지 않는다. 인터넷 거래를 통해 빛의 속도로 세계 각국을 헤집고 다니며 엄청난 규모의 자본소득을 빨아들이고 있다.

아시아 시대는 이러한 거대하고도 빠른 복합적 흐름으로 가속화되고 있다. 흐름의 가속화는 곧 급류요 소용돌이다. 변혁의 시기인 것이다. 이렇게 급속도로 펼쳐지고 있는 아시아 시대를 맞아 우리나라가 외부의 물살에 휩쓸려서는 안 된다. 더구나 중국이나 일본의 변방에 머물러 있어서도 안 된다. 그 흐름의 중심에 올라타야 한다.

필자는 경제학자도, 경제 관료도 아니다. 경제 전문가는 더더욱 아니다. 그러나 해외 여러 나라에서 근무하면서 보고 듣고 느낀, 서비스산업의 중요성과 유대인의 힘에 대해 같이 생각해보고 싶었다. 필자는 그동안 주로 제조업 상품의 수출을 지원해왔다. 그러나 제조업도 중요하지만 앞으로는 금융, 관광, 교육, 의료, 영상, 문화, 지식산업 등 서비스산업의 발전 없이는 우리의 미래도 한계에 부딪힐 수밖에 없다고 생각한다. 미래 산업이자 고용창출력이 큰 서비스산업이 발전해야 내수도 살아나고 청년실업도 줄일 수 있다. 그래야 서비스수지와 소득수지도 적자를 면하고, 더 나아가 우리 서비스산업이 수출산업으로 자리매김할 수 있다.

무엇보다 금융산업은 우리 미래의 최대 수출산업이 되어야 한다. 우리 모두가 서비스산업의 중요성에 대해 인식을 깊이 하고 지평을 넓혀야 한다. 21세기 우리 경제를 이끌 동력은 한마디로 서비스산업과 아이디어다. 1970년대에 우리가 '수출입국'을 위해 뛰었듯이, 이제는 '서비스산업 강국'을 위해 매진해야 한다.

이 책은 오늘날의 유대인뿐 아니라 역사 속 유대인의 궤적도 추적하였다. 이는 역사를 통해 서비스산업의 좌표를 확인하고자 함이요, 또한 미래를 준비하고 대비하기 위한 되새김질이기도 하다. 경제를 바라보는 시각도 역사의식이 뒷받침되어야 한다고 믿는다.

책을 쓰면서 몇 가지 점에 유의했다. 먼저, 유대인에 대한 주관적 판단이나 감정을 배제하고 객관성을 유지하고자 노력했다. 가능하면 친유대적도 반유대적도 아닌, 보이는 그대로 그들의 장점을 보고자 애썼다.

두 번째로, 유대인 이야기와 더불어 같은 시대 동서양의 경제사를 씨줄로, 그리고 과학과 기술의 발달 과정을 날줄로 함께 엮었다. 이는 경제사를 입체적으로 파악하기 위해서다. 그리고 경제사를 주도한 유대인의 좌표를 그 시대 상황 속에서 살펴보고자 함이요, 동양 경제사를 함께 다룬 것은 서양의 것에 매몰된 우리의 편중된 인식을 바로잡는 데 조금이라도 보탬이 되고자 함이었다. 유대인도 엄밀히 말하면, 셈족의 뿌리를 갖고 있는 동양인이다. 다만 오랜 역사에 시달려 현지화되었을 뿐이다.

과학과 기술의 발달 과정을 함께 엮은 것은, 경제사를 입체적으로 이해하기 위해서는 시대 상황과 함께 과학과 기술의 변천을 함께 살펴야 한다는 믿음 때문이다. 과학기술사는 경제사와 떼려야 뗄 수 없는 불가분의 관계다. 실제 역사적으로 과학기술의 발전이 경제 패러다임을 바꾼 사례가 많았다. 이미 과학과 기술의 트렌드를 알지 못하고는 경제와 경영을 논하기 어려운 시대가 되었다.

날줄과 씨줄이 얽히면서 만들어내는 무늬가 곧 경제사의 큰 그림이다. 만약 이러한 횡적·종적인 연결고리들이 없다면 상호 연관성이 없는 개별적인 역사만 존재하게 되고, 경제사는 종횡이 어우러져 잘

짜여진 보자기가 아니라 서로 연결되지 않은 천 쪼가리들에 지나지 않을 것이다.

세 번째로, 유대인의 역사와 그들의 의식구조를 이해하기 위해 그들이 믿는 '유대인의 역사책'인 구약성경을 많이 인용하였음을 양해 바란다.

마지막으로 고백해야 할 것은, 이 책의 자료 가운데 많은 부분을 책과 인터넷 검색으로 수집하였다는 점이다. 이를 통해 여러 선학들의 좋은 글을 많이 인용하거나 참고하였음을 밝힌다. 한 조각, 한 조각의 짜깁기가 큰 보자기를 만들 수 있다는 생각에서다. 널리 이해하시리라 믿는다.

특히 이번《유대인 경제사》10권 시리즈를 내면서 먼저 출간된 필자의 책들《유대인 이야기》(행성B잎새, 2013)와《유대인 창의성의 비밀》(행성B잎새, 2013),《세 종교 이야기》(행성B잎새, 2014),《달러 이야기》(한스미디어, 2014),《환율전쟁 이야기》(한스미디어, 2014),《월가 이야기》(한스미디어, 2014)에서 많은 내용을 가져왔다.

참고문헌은 익명의 자료를 제외하고는 본문의 각 페이지와 책 후미에 밝혀두었다. 그럼에도 이 책에 있는 오류나 잘못은 당연히 필자의 몫이다. 잘못을 지적해주시면 감사한 마음으로 고치겠다. 끝으로 이 책을 사랑하는 코트라KOTRA 식구들에게 바친다.

지은이 홍익희

CONTENTS

I

고부가가치 서비스산업을
이끄는 유대인

JEWISH ECONOMIC HISTORY

금융산업은 물론 그 밖의 서비스산업 분야에서도 유대인의 활약은 눈부시다. 미국의 의료계와 법조계를 주무르는 유대인들, 유대 자본으로 움직이는 석유 메이저들과 곡물 메이저들, 미국 언론계의 유대인들, 미국 교육계의 유대인들, 그 밖에 보석산업계, 유통업계, 부동산업계, 과학계, 디자인업계, 음악업계 등등 이루 헤아릴 수 없다.

특히 창조성을 바탕으로 꿈을 파는 유대인들이 있다. 정보통신업계에서 빛을 발하는 유대인들, 라스베이거스의 관광산업에 불을 지핀 유대인들, 그리고 창의성을 무기로 영화산업을 쥐고 흔드는 유대인들이 그들이다.

앨빈 토플러와 함께 미래학을 처음 창시한 하와이대학의 짐 데이토 교수는 세계 경제는 제조업에서 서비스업으로, 다시 지식경제에서 창조경제로 이동하고 있다고 했다. 성장동력이 혁신에서 창의성으로, 가치의 원천이 '지식과 정보'에서 '상상력과 창의성'으로 전환되고 있다. 그리고 역시나 그 중심에 유대인들이 있다.

창의성과 상상력의 결정체, 영화산업

영화야말로 창의성과 상상력의 결정체다. 아인슈타인이 강조했듯 "상상력이 지식보다 더 중요하다"는 걸 단적으로 증명해주고 있다.

영화 한 편이 소나타 300만 대 수출 효과

미국의 영화산업은 직접 종사자만 50만 명, 직간접 종사자 190만 명으로 미국의 5대 산업 가운데 하나이자 고부가가치 산업이다. 2009년 3D영화 〈아바타〉는 세계적 돌풍을 일으켜 순이익만 30억 달러에

⚛ 3D영화 〈아바타〉

달했다. 현대자동차가 순이익 30억 달러를 내려면 2만 달러짜리 쏘나타 300만 대(순이익률 5% 적용)를 수출해야 한다.

〈터미네이터〉, 〈타이타닉〉 등 블록버스터 감독으로 유명한 제임스 캐머런 감독은 〈아바타〉 한 편으로 3억 5000만 달러를 벌었다. 〈아바타〉는 인간의 창의성과 상상력이 빚어낸 문화콘텐츠산업의 위력을 여실히 보여주었다.

영화산업, 유대인에 의해 탄생되다

"인류는 전기에 관한 한 유대인의 덕을 톡톡히 보고 있다. 낮을 밝히는 빛은 하느님이 창조했지만, 밤을 밝히는 빛은 유대인들이 만들었다."

토머스 에디슨이 인류 최초로 실용전구를 발명했다. 그는 전구뿐 아니라 소형발전기까지 만들어 1882년 9월 4일 오후 3시 모건은행

∗∗ 토머스 에디슨

사무실에 세계 최초의 전등을 설치했다. 전등과 발전소가 에디슨에
의해 발명되었다면 이를 실용화하여 전기를 대량공급하기 시작한
것은 JP 모건의 자본력이었다.

　그들은 석탄을 이용한 최초의 화력발전소를 같은 해 뉴욕에 건설
했다. 인류 최초로 전기의 대량생산이 시작된 것이다. 인류사에 또
하나의 획기적인 전환점이었다.

　낮의 빛을 하느님이 창조하셨다면 밤의 빛을 밝히는 전기는 유대
인들이 만들어냈다. 그 뒤 전기는 빛을 밝히는 용도 이외에 제조업의
생산성을 획기적으로 증대하는 데 큰 역할을 하였다. 이 전기를 이용
해 영화산업을 태동시킨 사람 역시 에디슨이다.

에디슨, 영사기와 촬영기를 발명하다

　영화산업의 태동에 있어 재미있는 점은 촬영기보다 영사기가 먼
저 만들어졌다는 점이다. 에디슨이 영사기를 발명하게 된 계기는 말

이 뛰는 모습을 연속으로 찍어서 유명해진 이드위어드 마이브리지를 만나 그를 자신의 실험실로 초대한 덕분이었다. 실험실에서 마이브리지는 자신의 사진을 프락시노스코프praxinoscope(회전요지경)에 걸어 움직임을 나타낼 수 있음을 보여주었다.

∗ 키네토스코프

이때 에디슨은 동작 역시 연속된 사진으로 기록될 수 있음을 깨달았다. 축음기를 발명했던 에디슨은 소리를 저장하는 것과 움직임을 저장하는 것이 크게 다르지 않음을 발견했다. 마이브리지와 만난 지 8개월 후, 에디슨은 그의 조수들 가운데 한 사람인 윌리엄 딕슨의 도움으로 키네토스코프라는 영사기를 발명해 첫 특허를 냈다.

이어 1892년에는 자신의 발명품인 축음기와 활동사진을 결합하여 1초에

∗ 촬영기(키네토그래프)

48장의 사진을 찍는 활동사진 카메라(키네토그래프kinetograph)를 만들었다. 이듬해 에디슨은 뉴욕에서 그가 이미 1889년에 발명했던 영사기 키네토스코프를 활용해 일반인들이 활동사진을 볼 수 있게 했다. 이는 활동사진 카메라로 찍은 음화를 양화로 만들어 구멍을 통해 들여다보게 설계되었다. 보통 20~30초 정도로 키스, 권투 장면, 스트립쇼 같은 자극적인 내용을 담았다.

에디슨은 오늘날 스튜디오의 원형이라 할 수 있는 '블랙마리아'를 건설해 그가 발명한 키네토그래프를 통해 다양한 활동사진을 제작했다. 하지만 그는 기본적으로 활동사진 제작보다 활동사진을 상영하는 키네토스코프 판매에 더 관심을 보여 활동사진 제작은 부차적인 것으로 보았다. 따라서 영화시장은 영상을 상영하는 키네토그래프를 중심으로 형성되었다.

그러다 '최초의 영화' 타이틀은 촬영기 겸 영사기 시네마토그래피를 발명해 50초짜리 영화를 찍어 1895년 대중들에게 처음으로 공개한 프랑스의 뤼미에르 형제에게 돌아갔다.

하지만 이에 자극받아 영화를 대중화시키는 데 성공한 사람은 에디슨이었다. 에디슨도 뤼미에르 형제의 방식을 받아들여 이듬해 여럿이 함께 볼 수 있는 비스타스코프를 발명했다. 이로써 그는 인류에게 영화라는 새로운 장르의 서비스산업을 선물했다.

뉴욕, 뉴저지 곳곳에 유대인이 운영하는 극장들

대중영화가 발명되었을 때 에디슨 스튜디오에서 영화를 처음 본 사람들은 입을 다물 줄 몰랐다. 최초의 영화제작소는 뉴저지에서 탄생했다. 그 뒤 뉴욕과 뉴저지 곳곳에 유대인들이 운영하는 극장이 생겨났다. 영화에 대한 사람들의 관심이 급증하자 미국 곳곳에서 5센트만 내면 볼 수 있는 극장들이 번창했다. 1908년 미국에 400개소나 생겼다.

영화 관람이 단돈 5센트였다. 그 때문에 서민들, 특히 하층계급의 환영을 받았다. 게다가 그들을 위해 제작된 수백 편의 단편영화가 무성영화였다는 것도 한몫했다. 대다수 영화 애호가들인 이민자들은 거의 영어를 알아듣지 못했기 때문이다. 같은 이민자인 유대인들의 사업으로서는 이상적인 환경이었다.

더구나 미국에 이민 온 유대인들 가운데 많은 사람이 유럽에서 유랑극단 등 엔터테인먼트 관련 사업을 운영했던 경험이 있었다. 이들이 점점 재력가가 되면서 영화제작에 투자하기 시작했다. 그러다 투자자에 머물지 않고 직접 제작에 참여했다.

이렇듯 미국 영화산업은 유대인 기술, 유대인 자본에 의해 탄생해 유대인들이 제작하고 유대 정치가들이 후원했다. 지금도 미국 영화계와 연예계는 유대인들의 독무대라 할 만큼 그들의 활약이 눈부시다.

할리우드의 탄생

유대인은 될성부른 산업은 아예 초기부터 독점화하려는 성향이 강하다. 에디슨도 예외가 아니었다. 그는 1908년 뉴욕을 중심으로 동부 지역에서 활동하던 10여 개 영화사를 묶어 영화특허회사MPPC: Motion Picture Parents Co를 만들어 시장을 독점하려 했다. 그 뒤 영화특허회사 MPCC의 독점적 횡포가 심해졌다. 특히 문제가 된 것은 MPPC로부터 라이선스를 받은 회사만이 영화를 제작할 수 있게 하는 조치였다.

여기에 반발한 사람들 역시 유대인들이었다. 1910년을 전후해 일부 유대인 제작자들이 에디슨의 견제를 피해 서부로 이동했다. 그들은 에디슨의 영향력이 닿지 않는 서부의 한 시골에 자리 잡아 영화를 만들기 시작했다. 그 시골의 지명이 바로 할리우드이다. 이렇게 뉴욕과 뉴저지에서 시작된 영화산업이 서부로 이동한 것은 기존 영화 제작의 관행으로부터 벗어나고자 하는 유대인들의 개척정신에서 비롯된 것이다.

때맞추어 유럽에서의 유대인 수난사와 미국에 대한 동경심을 유발하는 작품들이 히트를 쳤다. 그 뒤 할리우드가 본격적으로 영화산업을 장악해갔다. 1912년 100개 이상의 영화 제작사가 난립했다. 이때 유대인들이 경기불황으로 힘든 영화사들을 통폐합해 7대 영화사로 만들었다.

7대 영화사 가운데 6개를 설립한 유대인

1912년 할리우드에서 근대적 장비를 갖춘 최초의 대형 영화사 '유니버설'은 독일계 유대인 칼 레물이 만들었다. 그는 17세 때 미국으로 건너와 20년 동안 의류 장사를 하다가 1909년부터 영화산업에 손을

댔다. 〈십계〉와 〈삼손과 데릴라〉 등 유대인 색채가 많이 나는 영화를 제작하였다.

이듬해에는 '20세기폭스', 1916년에는 '파라마운트' 영화

사가 헝가리 출신 유대인들에 의해 세워졌다. 윌리엄 폭스와 애돌프 주커가 그들이다. 폭스는 세탁소를 운영하다가 그게 잘되어 영화사를 설립하였다. 그 뒤 20세기폭스사는 유대계 제작자 자눅과 석유 부호 데이비스 소유가 되었다가 언론 재벌 머독에 넘어갔다.

파라마운트는 주커가 동료 유대인 제스라스키와 함께 세웠다. 랍비 가문 출신의 아돌프 주커는 모피 판매인이었고 제시 라스키는 코넷 주자였다. 그리고 프랑스계 유대인 찰리 채플린과 그의 동업자들이 세운 '유나이티드 아티스트'를 세웠다. 유나이티드 아티스트의 공동설립자였던 조지프 셍크는 유원지를 경영하고 있었고, 샘 골드윈은 대장간 견습과 장갑 세일스맨이었다.

폴란드계 유대인 워너 4형제가 '워너브라더스'를 설립했다. 워너 형제는 폴란드 출신 가난한 구두 수리공의 가정에 태어나서 고기와 아이스크림도 팔고, 자전거 수리, 전시장의 호객꾼, 순회 풍각쟁이 노릇을 하였다. 그러다 1904년에 영사기를 사서 누이동생 로즈가 피아노를 치고, 열두 살 된 재크가 남성 소프라노로 노래를 하면서 그들 자신의 흥행을 시작했다. 할리우드에서 그들이 이룩한 것은 음향에 관계된 획기적인 일이었다.

또 1924년 설립된 '컬럼비아' 역시 독일계 유대인인 해리 콘이 사장이었다. 해리 콘은 트롤리 버스의 차장, 그리고 소극장 어릿광대 노릇도 했다.

같은 해 할리우드에 진출한 MGM 역시 메이어를 비롯한 공동창업주 3명이 모두 유대인이었다. 루이스 메이어는 히브리어 학자의 아들로 러시아에서 태어났다. 폭스와 마찬가지로 어렸을 때 이민 와서 8세 때 폐품 매매를 시작해 19세 때 자신의 고물상을 가질 수 있었다. 22세 때 극장 체인을 소유하여 1915년에 처음으로 성인들을 위한 장편 영화 〈국민의 탄생〉을 제작했다. 이후 MGM사를 차려 〈벤허〉와 〈바람과 함께 사라지다〉 등을 제작했는데, 한때 세계 최대의 영화사로 불렸던 '어흥' 하는 사자로고로 유명하다.

이렇게 유니버설 스튜디오를 시발로 파라마운트, 20세기폭스, MGM, 워너브라더스, 컬럼비아영화사 등 7대 영화사 가운데 6개를 유대인이 설립했다. 나머지 월트 디즈니 영화사는 유대인이 창업하지는 않았지만 역대 경영자들이 유대인이었다. 영화사뿐 아니라 영화 제작도 유대인들이 주도했다. 1936년 조사에 의하면 할리우드 제작자 85명 중 53명이 유대인이었다.

서부가 동부를 제치고 영화산업의 메카가 된 주요 이유는 세 가지였다. 자연광이 풍부하고 비가 적은 서부가 영화 촬영에 훨씬 유리했고, 노동조합에 가입하지 않은 저렴한 노동력을 확보할 수 있었으며, 때맞추어 서부영화가 유행했기 때문이다. 영상 문화를 장악했다는 것은 유대인의 생각과 관심이 영상을 통해 일반 대중에게 알게 모르게 그대로 이식되는 것을 의미한다. 무서운 영향력이다.

찰리 채플린

초기 할리우드 영화계에서 가장 유명했던 영화배우는 찰리 채플린이었다. 유대인인 그는 무성영화 시대의 주역이었다. 채플린은 꽉 낀 웃옷과 헐렁한 바지로 유랑민이 신사가 되려는 모습을 표현했다. 채플린의 영화는 무성영화였기에 언어와 관계없이 누구나 공감할

∴ 찰리 채플린

수 있었다.

당시 세계 각지에서 온 이민자들이 런던에서 온 이민자 채플린에 열광했다. 그는 배우이자 영화감독이었으며 또한 제작자였다. 조지 버나드 쇼는 채플린을 '영화산업에서 나온 유일한 천재'라고 평가했다.

하지만 1950년대 초반 미국에 매카시즘의 광풍이 불자 채플린 역시 이를 비켜가지 못했다. 매카시즘의 피해자 수는 정확한 집계조차 힘들다. 특히 유대인들의 피해가 컸다. 영화계에서만 300명이 넘는 배우 및 작가, 감독들이 비공식적인 할리우드 블랙리스트에 오르며 해고당하거나 무대에서 내려와야 했다.

당시 많은 유대 지식인들은 진보 성향을 보였다. 요주의 대상이 될 수밖에 없었다. 극작가 아서 밀러, 레너드 번스타인, 시인 및 극작가인 베르톨트 브레히트 등과 함께 찰리 채플린은 예술계의 대표적인 피해자였다. 〈모던 타임즈〉와 〈위대한 독재자〉 등으로 사회비판적인 영화를 만들었던 채플린은 공산주의자로 몰려 그의 영화는 상영이 중단되었다. 영화 홍보차 외국에 나갔다가 귀국을 거절당해 스위스에서 생을 마쳤다.

스티븐 스필버그

많은 유대인 배우와 감독, 제작자들이 있지만 현존하는 영화인 가운데에서 가장 유명한 영화인은 스티븐 스필버그일 것이다. 많은 사람이 그를 유명한 영화감독으로만 알고 있으나, 그는 20억 달러의 재산가일 뿐 아니라 드림웍스를 경영하는 기업인이기도 하다.

스필버그는 영화 〈조스〉로 세인들의 뇌리에 강하게 어필하며 그의 명성을 알렸다. 그에게 돈 벼락을 안겨준 〈ET〉, 〈인디아나 존스〉 등 초기 SF, 어드벤처 영화는 현재 할리우드 블록버스터 영화 제작의 원형으로 꼽힌다. 그 외에도 〈쥬라기 공원〉 등으로 관객을 사로잡았다.

∴ 스티븐 스필버그

그의 영화는 50여 년 동안 수많은 주제와 장르를 넘나들었다. 이것은 정말 쉽지 않은 도전이다. 그러면서도 흥행 또한 놓치지 않았다. 그는 〈ET〉로 7억 9000만 달러의 흥행을 기록해 세계 1위를 기록한 뒤 〈쥬라기 공원〉의 9억 1000만 달러로 또 자신의 기록을 깼다. 그는 첫 작품 〈조스〉로도 1위를 차지했으니 세계 흥행기록을 세 번이나 깬 유일한 감독이다. 그는 감독뿐 아니라

∴ 스필버그의 영화 〈쥬라기 공원〉

제작자로도 활약해, 친구인 조지 루카스의 〈스타워즈〉 시리즈를 제작했다.

게다가 흥행에 작품성을 더해 1993년 〈쉰들러 리스트〉와 1998년 〈라이언 일병 구하기〉로 아카데미상 감독상을 두 번이나 수상했다.

∴ 스필버그의 영화 〈쉰들러 리스트〉

지금도 할리우드 대부분의 영화 제작사는 유대인들이 운영하고 있다. 유대인 감독도 많은 편이다. 스티브 스필버그 이외에도 우디 앨런, 올리버 스톤, 스탠리 쿠브릭, 로만 폴란스키, 배리 레빈슨, 시드니 폴락, 밀로스 포먼, 마이크 닐콜스, 벤 스틸러 등이 유명하다.

영화는 다른 어떤 수단보다 현대문화 형성에 큰 영향을 주고 있다. 전 세계 영화관에서 상영되는 영화의 85%가 할리우드 영화다. 세계인의 문화생활과 의식에 절대적인 영향력을 미친다. 미국의 가치인 이른바 '아메리칸 드림'이 할리우드 영화를 통해 전 세계에 전파되는 것이다.

이렇게 미국인들의 정신을 '생산'해내는 할리우드에서 가장 영향력 있는 사람들이 유대인이라는 점은 결코 우연이 아니다. 할리우드는 처음부터 유대인의 손에서 생겨났고, 지금도 유대인과 인연을 맺지 않으면 영화계에서 성장하기 어렵다. '스필버그 효과'는 그런 풍토에서 나온 자연스러운 현상이다.

스필버그는 유대교 성인식을 치렀지만 계율에 충실한 유대인은 아니었다. 그가 유대인으로서 정체성을 확립한 것은 유명해지고 나서부터다. 그는 유대교로 귀의하고 〈쉰들러 리스트〉를 찍었다. 이 작품을 통해 유대인들이 대학살로 죽어간 자기 뿌리에 대해 직시함으로써 앞으로 다시 닥칠지 모르는 위험에 대비하도록 경종을 울린 것이다. 홀로코스트의 참상을 전 세계에 전한 〈쉰들러 리스트〉에 대해 스필버그는 "다른 사람의 영혼을 구해주는 것은 전 세계를 구해주는 것과 같다"는 탈무드의 간단한 가르침을 세상에 가르치고 싶었다고 말했다. 영화평론가들은 속편을 두 편씩이나 만들었던 〈백 투 더 퓨처〉도 "우리의 시대를 과거처럼 새롭게 만들어달라"는 유대교회의 기도문 의미와 다르지 않다고 말한다.

'거룩한 나무Holy Wood'로 교회를 지으면서 세상에 영향을 주려고 했던 아브라함의 후손들이 이제는 '할리우드Hollywood'를 만들어 세상을 뒤흔들고 있다.[*]

월트 디즈니를 다시 일으켜 세운 마이클 아이스너

1923년 설립된 월트 디즈니는 직원 5만 8000명, 매출액 252억 달러의 기업으로 미디어 오락업계 세계 2위 기업이다. 아이스너가 이 회사 회장에 취임한 1984년에 월트디즈니는 참담한 상태였다. 만화영화와 테마파크 등의 영업이 순탄치 못하였다. 디즈니의 부흥은 이른바 디즈니 재건의 삼총사로 불리는 마이클 아이스너, 프랭크 웰스,

❖ 육동인, 《0.25의 힘》, 아카넷, 2009 등

제프리 카젠버그가 부임하면서부터였다. 이들 3명이 모두 유대인이었다. 그 이후 17년간의 아이스너와 동료들의 노력으로 실적이 극적으로 개선되었다. 1984년에 30억 달러에 지나지 않았던 디즈니의 기업가치가 2000년에는 700억 달러까지 올랐다. 디즈니의 영광을 부활시킨 아이스너의 배경을 살펴보자.

아이스너의 할아버지는 보헤미아 출신 유대인이었다. 맨해튼에서 행상으로 시작하여 군복과 보이스카웃 제복을 만들면서 부를 쌓아갔다. 그가 소년 시절을 보낸 1950년대는 유대인에 대한 인종차별이 심한 시기였다. 따돌림받는 외톨이었지만 유대인으로서 자부심은 강하였다.

그가 미디어 오락사업의 매력에 사로잡힌 계기는 학생 시절 NBC TV에서 아르바이트를 했을 때였다. 대학 졸업 뒤 ABC TV에 입사, 업계에서 실력을 인정받은 그는 배리 딜러에 의해 1976년에 파라마운트로 스카우트되었다. 그 시절 아이스너는 제작비를 최소로 줄이는 영화 제작기법을 확립했다. 대스타에 의존하지 않고 창조적인 아이디어와 각본으로 승부하여 저예산을 가지고도 성공할 수 있다는 것을 보여주었다. 부임 당시 할리우드에서 6위였던 파라마운트를 배리 딜러, 그리고 동료였던 카첸버그와 함께 1위로 끌어올렸다.

1984년에는 월트 디즈니가 아이스너의 수완에 회사 재건을 맡겼다. 아이스너는 자신의 철학이 담긴 아이디어와 각본으로 승부하여 영화와 애니메이션에서 연속 성공작을 출시하였다. 아이스너의 업적에서 더욱 중요한 것은 영화에서 머물지 않고 성공작들을 비디오, 앨범 등으로 이어지는 복합 미디어의 시너지 효과를 충분히 이용한 점이다. 그리고 디즈니 테마 파크를 대대적으로 확장하고 파리 등 해외에도 진출하였다. 다양한 분야에서 높은 이윤을 창출해냈다.

드림웍스의 세 사람

영화계의 드림팀이라 불리는 '드림웍스'의 세 사람 모두 유대인이다. 월트 디즈니에서 애니메이션을 책임지고 있는 유대인 제프리 카젠버그가 아이스너와의 세력 다툼에 밀려 실의에 빠져 있을 때, 그를 찾아와 위로해준 사람이 그의 가장 친한 친구 스티븐 스필버그였다.

두 사람은 함께 새로운 사업을 하기로 하고 아이디어를 구상했다. 이들은 세 번째 공동출자 경영자로 스필버그의 친구이자 음악에 정통한 데이비드 게펜을 영입하였다. 유능한 감독과 애니메이션 대가와 음악적 재능과 경영 수완을 겸비한 전문가 3인으로 완벽한 삼박자를 갖춘 드림팀이 구성된 것이다.

드림웍스SKG는 〈라이언 일병 구하기〉, 〈글래디에이터〉 등으로 대성공을 거두며 승승장구하였다. 그 덕에 카젠버그도 개인자산이 8억 달러가 되었고, 스필버그는 20억 달러의 부자가 되었다. 데이비드 게펜은 무려 33억 달러를 소유한 할리우드에서 가장 부유한 사람이 되었다. 이후 2005년 바이어컴을 모회사로 둔 파라마운트픽처스가 경쟁사인 드림웍스SKG를 인수하였다. 빅딜의 규모는 약 16억 달러였다. 파라마운트는 스필버그를 감독으로, 데이비드 게펜을 드림웍스의 사장으로 다시 임명할 것을 밝혔다.

미국의 영화산업은 유대인이 주도하고 있다. 영화계에서 유대인 인맥 없이는 성공하기 힘들다는 이야기가 나돌 정도다. 대부분 영화 제작사는 유대인들이 운영하고 있다. 게다가 스티븐 스필버그 말고도 영화감독 우디 앨런, 영화배우 게리 그란트, 커크 더글러스와 그의 아들 마이클 더글라스, 폴 뉴먼, 토니 커티스, 더스틴 호프만, 가수 바브라 스트라이샌드도 유대인이다. 그 외에 해리슨 포드, 골디 혼, 숀 펜, 스티븐 시걸, 메릴 스트립 등 이름만 들어도 알 만한 영화인들 또한 모두 유대인이다. 영화배우는 아니지만 우리에게 친숙한 유대 인을 꼽으라면 한국전쟁 당시 인천상륙작전을 지휘했던 더글러스 맥 아더 장군도 유대인이라 한다.

유대인의 활약이 두드러진 할리우드에서 출세하려면 유대인과 좋은 관계를 맺어야 한다. 가장 단적인 예가 흑인 여배우인 우피 골드버 그다. 유대인이 아닌 그녀는 원래 캐린 존슨이라는 이름을 갖고 있었으나, 배우 활동을 하면서 유대인식 이름인 우피 골드버그로 바꿨다. 그리고 스타가 되었다.

유대인 여배우들

제작자와 감독뿐 아니라 할리우드에는 많은 유대인 배우들이 있다. 유대인 제작자와 감독들이 같은 값이면 유대인 배우들을 쓰기 때문이다. 여배우 중에는 가수 겸 배우이자 제작자인 바브라 스트라 이샌드가 유대인이다. 그녀는 1960년대 라스베이거스에서 엘비스 프레슬리와 함께 '빅쇼'를 처음으로 탄생시켜 미국 전역에서 이 쇼를 보기 위해 44만 명이 몰려옴으로써 오늘날의 라스베이거스를 만든 장본인이다. 그녀의 첫 남편이었던 〈오션스 일레븐〉의 엘리엇 굴드 역

❖ 본드 걸, 프랑스 유대인 여배우 에바 그린

시 유대인이다. 가수 겸 배우인 〈로즈〉의 베트 미들러, 〈애정의 조건〉의 데보라 윙어, 〈셰익스피어 인 러브〉의 귀네스 펠트로, 〈가위손〉과 〈청춘 스케치〉의 위노나 라이더, '007 제임스 본드' 시리즈의 본드 걸 가운데 한 명인 에바 그린도 유대인이다.

〈레옹〉과 〈블랙 스완〉의 여주인공 나탈리 포트만은 하버드대학 심리학과 출신으로 1997년 연극 〈안네 프랑크의 일기〉에서 안네로 열연했다. 〈섹스 엔드 더 시티〉의 사라 제시카 파커와 그녀의 남편인 매튜 보데릭 역시 유대인이다. 또 〈10일 안에 남자친구에게 차이는 법〉의 골디 혼, 〈클루리스〉의 알리시아 실버스톤, 〈어벤져스〉의 스칼렛 요한슨 등이 있다.

유대인 남자 배우들

남자 배우로는 케리 그란트를 비롯해 폴 뉴먼, 율 브리너가 있다. 율 브리너는 몽골에서 태어난 몽골계 유대인이다. 마이클 더글러스와 그의 부친인 커크 더글러스, 〈트루 라이즈〉의 제이미 리 커티스와 그의 부친인 토니 커티스가 대를 잇는 유대인 배우들이다.

그 외 〈인디아나 존스〉 시리즈로 유명한

❖ 율 브리너

⁂ 유대인 배우들

해리슨 포드, 〈졸업〉의 더스틴 호프만, 〈해리가 샐리를 만났을 때〉와 아카데미 시상식 사회자로도 유명한 빌리 크리스탈, 〈아이언 맨〉과 〈셜록 홈즈〉의 로버트 다우니 주니어, 〈메리에겐 뭔가 특별한 것이 있다〉의 벤 스틸러, 〈엑스 파일〉의 데이비드 듀코브니, 〈간디〉와 〈쉰들러 리스트〉의 벤 킹슬리, 감독 겸 배우인 멜 브룩스, 다니엘 데이 루이스, 〈핫 칙〉에 출연했던 로브 슈나이더, 〈해리포터〉의 주인공 다니엘 래드클리프, 〈콜롬보〉의 피터 포크 등이 있다.

〈사관과 신사〉에서 열연한 데보라 윙어는 1971년 이스라엘 키부츠에서 일했고 이스라엘 여군에 입대해서 복무하기도 했다. 위키백과사전에 소개된 유대인 배우만도 295명이다.

할리우드 영화, 세계인의 의식에 절대적인 영향

영화는 다른 어떤 수단보다도 문화 형성에 큰 영향을 주고 있다. 세계 영화관에서 상영되는 영화의 절반 이상이 할리우드 영화다. 세계인의 문화생활과 의식에 절대적인 영향력을 미치고 있는 것이다. 미국인들의 정신을 '생산'해내는 할리우드는 유대인 인맥으로 구성되어 있다. 배역, 자금조달, 시나리오 판매 등 모든 면에서 유대인의 도움 없이는 어려운 형편이다. 이러한 요인으로 할리우드에서 성공하려면 탄탄한 유대인 인맥이 있어야 한다.

할리우드를 주도하는 유대인

할리우드에서 가장 영향력이 있는 집단이 유대인이라는 점은 결코 우연이 아니다. 할리우드는 처음부터 유대인의 손에서 생겨났고, 지금도 유대인과 인연을 맺지 않으면 영화계에서 성장하기 어렵다.

그렇다면 할리우드 영화판에는 왜 이토록 유대인이 많은가? 먼저 풍부한 상상력과 창의성이 특기인 유대인에게 영화산업은 딱 알맞은 분야이자 돈 되는 사업이기 때문이다. 또한 그들은 강한 단결력과 인적 네트워크를 바탕으로 한 협업에 강하다. 영화야말로 협업이 필요한 산업이다.

유대인들은 각자의 위치에서 제작자, 시나리오 작가, 감독, 배우, 작곡가, 배급자, 극장주로서 '종합예술'을 지휘하고 있다. 유대인의 전형적인 특기가 발휘되어 영화산업 전체의 프로세스를 장악하여 독점적 지위를 확보한 것이다. 현재 할리우드에서 활동하고 있는 작가, 제작자, 감독 등의 60% 이상이 유대인이라 한다.[✧]

✧ 육동인 지음, 《0.25의 힘》, 아카넷, 2009

거대화를 지향하는 영상미디어산업

영화산업을 일군 유대인들은 그 뒤 라디오와 텔레비전의 탄생과 상업화를 주도하면서 방송, 통신, 신문 등 영상미디어산업에 막강한 영향력을 행사하게 된다.

라디오와 텔레비전 방송의 아버지, 데이비드 사노프

영화산업을 태동시킨 사람이 에디슨이라면, 라디오와 TV를 대중 매체로 만들어낸 사람이 데이비드 사노프David Sarnoff(1891~1971)이다. 그는 라디오나 TV를 발명한 엔지니어는 아니지만 전파와 방송이 지닌 상업적 가치를 누구보다 먼저 깨닫고 그것에 '올인'한 승부사였다.

그는 어린 시절 러시아에서 랍비가 되려고 여러 해 공부했다. 그러다 1900년 9세 되던 해 가족과 함께 미국으로 이민 와 뉴욕에서 살았다. 학교 다니는 동안 신문을 팔아 생계를 도왔는데, 더 이상 학업을 계속할 수 있는 형편이 안 되자 1906년 15세에 학교를 그만두고 전보 배달부가 되었다.

∴ 데이비드 사노프

그는 전보배달부보다 전보 치는 기사 월급이 훨씬 많다는 사실을 알게 되었다. 그래서 처음 번 돈으로 전신기구telegraph key를 사서 독학으로 모스 부호를 다루는 법을 익혔다. 숙달된 후 월급이 훨씬 많은 마르코니 무선전신회사에 사환으로 취직했고, 1908년에는 실력을 인정받아 17세의 나이에 무선기사로 승진했다.

그러던 그에게 일생에 한 번 있을까 말까 한 기회가 찾아왔다. 1912년 4월 14일, 영국을 떠난 한 척의 대형 유람선이 빙산과 충돌해 좌초되었다. 이때 근무 중이었던 사노프가 그 배로부터 SOS 무선메시지를 받았다. 그 배는 다름 아닌 타이타닉호였다.

그때부터 72시간 동안 전달되어 오는 메시지를 뉴스 미디어에 내보내며 침몰과정을 생중계했다. 700여 명의 생존자 이름을 밝혀냈고 그 상황을 실시간으로 전 세계에 알렸다. 안타까운 사고였지만 사노프는 맡은 책임을 훌륭하게 처리했다.

그가 수신한 생존자 명단은 〈뉴욕타임스〉, 〈뉴욕헤럴드〉를 통해 대서특필되어 그는 일약 유명인사가 되었다. 그 사건 이후 그는 승진했고, 이어 500여 개의 무선전신소를 총괄하는 재정 매니저로 초고속 승진을 했다. 그때 그의 나이 27세였다.

본격적인 라디오 방송 시대를 열다

고속 승진을 한 뒤 사노프는 세상을 바꿔놓을 아이디어를 떠올리고 있었다. 동일한 무선 주파수를 사용한다면, 일대일 통신이 아니라 동시에 여러 명이, 불특정 다수가 수신할 수도 있다고 생각한 것이다. 통신회사에서 발신하는 데 필요한 비용은 차이가 없었다. 받는 사람이 수신기를 설치하면 간단한 일이었다. 이 아이디어의 혁명적인 부분은 '보내는 내용'에 있었다.

1915년에 그는 '라디오 뮤직 박스'에 대한 계획서를 회사에 제출했다. "제 아이디어는 무선으로 각 가정에 음악을 배달하자는 것입니다. 피아노나 축음기처럼 '뮤직 박스music box를 만들어 판다는 계획입니다." 곧 그는 오늘날의 '라디오'를 생각한 것이다.

그때까지 라디오는 하나의 메시지 전달기구로서 주로 해운업에서 쓰이고, 일부는 아마추어 동호회에서 취미로 사용되고 있었다. 그런데 사노프의 계획서에는 라디오가 피아노나 전화같이 가정에서 사랑받는 새로운 가정용품이 될 것이라고 적혀 있었다.

하지만 비즈니스 역사상 가장 놀라운 이 아이디어는 반대에 부딪혔다. 당시 사람들은 음악이나 사람 목소리를 집에서 들을 수 있다는 사실을 거의 이해하지 못했다. 게다가 회사 사람들은 이 아이디어의 잠재력을 몰랐다. '무선으로 음악이 나오는 상자에 어떤 상업적 가치가 있겠는가. 수신인이 특정되지 않은 메시지를 돈을 내가며 들을 사람은 없을 것이다'라고 생각했다. 마르코니 회사는 이 아이디어를 어처구니없는 생각이라며 일축했다.

사노프의 아이디어는 여러 해 동안 후원자를 얻지 못했다. 그는 그 아이디어의 가능성을 스스로 증명했다. 혼자 만든 수신기로 무선통신을 즐기는 애호가들을 상대로 '인류 최초의 라디오 중계방송'을 감행한 것이다. 1921년 7월 2일 세계 헤비급 타이틀매치가 있었다. 미국과 유럽의 관심이 어마어마했다. 이 자체 중계방송의 청취자는 어느 정도였을까. 당시 미국에 보급된 무선수신기의 수는 5000대가량이었으나 놀랍게도 미국에서만 30만 명의 청취자가 '자체 제작한 수신기'로 사노프의 중계를 들었다.

제1차 세계대전은 무선통신기술의 중요성을 일깨워주었다. 제너럴일렉트릭GE이 마르코니사를 흡수해 RCARadio Corporation of America를 만들었다. 새 회사에서 사노프의 아이디어가 재검토되어 받아들여졌다. 그리고 사노프는 음악 송출뿐 아니라 뉴스, 스포츠 중계라는 아이디어를 계속해서 내놓아 음악, 스포츠, 일반 뉴스가 시간별 프로그램으로 방송될 수 있는 라디오 뮤직 박스가 만들어졌다.

그의 아이디어 덕분에 1922년, 최초로 RCA 무선수신기(라디오)가 만들어져 대량생산되기 시작했다. 데이비드 사노프의 라디오는 산업혁명과 그에 따른 대규모 실직으로 우울했던 20세기 초에 새로운 소식, 곧 뉴스와 음악을 전해주어 사람들에게 활기를 불어넣어 주었다. 그리고 경제공황과 세계대전으로 침울했던 20세기 중반 미국 사회에 희망을 가져다주는 등대 역할을 했다.

몇 달 뒤 월드시리즈 야구 경기가 중계되자 전국 각지에 방송국들이 생겨났고, 라디오 보

RCA
회사

RCA는 라디오 코퍼레이션 오브 아메리카의 약자로 1919년부터 1986년까지 존재한 전자 회사이다. 현재 RCA 상표는 톰슨사가 소유하고 있으며 소니 뮤직과 톰슨 SA사가 사용하고 있다.
위키백과

창립: 1919년, 미국
창립자: 데이비드 사노프, 오원 D. 영

급 대수는 순식간에 250만을 넘어섰다. 1927년, 찰스 린드버그가 역사적인 대서양 횡단 비행에 성공했을 때 600만 명 이상의 사람들이 라디오로 그 소식을 들었다. 라디오를 전국적으로 보급한다는 그의 계획에 모두 반신반의했지만 권투 중계와 음악 송출, 라디오 제작 판매로 RCA는 돈방석에 올라앉았다. 라디올라Radiola로 불린 이 기계는 75달러에 팔려 3년 동안 8350만 달러를 벌어들였다.

텔레비전 시대 개막

사노프의 다음 목표는 전국에 방영될 수 있는 네트워크 시스템을 구축하는 일이었다. 1926년 그의 꿈은 이루어졌다. RCA 총지배인 사노프는 계열사로 NBC를 설립했다.

천재는 새로운 것을 만들어내는 사람이 아니라, 기존에 존재하는 것에서 새로운 가능성을 발견하는 사람이라는 말이 있다. 사노프가 그런 사람이었다. 1930년, 39세의 젊은 나이로 RCA 사장에 취임한 사노프는 다음 목표를 블라디미르 즈보리킨이 특허를 낸 텔레비전이라는 물건에 두었다. 그는 TV 시대를 예견했다. 예견만 한 게 아니라 대공황으로 매출이 반감하는 경영난에도 엄청난 연구비를 투자하고 실험을 거듭한 끝에 1939년 뉴욕 세계박람회에서 TV 수상기를 선보였다. 이렇게 TV를 처음 대중에 선보인 것이 1939년임을 감안한다면 이미 그보다 9년 전에 TV 미디어 시장을 내다본 그의

통찰력은 너무도 탁월했다. 사노프는 'TV라는 매체와 산업' 자체를 만든 사람이었다.

RCA가 1939년 세계박람회에 최초로 상업용 텔레비전을 선보일 때 사노프는 다음과 같이 선언했다. "이제 우리는 소리에 영상을 더한다. 온 사회에 그 영향이 미칠 수 있는, 이 나라에 아주 중요한 새로운 예술이 태어남을 나는 겸허하게 발표하려 한다. 우울한 이 시대에 하나의 희망의 횃불이 되어 세상을 밝힐 수 있는 예술을 말한다. 또한 이것이 모든 인류에게 도움을 줄 수 있도록 그 창조적 위력을 사용하는 법을 배워야 한다. 기계·전자공학의 발달이 빚어낸 이 기적은 한편으로 아메리카의 새로운 산업으로서 발돋움할 것이다. 그리고 텔레비전은 미국 경제생활의 중요한 요소가 될 것이다."

그 뒤 그의 NBC는 한 방송국을 따로 내어 텔레비전 방송을 시도했다. 1941년 NBC 방송국은 최초로 상업성 텔레비전 방송을 시작했다. 하지만 이 계획은 제2차 세계대전으로 주춤했다. TV 보급이 한창일 때 2차 대전이 터지자 사노프는 자원입대해 통신부대를 지휘했다. 그러다 종전과 함께 준장으로 예편한 그는 컬러TV 개발과 보급에 몰두했다. 전쟁 후 텔레비전 방송산업은 다시 활기를 띠기 시작했다. NBC는 텔레비전용 영화를 처음 제작하여 새로운 길을 구축했다.

사노프는 라디오에서처럼 TV 시장을 선도하는 경영을 펼쳐나갔다. 1954년 컬러TV 개발과 보급에 성공해 RCA를 명실공히 세계적 대기업으로 키웠다. 타이타닉호 침몰과 컬러TV의 대중화 사이에 40여 년의 시간이 흘렀다. 그는

⁂ 데이비드 사노프

그 기간 동안 미디어 왕국을 만들었다. 라디오 방송 개념 창안, 라디오의 보급, TV 시대의 예견, TV의 등장, 컬러 TV의 방영은 오르지 사노프 개인의 공로다. 기술 개발뿐 아니라 그것을 현실에서 구현하고 보급하기까지 했다는 점에서 그는 정말 탁월했다. 그는 발명가와 경영자, 아이디어맨과 철학자를 겸한 인물이었다. 그는 현대 대중매체의 선구자로서 전 세계인의 삶을 바꾼 장본인이었다.

방송가의 천재들

데이비드 사노프 말고도 방송가의 천재가 몇 명 더 있었다. CBS의 윌리엄 팰레이, TBS와 CNN의 테드 터너, 그리고 폭스Fox의 루퍼 머독이 바로 그들이다. 테드 터너가 이끄는 타임워너는 24시간 뉴스채널인 CNN부터 주간지인 〈타임〉과 〈포춘〉, 영화사인 워너브라더스와 음악회사인 워너뮤직 등을 거느린 대표적인 미디어그룹이다. 케이블채널과 영화, 출판 등 사업 다각화로 50조 원에 이르는 매출을 기록했다. 그들은 제각기 독특한 방법으로 방송산업에서 큰 성공을 거두었다. 이러한 오늘날의 방송산업이 있기까지는 선구자 사노프의 덕이었다.

또 텔레비전이 전 세계 산업으로 성장하는 데는 미국 법무부의 공로가 컸다. 1954년 이전까지만 해도 RCA는 라디오와 텔레비전 부문 특허를 1만여 개 갖고, 이른바 패키지 라이선싱 특허 판매사업을 하고 있었다. 이러한 독점은 결국 1954년에 법무부의 기소를 불러와 1958년 법원 명령을 받게 된다. 반독점행위에 대한 미 법무부의 규제는 사실상 전 세계에 텔레비전 기술을 급속히 확산시키는 계기가 되었다.

덕분에 일본· 독일· 한국의 전자산업이 크게 성장했다. 1961년 제니스가 처음으로 컬러TV를 개발하면서 본격적인 텔레비전 시대가 열렸다. 1970년 사노프가 RCA 회장직에서 은퇴할 때까지 텔레비전은 미국을 대표하는 하나의 공룡기업으로 성장하였다.[*]

신문과 방송도 유대인들이 장악

미국의 〈뉴욕타임스〉 등 3대 언론사의 사주가 모두 유대인이다. 미국을 움직이는 3대 신문인 〈뉴욕타임스〉 발행인 아서 옥스 셜츠버거, 〈워싱턴포스트〉 명예회장이었던 캐서린 그레엄과 그의 아들 도널드 그레이엄, 〈월스트리트저널〉 최고경영자였던 피터 칸이 모두 유대인이다. 게다가 해당 신문사의 기자와 칼럼니스트 가운데 상당수가 유대인이다. 참고로 〈월스트리트저널〉은 2007년 루퍼트 머독이 인수하였다.

미디어의 위력은 날로 확대되고 있다. 정치도 언론이 주도하는 여론에 의해 움직인다. 결국 언론은 모든 국가권력을 압도할 수 있는 새롭고 강력한 세력으로 성장했다. 유대인들은 리버럴한 데다 탈무드의 영향으로 논리적인 사고와 경제관을 가지고 있다. 언론·영화·정보산업의 속성에 꼭 맞는 훈련이 잘되어 있는 셈이다.

미국 언론계의 유대인은 전체 종사자의 6%에 불과하다. 그럼에도 유대 언론인의 사회적 영향력이 큰 이유는 이들이 거의 모든 주요 매체에서 여론을 주도하는 위치에 있기 때문이다. 유대 언론인의 27%는 가장 영향력 있는 매체인 〈워싱턴포스트〉, 〈월스트리트저널〉, 〈뉴욕

❖ 〈코리아저널〉

타임스〉, 〈타임〉, 〈뉴스위크〉 및 CNN, CBS, NBC, ABC 등 텔레비전 4사에 종사하고 있다.

유대 언론인들은 여론을 만들고 확산하는 자리인 주필, 정치평론가, 텔레비전 뉴스쇼 제작진 등의 요직에 특히 많이 분포되어 있다. 소수 정예의 특성을 갖는다. 특히 〈뉴욕타임스〉와 〈월스트리트저널〉의 경우 대표적인 친유대계 언론이다. 미국의 4대 일간지인 〈뉴욕타임스〉, 〈워싱턴포스트〉, 〈로스앤젤레스 타임스〉, 〈월스트리트저널〉의 경영진과 필진의 35%가 유대인이라 한다.

방송의 경우도 4대 메이저가 모두 사실상 유대계 자본에 의해 영되고 있다. 윌리엄 페리(전 CBS 사주), 앤드류 랙(전 NBC 사주, 현 소니뮤직 최고경영자) 및 레오나드 해리 골덴슨(ABC 사주) 등이 유대 언론의 중추라고 볼 수 있다.

복합 미디어 그룹의 대부, 섬너 레드스톤

최근의 추세는 영화산업이 다른 미디어 엔터테인먼트 산업과 합쳐져 복합 미디어산업으로 발전하고 있다. 이런 미디어업계의 유대인 가운데 가장 영향력 있고 돈 잘 버는 사람이 섬너 레드스톤이다.

그는 CBS 그룹, 파라마운트 영화사, MTV 네트웍스, 바이어컴, 사이몬앤슈스터 출판사 등 하나하나가 어마어마한 규모와 영향력을 자랑하는 미국의 대표적 미디어 회사의 회장이다.

섬너 레드스톤은 CNN의 테드 터너, 〈월스트리트저널〉을 인수한 루퍼트 머독과 함께 세계 미디어 3대 거두로 꼽힌다. 그 가운데서도

미국 미디어·엔터테인먼트 산업에서의 영향력
이 가장 크다고 할 수 있다. 영화 제작에서부터
케이블텔레비전, 출판 등 수직통합형 복합 미디
어그룹이다. 레드스톤이 소유한 바이어컴VIACOM
은 직원만 8만여 명에 연매출액이 232억 달러에
이른다. 전 세계 40개 국가에 393개의 자회사를
소유하고 있다. 그리고 MTV 네트워크는 전 세
계에 25개 언어로 방영되며, 155개의 웹사이트
와 25개 종류의 모바일 서비스도 제공하고 있다.

⁂ 섬너 레드스톤

가난에 대한 자각이 레드스톤을 만들다

섬너 레드스톤은 1923년 보스턴의 교육열 강한 유대인 가정에서
태어났다. 아버지 마이클은 독일계 유대인으로 가난한 밑바닥 생활
부터 시작하여 1950년대 중반에 이르러 자수성가한 기업가였다. 당
시 전형적인 유대인 사업이었던 체인 영화관을 운영하는 사장으로,
50개의 극장을 소유하고 있었다.

섬너의 원래 성은 로스슈타인이었다. 독일어로 빨간 벽돌이라는
뜻이다. 아들인 섬너가 고교를 수석 졸업하고 하버드대학에 입학하
면서 마이클은 성을 레드스톤으로 바꾸었다. 레드스톤이 하버드대
학에 들어갈 수 있었던 것은 어린 날에 가난이라는 자각이 진했기
때문이다.

그는 300년 이상의 전통을 지닌 보스턴 라틴고교에서 '배운 사람
만이 자기 안에 더 나은 세상을 창조할 수 있다'는 사실을 깨우치게
된다. 그는 그 시절을 이렇게 회고한다. "나 자신을 위해 할 수 있는

일이라곤 공부밖에 없었다. 우리 집 역시 경제사정이 좋지 않아 등하교 차비로 하루 10센트를 쓰는 것도 분명히 사치였다. 나는 가족들의 희생을 무의미하게 만들 수 없었다. 그래서 학교에서 최선을 다해 배우고 반드시 최고가 되어야 한다고 생각했다." 결국 그는 라틴고교를 수석으로 졸업하고 하버드대학에 입학했다.

하버드대학 재학 중 제2차 세계대전이 일어나자 군 암호 해독 특수부대에서 근무했다. 그 뒤 하버드 로스쿨을 졸업하고 법원시보, 법무장관 특별보좌관을 거쳐 20대에 워싱턴 소재 로펌의 파트너 변호사가 되었다.

이른바 잘나가는 변호사로 성공가도를 달리던 레드스톤은 31세가 되던 1954년에 중대 결정을 내린다. 변호사 일을 접고 아버지의 자동차극장 사업을 물려받으며 인생의 첫 번째 승부수를 띄운 것이다. 이 결정으로 그의 연수입은 10만 달러에서 5000달러로 급락했다. 텔레비전의 보급으로 극장사업은 이제 사양길에 접어들었다는 평가 속에서 친구와 가족들조차 만류했지만, 그의 고집을 꺾을 수는 없었다.

복합상영관(멀티플렉스) 사업모델 고안

아버지의 극장사업을 물려받아 자기 사업을 시작한 그는 영화배급사들을 상대로 반독점소송을 벌여 자동차극장도 개봉작을 상영할 수 있는 길을 열었다. 뛰어난 판단력과 협상력을 바탕으로 승승장구하며 자신의 극장사업을 전국적 규모로 확장하고 회사 이름도 '내셔널어뮤즈먼츠National Amusements'로 바꿨다.

그리고 1960년대 후반, 멀티플렉스(복합상영관)라는 사업모델을 고안해낸다. 오늘날 우리가 흔히 보는 멀티플렉스가 바로 그의 아이디어다. 멀티플렉스의 도입은 영세했던 극장사업의 판도를 변화시켰다. 이로써 미국에서 극장사업자들은 영화사와 대등한 지위에 오르게 되었다.

극장의 혁신에 힘입어 영화 관객이 급증함에 따라 늘 우월적 지위를 누리던 영화사들도 관행을 바꾸어나갔다. 영화사들이 개봉영화에 관한 정보를 공개하지 않고 극장에 계약을 종용하던 블라인드 비딩Blind Bidding과 같은 악습이 철폐되었다. 30대 나이에 미국 극장주협 회장에 오른 섬너 레드스톤은 불굴의 의지와 승부욕으로 사세를 대폭 확장했다. 극장 체인을 세계로 넓혔다. 현재 내셔널어뮤즈먼츠는 미국과 영국, 남미 등에서 모두 1400여 개의 극장을 운영하고 있다.

이런 레드스톤 회장에게도 시련은 있었다. 출장기간에 머물던 보스턴의 호텔에서 화재가 발생한 것이다. 소방관에 의해 가까스로 구조는 되었지만, 화상으로 전체 피부의 45%를 잃은 뒤였다. 의료진들은 그가 죽을 수 있으며, 혹 살더라도 다시 걷기는 어려울 것이라고 말했다. 하지만 그는 다섯 차례에 걸친 대수술 끝에 재기에 성공하였다.

미래를 내다보고 바이어컴을 사들이다

1981년 미국극장주협회장에 당선되며 화려하게 복귀를 했으나, 사업 성장성에 한계를 느껴 1987년에 일대 방향 전환을 시도했다. 그는 1980년대에 VCR과 케이블텔레비전이 보급됨에 따라 엔터테인먼트 산업이 극장 중심에서 가정 중심으로 바뀔 것으로 내다봤다.

미디어의 미래를 내다보는 대공사가 벌어졌다. 극장을 사양산업으로 만든 케이블텔레비전이 첫 대상이었다. 1987년에 32억 달러를 들여 전국적인 케이블 네트워크 기업인 '바이어컴'을 사들였다. 매수자금 대부분을 매수할 기업의 자산 등을 담보로 한 차입금으로 조달하는 LBO 기법을 구사해 주식을 사들였다.

원래 바이어컴은 1971년 CBS에 의해 케이블텔레비전 시스템을 운영하기 위해 세워진 회사로, 〈왈가닥 루시 I Love Lucy〉 같은 CBS의 인기 시리즈를 배급하고 있었다. 인수 당시 바이어컴은 전 세계 젊은이들이 열광하는 MTV 음악방송과 가족 오락채널 쇼타임, VH1, 어린이 전문채널 니켈로디언 등 인기 케이블텔레비전 방송국을 네 개나 가지고 있었다.

계속되는 인수합병 작업

그의 거칠 것 없는 인수합병 작업은 1993년에 미국의 가장 전통 있는 영화 제작사 가운데 하나인 '파라마운트커뮤니케이션'을 98억 달러에 사들이는 데까지 이른다. 이 회사는 또한 사이먼앤슈스터라는 출판사와 뉴욕의 명물인 메디슨스퀘어가든을 갖고 있었다.

1994년에는 세계 최대의 비디오대여점 체인인 블록버스터를 84억 달러에 매수하였다. 그 결과 레드스톤은 뉴스코퍼레이션의 루퍼트 머독, CNN의 테드 터너와 함께 세계 3대 미디어그룹을 이끌게 되었다.

하지만 사업 확장은 여기서 멈추지 않았다. 2000년에는 미국 3대 방송국의 하나인 CBS를 344억 달러에 사들였다. 역대 최대 규모의 미디어 합병이었다. 결국 미디어 왕국을 이룬 것이다. 그는 CBS 인수를 계기로 회사를 급신장시켰다. CBS의 최고경영자도 늘 유대인이 맡았다. 그래서인지 CBS는 유대인들이 가장 좋아하는 채널로 알려졌다.

MTV, CBS, 파라마운트, 니켈로디언, VH1, TV랜드, 코미디센트럴, TNN, 컨트리뮤직텔레비전, 쇼타임앤TMC, 사이먼앤슈스터, 블록버스터, 인피니티방송국, 파라마운트공원, 북미를 포함한 세계 전역의 수천 개의 극장. 이 모든 것들이 〈포춘〉이 선정한 세계 제1위 미디어 그룹 바이어컴의 사업 영역이자 브랜드이다.

미디어 제국을 둘로 나누다

2005년 12월, 레드스톤은 그의 미디어제국 '바이어컴'을 둘로 나눈다. CBS방송과 CBS레코드, 사이먼앤슈스터 출판사 등을 거느린 CBS코퍼레이션이 그 하나다. 이쪽 부문의 경영은 지상파 방송 경영의 달인인 레스 문베스에게 맡겼다. "콘텐츠가 왕이다"라는 명언을 남긴 바로 그 사람이다.

MTV, 니켈로디온, 파라마운트, 드림웍스 등 좀 더 수익성이 높은 계열사들은 새로운 바이어컴 산하로 집결시켰다. MTV네트웍스의 수장인 톰 프레스톤이 이 부문 경영을 맡았다. 이러한 분리는 신규 자본금을 유입해 주가를 높이려는 목적과, 레스 문베스와 톰 프레스톤이라는 두 거두의 갈등을 해소하려는 것으로 알려졌다.

이 두 사람을 보스로서 거느릴 수 있는 사람은 레드스톤뿐이다. 레드스톤 회장은 지주회사격인 내셔널어뮤즈먼츠를 통해 CBS코퍼레이션과 새로운 바이어컴 양쪽을 지배하고 있다. 2006년 1월에는 드림웍스SKG를 매수했다. 〈포브스〉는 그의 재산을 90억 달러로 추정했다.

미디어는 특성상 복합 미디어업체가 내는 시너지 효과도 크다. 〈타이타닉〉(파라마운트), 〈서바이버〉CBS와 같은 '대박'들이 즐비한데, 바이어컴과 CBS는 출판이 원작을 내놓으면 영화를 만들고 방송은 홍보하는 식으로 시너지 효과를 과시하며 연매출 232억 달러를 기록하고 있다. 그뿐만 아니라 규모가 커지면 광고를 묶어서 내보낼 수 있기 때문에 광고 수주도 유리한 입장에 설 수 있다.

그가 학창 시절 스스로에게 하였던 다짐을 들어보자.

"인생은 험난하다. 넘어질 때마다 믿을 수 있는 것은 마음에 담긴 희망뿐이다. 또한 앞으로 전진하는 사람만이 살아남을 수 있음을 배웠다. 살벌한 경쟁 속에서도 최고의 능력을 발휘해 살아남는 것만이 중요하였다. 승리는 유능하면서도 피나는 노력을 하는 자가 차지하기 때문이다. 치열한 경쟁을 극복하지 못하고 굴복하면 결코 성공할 수 없다."

미디어업계의 '마이더스의 손' 배리 딜러

미디어업계의 또 하나의 신화인 배리 딜러도 유대인이다. 그는 1966년부터 1975년까지 ABC 텔레비전에서 일하면서 TV용 영화와 미니시리즈를 처음으로 도입하는 등 TV 프로그래밍의 귀재로 명성을 날렸다.

딜러는 ABC 시절에 불세출의 텔레비전 기획물인 〈뿌리〉를 제작하였다. 자그마치 1억 명이 시청한 대성공작이었다. 주요 등장인물 전원이 흑인이라는 사실 때문에 얼마나 많은 시청자들에게 받아들여

질지 모르는 상황에서 전대미문의 시청률을 기록한 것이다.

∴ 배리 딜러

그는 32세의 젊은 나이에 파라마운트 영화사 스튜디오 책임자로 스카우트됐다. 영화 제작뿐 아니라 경영에도 특출한 능력을 발휘하였다. 배리 딜러의 지휘 아래 1976년 파라마운트는 1년 만에 흥행실적 1위의 스튜디오가 됐다.

그 무렵 딜러는 나름대로 미디어계의 거장이 된 소위 '딜러 킬러스'라 불리는 문하생들에게 모험을 하라고 끊임없이 가르쳤다. 그가 기꺼이 위험을 감수하고 길러낸 인재들이 제프리 카첸버그와 마이클 아이스너였다. 카첸버그는 고속승진을 거듭하며 마침내 〈스타트렉〉 시리즈의 영화화를 성공시켰다. 그 밖에도 이 둘은 〈토요일 밤의 열기〉, 〈플레시댄스〉, 〈레이더스〉 등 많은 히트작품을 만들어냈다. 이들 유대인 3인방은 파라마운트의 기세를 80년대까지 이끌어갔다.

파라마운트 사장으로 있던 배리는 1984년 거액의 스톡옵션을 받고 20세기폭스사 회장으로 스카우트되었다. 그가 떠나자 아이스너와 카첸버그도 디즈니의 스카우트 제안을 받아들여 미련 없이 파라마운트를 떠났다. 이 둘은 쓰러져가는 디즈니를 다시 살려내는 주역이 되었고 훗날 카첸버그는 스필버그와 손잡고 '드림웍스'를 창립하였다.

배리 딜러는 1992년 폭스를 떠난 뒤 홈쇼핑 채널인 QVC를 설립했다. 그러나 그는 이 홈쇼핑 채널을 매각한 뒤 미국 전역에서 18개의 이름도 없는 지역방송국들과 케이블TV 채널들을 인수하여 이들을 하루 24시간 홈쇼핑 채널로 전환시켰다. 구태의연한 프로그램을 틀어대는 지역방송국을 케이블TV로 전환해 지역 특성에 맞는 뉴스와 오락 프로그램을 제공함과 동시에 전자 상점을 형성, 홈쇼핑 케이블 TV 산업의 특화를 시도한 것이다.

그 뒤 시그램사로부터 광고와 케이블전송 분야의 'USA네트워크'와 과학프로그램을 방영하는 'SF네트워크 케이블' 채널을 41억 달러에 매입하여 새로운 케이블채널 개척에 열을 올렸다.

프랑스 종합 엔터테인먼트 기업 비방디는 유니버설 스튜디오 인수 후 2001년 베리 딜러의 USA네트웍스를 103억 달러에 사들였다. 배리 딜러는 USA네트웍스의 케이블 방송과 TV, 영화 사업부문을 프랑스의 비방디 그룹 계열사에 넘기고 회사명을 'USA 인터랙티브'로 바꾼 뒤 전자상거래 분야에 집중한 결과 아마존닷컴이나 e-베이 등 이 분야 간판 업체들보다 더 많은 수익을 올렸다.

한편 딜러 회장은 비방디 계열사의 지분을 갖고 있는 데다 경영난을 겪고 있는 비방디 그룹의 구조조정을 봉쇄할 권리도 확보하였다. 따라서 비방디가 계열사인 유니버설 영화사를 분사할 경우 그가 경영권을 장악할 가능성을 열어놓았다.

미국 〈뉴욕타임스〉에 소개된 딜러의 성공 스토리에 따르면 딜러는 매일 한 시간 이상 언론인이나 증권 전문가 등과 만나 대화를 나누며 비즈니스에 대한 자신의 판단 근거를 쌓아나갔다. 이러한 정보를 토대로 그는 기업합병과 매각, 즉 새로운 비즈니스에 대한 참여와 퇴출을 적시에 결정하는 안목을 갖게 되었다.

배리 딜러는 미디어업계 '마이더스의 손'으로 불린다. 경영난으로 비방디 유니버설이 해체될 당시 온라인 사업부를 들고 나온 후 홈쇼핑, 여행, 공연 티켓, 연애 사이트를 잇달아 창업해 굴시 기업으로 키워냈다.

그는 뒤늦게 인터넷 사업에 뛰어들어 2009년 온라인 여행업체인 익스피디아와 온·오프라인 모두를 활동 영역으로 삼고 있는 거대 미디어 기업, 인터액티브코프IAC의 회장직을 겸했다. 인터인티브코프는 검색사이트 애스크닷컴과 온라인 거래 사이트인 이바이트 등 40개국 37개 인터넷 브랜드를 거느린 다국적 미디어그룹이다.

거대화를 지향하는 영상미디어산업

1990년대 인터넷의 발달과 인수합병의 시대를 거치면서 미국의 미디어와 엔터테인먼트 업계는 대통합의 시기를 거쳤다. 방향은 AOL-타임워너처럼 미디어들이 외형적 틀과 내용(콘텐츠)을 모두 갖는 공룡 같은 거대 회사로 나가는 것이었다. AOL-타임워너를 비롯해 미국의 미디어·엔터테인먼트 업계는 디즈니, 바이아콤, 비방디유니버설, 뉴스코퍼레이션 등 5대 그룹이 장악하고 있다. 이들에 대한 유대인들의 영향력이 간단치 않다.

우선 AOL-타임워너의 퇴임한 '전설적인 보스' 제럴드 레빈이 유대인이다. 타임워너를 일궜던 그는 AOL과 합병작업을 진행하면서 타임워너 측이 통합회사의 주도권을 잡는 데 결정적인 기여를 했다. 유대인 회사인 워너브라더스에 뿌리를 둔 타임워너는 AOL과 합병하면서 CNN과 〈타임〉을 비롯해 신문, 방송, 잡지, 출판, 인터넷 등 모든 미디어를 망라하는 세계 최대의 미디어그룹으로 성장했다. 주요 경영진들은 대부분 유대인이다.

"신 앞에서 즐거워하라"는 성경 말처럼, 유대인에게는 신이 창조한 세계에 살고 있다는 '기쁨'을 즐기는 것이 곧 성스러워지는 길이다. 그런 기쁨을 전파하는 엔터테인먼트 산업에 유대인이 많은 것은 그리 놀랄 일이 아니다. 엔터테인먼트 산업이 미디어와 얽히면서 유대인이 미국인들의 정신세계에 막강한 영향을 미치는 것은 자연스런 결과다.

유대인들이 주도하는 IT 산업

1980년에 유대인 앨빈 토플러는 정보혁명에 의한 '제3의 물결'을 예견했다. 하지만 그때만 해도 유대인 부호들의 주된 관심사는 부동산과 유통업이었다. 당시 정보통신 분야에 두각을 나타낸 유대인은 드물었다. 그러나 이제는 아니다. 유대인들의 창의성과 도전정신이 이 분야에서도 빛나기 시작했다. 아니 이 분야를 유대인들이 주도하고 있다.

컴퓨터 업계의 사무라이, 오라클의 래리 엘리슨

창의력 하나만으로 아메리칸 드림을 일군 대표적인 정보통신 분야 기업가는 '오라클' 창업자 래리 엘리슨이다. 오라클은 기업용 소프트웨어 제조업체다. 엘리슨은 아이비엠IBM보다 먼저 '상업용' 데이터베이스의 상용화에 성공했다. 마이크로소프트MS가 '가정용' 소프

⁂ 래리 엘리슨

트웨어를 만드는 데 반해 오라클은 균이나 정부, 대기업이 주로 사용하는 '기업용' 소프트웨어를 만든다. 그래서 일반인들에게는 상대적으로 덜 알려졌다.

1944년 시카고에서 태어난 엘리슨은 19세의 러시아 출신 유대인 미혼모였던 어머니가 생후 9개월 만에 아이를 이모에게 입양시키고 캘리포니아로 가버려, 시카고 노스 사이드의 유대인 중산층 가정에서 성장하였다. 그의 성 엘리슨은 양부모한테서 물려받은 것이다. 12세 때 자신을 키우고 있는 사람들이 친부모가 아니라는 것을 안 뒤 반항적인 아이로 자랐다. 하지만 그는 수학과 과학에 남다른 재능이 있었다. 의사가 되려고 일리노이대학에 들어갔지만, 양어머니가 돌아가시자 한 학기 만에 포기하고 무작정 캘리포니아로 가서 버클리대학에 들어갔다.

대학 때 컴퓨터 강좌를 한 번도 들어본 적이 없는 엘리슨은 대학 졸업 후 암펙스라는 컴퓨터 프로그램 업체에 들어갔다. 책을 읽으며 스스로 깨쳐가면서 일을 배웠는데, 오히려 그것이 그의 재능과 열정을 불러일으키는 계기가 되었다. 그 뒤 회사에서 두각을 나타내면서 미 중앙정보국CIA의 대형 데이터베이스 작업 책임을 맡았다. 이때 암호명이 바로 나중에 그가 회사를 창업할 때 사용한 이름 '오라클'이었다. 그는 오라클Oracle에 담긴 '신탁, 신의 뜻'이란 의미를 좋아하였다. 그 뒤 오라클을 세계적인 정보기술IT 업체로 성장시킨 엘리슨은, 오라클이 단순히 '신의 뜻'이라는 의미가 아니라 '믿음직한 말을 하는 사람'이라는 뜻이라고 강조한다.

1977년 그는 직장 동료 2명과 함께 1200달러를 투자해 회사를 차리고 특정 기업의 컴퓨터에 쓸 프로그램을 하청받는 비즈니스를 시작하였다. 그러나 이러한 비즈니스만으로는 회사의 미래가 보이지 않자 앞으로 무엇을 할 것인지에 대해 끊임없이 고민하였다. 그때 귀가 번쩍 뜨이는 소식이 들려왔다. 그 무렵 IBM에서 코드명 '시스템 R'이라는 프로젝트를 만들어 관계형 데이터베이스시스템RDB 개발에 나섰다는 것이었다. 이전에는 종속적·계층적 구조로 되어 있는 소프트웨어를 사용하였는데, 상당히 복잡하여 전문가가 아니면 접근이 어려웠다. 게다가 프로그램 언어가 복잡하였다. 그런데 이론적으로 개체와 개체 사이의 관계를 표현한 관계형 데이터베이스는 비교적 쉽게 접근할 수 있는 관리 시스템이었다.

이 소식을 들은 엘리슨은 자신도 관계형 소프트웨어를 개발하기로 결심한다. 그와 동료들은 IBM보다 앞서 시제품을 만드는 데 성공하였다. RDB의 개념을 현실화한 것은 IBM이지만, 처음으로 시장에 제품을 선보인 것은 엘리슨이었다. 엘리슨은 1978년 사무실을 이전하면서 회사 이름을 아예 '관계형 소프트웨어 주식회사RSI: Relational Software INC'로 바꿨다. 이제 추상적인 연구소가 아닌 제품을 생산해 판매하는 기업의 모습으로 변모한 것이다.

엘리슨의 회사가 첫 번째로 내놓은 데이터베이스 프로그램 이름도 '오라클'이었다. RSI의 첫 고객은 CIA였다. 각종 정보를 모아 분석하는 일을 하고 있던 CIA로서는 관계형 데이터베이스인 '오라클'이 매우 효율적이고 편리하게 보였던 것이다. 그 뒤 해군정보국과 국방부를 고객으로 확보하면서 회사는 이름을 날렸다. 정보전이 치열하던 1970년대 말, 국방부와 CIA는 수집된 각종 정보를 체계적으로 관리·분석해주는 프로그램을 필요로 하였기 때문이다.

이 과정에서 엘리슨은 오라클이 성공하기 위해서는 많은 컴퓨터가 서로 이해할 수 있는 언어로 돼야 한다는 것을 알게 됐고, C언어로 다양한 운영체제에서 사용 가능한 소프트웨어를 개발했다. 역사상 처음으로 어떤 컴퓨터에서도 작동하는 소프트웨어가 탄생한 것이다.

오라클이 1970년대 후반 최초로 관계형 데이터베이스관리시스템RDBMS을 시판한 뒤 IBM, 인포믹스, 인그레스, 사이베이스 등 수백 개 업체가 이 시장에 뛰어들었다. 그러나 유독 오라클만 최강 업체로 등극하였다. 이유는 간단하다. 당시 벤처업체로 시작한 오라클의 최대 무기는 독창성, 전문성과 더불어 발 빠른 시장 대처 능력이었다. 이후 제품의 한계, 시장의 한계를 이기지 못한 대부분의 업체가 업계를 떠나거나 합병의 길을 택할 때, 그는 기술 개발과 시장 개척에 더욱 박차를 가하였다. 그리고 시장이 원하는 제품을 제때에 적소에 제공함으로써 시장지배력을 높여갔다.

게다가 그는 또 하나의 새로운 판매기법을 도입하였다. 사용자의 수를 기준으로 소프트웨어를 팔았던 방법에서 벗어나, 기업 내 모든 사람이 무제한으로 제품을 사용할 수 있게 한 것이다. 당시로서는 큰 용단이었다. 그 결과 수많은 기업에서 오라클 제품을 구입하였고, 오라클은 고속성장을 거듭하였다. 오라클의 초고속 성장의 배경에는 인터넷 시장의 무한한 가능성을 예견한 엘리슨의 통찰력과 시장의 필요에 재빠르게 대응하는 그의 경영전략이 있었다.

오라클은 해마다 매출을 두 배로 끌어올리며 비약적인 성공을 거듭하였다. 데이터베이스관리시스템을 비롯한 오라클의 소프트웨어는 미국 CIA를 비롯해 전 세계 27만 개 기업이 사용한다. 마이크로소프트가 집집이 개인 컴퓨터의 소프트웨어를 보급하였다면, 래리는 기업과 정부기관 등에 유용하고 더 빠른 데이터베이스를 만들어 사무실 혁명을 일으켰다.

그의 업적은 관공서와 기업용 소프트웨어뿐 아니라, 우리가 어디에서건 오라클 소프트웨어를 만날 수 있게 한 것이다. 현금자동인출기ATM에서 현금을 인출할 때나 항공권을 예약할 때도 오라클이 실행되고 있다. 우리는 직간접으로 기업용 소프트웨어 기술 전반에 걸친 엘리슨 영향을 경험하고 있다.

그는 위기마다 과감한 승부수로 회사를 키웠다. 1990년대 중반에는 인터넷 혁명을 예견하고 모든 소프트웨어를 인터넷 기반으로 개발하였다. 1990년대 후반에는 회사 실적이 악화되자 2000여 명을 구조조정하며 회사 체질을 바꿔놓았다. 오라클은 2005년부터 345억 달러를 들여 무려 52개 업체를 사들였는데, 어떤 IT 업체에서도 보기 드문 추진력으로 끊임없이 사세를 확장하고 있다.

엘리슨은 '고정관념을 타파하는 젊은 마인드'를 중요하게 생각해 회사 내의 직급 파괴 등을 도입하였다. 그리고 품질이 좋다고 해서 제품이 잘 팔리는 시대는 지났다며, 고객이 원하는 것이 무엇인지 정확히 알아내야 한다고 늘 마케팅을 중요시했다.

또한 그는 인터넷에 오라클의 데이터베이스를 접목시켜 부담스러운 저장장치 없이도 중앙처리장치CPU와 적은 양의 메모리만으로 운영할 수 있는 저가형 네트워크 컴퓨터NC를 창안하였다. 그러나 너무 앞서나갔는지 시장의 반응이 그리 좋지는 않았다.

그 뒤에도 오라클은 포스트 PC 시대에 대비한 제품을 잇달아 개발하였다. 마이크로소프트사가 PC 기반에서 질대적인 영향력을 빌휘하는 윈도우 운영체계를 만들었다면, 오라클은 인터넷 서버를 통해 정보를 공유하는 포스트 PC 시대에 핵심 기술로 떠오른 데이터베이스 분야에서 독보적인 위치를 확보하였다.

이런 성장 덕에 엘리슨 회장은 미국 IT 업계에서 마이크로소프트의 빌 게이츠나 애플의 스티브 잡스와 맞먹는 '스타급 창업자'로 분류된다. 엘리슨 회장의 결혼식 당시 '공식 사진사'는 애플의 최고경영자 스티브 잡스였다. 그는 스티브 잡스와 아주 가까운 친구다. 잡스가 애플의 최고경영자로 복귀한 1996년, 엘리슨은 애플 이사를 맡았다. 친구 잡스의 조직 장악을 돕기 위해서였다. 그는 스티브 잡스와 함께 반反마이크로소프트 인물로, '빌 게이츠 타도'라는 기치 아래 마이크로소프트사를 향해 돌진하는 '컴퓨터 업계의 사무라이' 전사로 세상의 이목을 집중시켰다.

소프트웨어 기업인 오라클은 IBM을 제치고 서버 및 스토리지를 주축으로 한 하드웨어 기업이자 자바 언어로 유명한 '선SUN'을 2009년 4월 전격 통합하였다. 이로써 소프트웨어부터 하드웨어 전 부문에 걸친 원스톱 서비스를 제공하는 공룡기업으로 거듭났다. 두 회사의 2008 회계연도 매출을 합치면 총 360억 달러, 종업원은 총 11만 6500명에 이른다. 기업가치를 합치면 1000억 달러를 넘어선다. 오라클은 '선' 인수로 전 세계 10억 대가량의 컴퓨터 시스템에서 운용하는 '자바 프로그래밍 언어'와 컴퓨터 운영체제OS인 '솔라리스'의 운영 및 소유권을 확보하게 되었다.

래리 엘리슨은 개인자산 580억 달러로 2000년 미국 부호 순위

2위에 오른 바 있으나, 2009년에는 기준 오라클 주가가 많이 떨어져 270억 달러로 빌 게이츠와 워런 버핏에 이어 세 번째다.

사실 그는 유대교 성인식 '바 미치바'를 치르지는 않았으나 열렬한 시오니즘 신봉자다. 그는 사업의 기반을 다져가던 1990년대 중반에 사설탐정을 고용해 친어머니를 찾았고, 배다른 여동생의 학비를 대주어 '가족의 가치'를 중시하는 미국인들의 주목을 받기도 하였다.

오라클 직원들은 평소 엘리슨을 '사무라이'라 부른다. 외형적 이유는 그가 철저한 일본 마니아이기 때문이다. 엘리슨은 16세기 일본 교토의 고성을 그대로 본뜬 4000만 달러짜리 초호화 저택에 살고 있다. 일본 정원 양식으로 꾸며진 이곳에서 그는 평상시 일본 사무라이 복장을 하고, 다도와 검도를 즐긴다. 또한 그는 세계적인 일본 중세 갑옷 및 투구 수집가로도 유명하다. 언론과 인터뷰 때에도 자택에서 편한 사무라이 복장으로 사진 찍기를 좋아한다.

그러나 엘리슨이 사무라이라 불리는 진짜 이유는 집요함 때문이다. 그는 한 번 목표한 것은 수단과 방법을 가리지 않고 반드시 쟁취하는 광기 어린 집요함을 갖고 있다. 특히 '타도! 마이크로소프트'를 목표로, 파산 직전의 위기에 몰리면서까지 집요한 공세를 펼쳐왔다. 이것이야말로 엘리슨을 사무라이라 불리게 하고 오늘날의 오라클을 이룩한 저력이다.

또한 그는 세계에서 여섯 번째로 큰 요트 라이징선호(길이 138m)를 소유한 요트광으로, 미국과 호주에서 열리는 세계요트대회에 꼬박꼬박 참가하고 있다. 2010년 2월에는 아메리카컵 요트대회에서 우승을 거머쥐기도 하였다.

엘리슨의 '튀는' 행동은 기부금을 내는 데서도 잘 나타난다. 그는

2001년 6월 "첨단기술이 정치·경제에 미치는 영향을 분석하는 연구소 설립에 1억 5000만 달러를 내겠다"며 "하버드대학과 스탠퍼드대학 가운데 더 나은 계획안을 제출하는 쪽에 기부하겠다"고 말하였다. 하버드와 스탠퍼드는 미국 동부와 서부를 대표하는 명문으로, 이런 두 대학을 사이에 두고 기부금을 어디에 낼지 공개적으로 저울질하는 모습이 엘리슨답다. 그리고 암 연구과 바이오 기술에 많은 관심을 기울여 암과 노화 방지를 위한 엘리슨 의학재단을 세우는 등 자선과 기부에 앞장서고 있다.

마이크로소프트의 최고경영자, 스티브 볼머

엘리슨의 뒤를 이은 유대인 부호는 마이크로소프트 최고경영자인 스티브 볼머다. 친구들은 그를 스티브라 부른다. 그는 회사의 창립자도, 창립자의 친척도 아니다. 1980년 평직원으로 입사하여 1998년에 회장 자리에 오른 사람이다. 그는 하버드대학에 입학하여

수학과 경제학을 전공하면서 빌 게이츠와 절친한 포커 친구로 지냈는데, 빌 게이츠는 영업이 한계에 부딪치자 그를 떠올렸다. 당시 볼머는 스탠퍼드 경영대학원에 다니고 있었으나 빌 게이츠의 요청을 받고 1980년에 그만두었다.

빌 게이츠의 회고록《빌 게이츠의 미래로 가는 길》에 나오는 스티브 볼머를 보자.

⁂ 스티브 볼머

1973년 가을 나는 하버드대학에 들어갔다. 대학생에게는 치기라는 것이 있다. 내가 다니던 하버드대학에서는 여유만만하게 지내는 사람이 똑똑한 사람으로 취급받았다. 그래서 나도 1학년 때는 수업을 거의 듣지 않고 학기말에 가서 벼락치기 공부를 하였다. 주위에는 공부를 그렇게 몰아서 하는 친구들이 드물지 않게 있었다. 마치 누가 가장 적은 시간을 투자해서 가장 높은 학점을 따는가를 겨루는 시합에 나선 듯한 분위기였다.

여유가 있을 때는 주로 포커로 시간을 보냈다. 나는 포커에 빠져들었다. 포커를 치는 사람은 자질구레한 각종 정보, 즉 누가 과감한 베팅을 하는가, 어떤 카드가 나왔는가, 이 친구의 베팅술과 연막술은 어떤가 등등을 모두 모은 다음, 그 정보들을 종합해서 자신의 전략을 수립해야 한다. 그런 정보를 처리하는 데 나는 자신이 있었다.

포커에서 딴 돈과 거기서 얻은 전략 수립 경험은 사업을 꾸려나가는 데 도움이 되었지만, 공부를 미루는 버릇은 나에게 전혀 도움이 되지 않았다. 하지만 당시에는 그걸 몰랐다. 오히려 나와 함께 능장을 부리는 친구가 있어 더욱 기고만장하였다. 1학년 때 같은 기숙사에서 만난 수학 전공의 스티브 볼머라는 친구였다. 스티브와 나는 생활습관은 달랐지만 학점을 얻기 위해 들이는 시간을 최소한으로 줄이려고 기를 쓴다는 점에서는 똑같았다.

스티브는 활달한 친구였다. 별로 힘들이지 않고 사람도 잘 사귀었다. 그는 당연히 이런저런 활동에 시간을 많이 뺏길 수밖에 없었다. 2학년 때는 미식축구팀 간사를 맡았고, 학교신문의 광고부장으로 일하였으며, 한 문예지의 대표로도 활동하였다. 그는 또 하버드 내의 사교모임에도 가입하였다. '한마디로 다재다능하고 매사에 적극적인 친구였다.'

우리 두 사람은 강의와는 담을 쌓고 지냈고, 시험을 코앞에 두고서야 중요한 책을 미친 듯이 읽어댔다. 한번은 '경제학 2010'이라는 대학원 수준의 딱딱한 강의를 듣게 되었다. 교수는 원하는 사람에게는 기말시험 성적만으로 학점을 주겠다고 말하였다. 그래서 스티브와 나는 학기 내내 다른 일에만 열중하다가 기말시험을 1주일 남겨두고 처음으로 경제학 책을 집어 들었다. 우리는 미친 듯이 공부하였고, 둘 다 A를 받았다.

훗날 나는 도움의 손길이 필요하였다. 그리고 하버드에서 '경제학 2010'을 함께 들었던 스티브 볼머를 떠올렸다. 스티브는 대학 졸업 뒤 신시내티의 프록터앤갬블사에서 상품관리부 차장으로 일하고 있었다. 뉴저지 일원의 소규모 소매점들을 관리하는 것도 그의 업무 가운데 하나였다. 직장생활을 몇 년 한 뒤 스티브는 스탠퍼드 경영대학원에 들어갔다. 내가 전화를 걸었을 때 스티브는 일 년을 마친 상태였고 대학원 과정을 마저 이수하고 싶어 하였다. 그러나 내가 마이크로소프트의 지분을 주겠다고 하자 그 역시 나처럼 무기휴학에 들어갔다.

마이크로소프트가 대다수 종업원에게 주식을 제공하면서 추진한 공동소유제도는 예기치 못한 놀라운 성과를 거두었다. 그들은 수십억 달러의 수익을 올렸다. 종업원지주제를 폭넓게 수용하면서 미국은 새로운 경쟁력을 확보하였다. 이 제도를 받아들인 덕분에 창업한 지 얼마 안되어 성공을 거둔 기업이 상당수 있다.

스티브가 마이크로소프트에 합류한 지 3주 만에 우리는 처음 언쟁을 벌였다. 물론 그 뒤 우리가 견해 차이를 보인 적은 거의 없다. 당시 마이크로소프트의 직원은 30명이었는데, 스티브는 당장 50명은 더 고용해야 한다는 것이었다.

"절대로 안 돼." 나는 반대하였다. 우리와 처음 거래를 한 회사들 가운데 도산한 기업이 한두 개가 아니었으므로, 나는 가급적 회사를 안정적으로 끌고 가려고 하였다. 장사가 잘된다고 무리하게 사업을 키우다가는 언제 망할지 모른다는 불안감이 들었다. 나는 마이크로소프트를 소수정예로 꾸려가고 싶었다. 그러나 스티브는 완강하였다. 결국 내가 고집을 꺾을 수밖에 없었다. "그럼 당장 유능한 인재들을 끌어들여." 나는 스티브에게 말하였다. "단 우리 힘에 부친다고 생각될 때는 자네한테 말하겠네." 그러나 나는 그런 말을 할 필요가 없었다. 우리의 사업은 스티브가 인재를 발굴하는 속도보다 빠르게 확대되었다.

이는 오늘날의 MS가 있게 된 중요한 갈림길이었다. 볼머의 통찰력이 빛을 발한 것이다. 이때부터 볼머의 경영능력이 MS를 세계 최고의 IT 기업으로 키워냈다. '볼머주의'라고 불리는 그의 공격적인 경영방식은 크게 네 가지의 특징을 가지고 있다.

첫째, 결과에 집중한다. 스티븐 볼머는 결과에 먹고, 숨 쉬고, 잠자는 사람이다. '힘들 것 같은데'라는 대답 대신 '어떻게 할 수 있을까'를 궁리하고 방법을 찾으려 노력한다. 볼머는 변명 대신 문제의 핵심을 찔러 해결방안을 찾아내곤 하였다.

둘째, 토론을 권장한다. 그는 개인을 공격할 수는 없지만 생각은 언제든 공격해도 괜찮다고 말한다. 우수한 직원들이 입을 닫고 있으면 조직은 정체에 빠질 수밖에 없다. 따라서 시간이 조금 더 걸리더라도 많은 의견을 듣고, 서로의 의견을 교환해 가장 최적의 상태를 유지하는 것을 기본으로 하고 있다. 그 과정에서 자연스럽게 조직이 공유해야 할 목표에 대한 공감대를 형성한다.

셋째, 숫자에 강하다. 그는 단순히 숫자를 외우는 것이 아니라 그

숫자가 현재 어떤 의미를 가지고 있는지를 알아야 한다고 늘 강조한다. 기본적으로 지난날과 올해를 비교하고 전체 시장의 크기와 비교는 물론, 앞으로의 추세도 가늠할 수 있어야 한다. 통계를 보면 그것이 피부에 와 닿아야 한다. 이는 단순한 숫자가 아니라 바로 사업 그 자체이며 숫자를 구체적으로 느끼고 있다는 것은 그 일에 열정을 가지고 있다는 확실한 증거다.

넷째, 서로 충성한다. 조직이 커질수록 상사는 직원들에 대해 잘 모르게 된다. 그는 조직을 위해 일하는 사람들은 그 누구보다 순수한 열정과 관심을 가지고 있는 사람들이란 것을 잘 알고 있다. 이를 위해 직원들이 가장 원하는 것이 무엇인지 알아보고, 최적의 근무환경을 만들고 복리후생을 제공한다. 그들이 단순히 회사를 위해 일하는 것이 아니라 함께 일하는 동료, 파트너라는 것을 느끼게 해준다.

그는 때로는 매우 재미난 사람이다. 커다란 덩치에, 우렁찬 목소리로 언제나 다수를 제압하고 자신의 의견을 일목요연하게 제시하는 사람이다. 이벤트를 위해서라면 많은 사람 앞에서 큰 덩치로 이리저리 펄쩍펄쩍 뛰어다닌다. 그가 입에 달고 사는 말이 있다. "나는! 사랑해요! 우리! 회사를!"이라고 말이다.

그는 사원들이 자신의 강점을 최대한 발휘하게 해주는 것으로도 유명하다. 따라서 사원들이 총탄이라도 대신 맞을 만큼 회사에 충성한다. 대신 회사는 스톡옵션 제도로 1만 명이 넘는 직원들을 백만장자로 만들어주었다. 훗날 빌 게이츠는 그가 있었기에 연구개발에 전념할 수 있었다고 술회하였다. "스티브가 1인자고, 나는 2인자다." 빌 게이츠가 스티브 볼머를 두고 한 말이다.

볼머의 할아버지는 러시아에서 건너온 유대인으로, 폐차장을 돌며 쓸 만한 타이어를 50센트에 사들인 후 핑크 난 곳을 수선하여 50달러에 팔았다는 유명한 이야기가 있다. 할아버지 사업수완을 빼닮은 그는 스스로 유대인임을 대단히 자랑스럽게 여기고 있다. 그런 까닭에 마이크로소프트의 직원 가운데 10~15%가 유대인이라 한다.

그는 빌 게이츠의 은퇴로 2000년 1월 이후 마이크로소프트사의 단독 최고경영자로서 경영을 책임지고 있다. 2009년 기준, 그의 재산만 133억 달러로 미국 14대 부호다.

18세에 세계 최대의 컴퓨터 회사를 만든 마이클 델

엘리슨과 볼머가 소프트웨어 분야에서 성공한 유대인이라면, 하드웨어 분야를 대표하는 유대인은 마이클 델이다. '개인용 컴퓨터를 소비자에게 직접 판다'는 참신한 아이디어 하나로 성공한 사람이다. 델은 어린 시절 전자계산기를 보고는 컴퓨터의 세계에 빠져들었다. 그는 컴퓨터 실력도 뛰어나 학교의 출석관리 프로그램을 직접 만들어줄 정도였다.

'애플 2' 컴퓨터가 등장하자 델은 여러 아르바이트 끝에 마침내 열다섯 번째 생일날 애플 2를 샀다. 그런데 델이 애플 2를 자기 방에 놓고 맨 먼저 한 일은 분해하기였다. 그는 사물의 원리에 관

⫶ 마이클 델

심을 가지고 있었다. 그래서 컴퓨터 내부를 분해해서 컴퓨터 작동방식을 이해하고 싶었다. 이미 많은 책을 읽으며 컴퓨터의 작동원리를 공부하였기 때문에 애플 2를 쉽게 원상 복구했다.

델은 컴퓨터에 대한 열정으로 가득 찬 10대를 보냈지만 결국 아버지처럼 의사가 되기 위해 텍사스대학에 진학한다. 유대인에게 의사는 전통적으로 꿈의 직업이었다. 델의 컴퓨터 실력이 출중하다는 것을 안 주변 사람들이 그에게 컴퓨터 조립을 부탁하였다. 델은 일반 컴퓨터보다 20~30% 싼 가격에 훨씬 성능 좋은 컴퓨터를 조립해주었다. 그러자 주변에 입소문이 돌면서 기숙사 친구는 물론 교수님, 그리고 동네 변호사들까지 찾아왔다. 덕분에 델은 돈을 벌었고, 창업의 꿈을 꾸었다.

마침내 열여덟 살인 1984년에 1000달러를 가지고 대학 기숙사에서 회사를 세운다. 그가 부모의 반대를 무릅쓰고 컴퓨터 사업을 시작한 것은 그만큼 컴퓨터에 자신이 있었기 때문이다. 그는 컴퓨터 매장에 들어오는 제품의 원가는 고작 700달러밖에 안 되지만, 매장 주인이 이를 2000달러에 공급받아 3000달러에 소비자들에게 판다는 사실을 알고 있었다.

창업 당시에 컴퓨터를 싸게 만들 수 있었던 일화가 있다. 과거 컴퓨터 유통업계에는 마케팅에 대한 개념이 약해서 수요와 공급이 명확하지 않았다. 매장에서 주문한 컴퓨터는 주문 수량만큼 공급되는 게 아니라 항상 많거나 적었다. 문제는 매장에 컴퓨터가 너무 많이 공급되었을 때의 재고였다.

그는 컴퓨터 매장들을 이곳저곳 돌아다니며 재고로 남은 구형 컴퓨터들을 대량으로 아주 헐값에 구입하였다. 이른바 땡처리 물량이었다. 이러한 전략은 그가 존경하는 샘 월튼의 초기 전략과 유사하다. 월마트를 창업한 샘 월튼도 주변 상점을 돌아다니면서 재고들을 싸게 구입한 뒤 자기 가게에서 팔았다. 그런데 마이클 델은 단순히 그냥 판 게 아니라 컴퓨터 부품을 분해한 뒤 소비자들이 원하는 컴퓨터로 업그레이드하여 팔았다. 그것도 중간유통망을 거치지 않고 소비자에게 직접 판매하며 많은 이득을 얻었다.

그는 이런 뛰어난 사업수완을 바탕으로 창립 첫해인 1984년에 18만 달러의 매출을 올렸다. 그리고 이듬해에는 15배가 넘는 3000만 달러의 매출을 넘기더니 1986년에는 다시 그 두 배인 6000만 달러의 매출을 기록함으로써 큰 성공을 거두게 된다. 그는 불과 15년 만에 세계 최대의 개인용 컴퓨터 업체를 일구어냈다.

소년 시절부터 델은 남다른 구석이 있었다. 초등학교 3학년 때 초등학교 졸업자격 검정고시를 보았다. 물론 학업을 월반할 수 있는 천재성도 있었겠지만 그 어린 나이에 중간 단계를 생략하겠다는 발상 자체가 기발하였다. 결국 이러한 발상은 중간업자를 철저히 배제한 유통체계를 창안하였다. 공급자가 소비자에게 직접 컴퓨터를 공급하는 유통체계를 세계 처음으로 선보인 것이다.

이 사업은 고객이 델컴퓨터에 주문을 하면 그 시점에 생산을 시작한다는 기발한 아이디어의 산물이었다. 이런 유통구조 덕분에 델은 재고에 대한 위험부담을 안지 않았다. 게다가 중간 마진도 배제할 수 있었다. 이익은 소비자와 나누어 고객맞춤형 컴퓨터를 생산했다. 오늘날에는 많은 기업이 직접판매 방식이야말로 바람직한 비즈니스 기법이라 여기고 있지만, 델이 이 방식을 시작한 1980년대 중반만 해도 누구도 그러한 방법을 생각하지 못하였다.

또 하나의 특징은 과감한 외부위탁이었다. 나 아니면 안 되는 일을 제외하고 모두 외부에 위탁하는 것이다. 생산부터 기술개발, 사후관리에 이르기까지 거의 모두 외부위탁 방법을 택하였다. 철저한 아웃소싱에 의한 경영기법이었다.

마이클 델은 유대인의 전통에 따라 의사가 되기를 원하였던 아버지의 뜻을 따르지 못하였지만, 많은 돈을 유대인센터, 어린이박물관과 병원 등에 기부하는 등 텍사스 주에서는 가장 존경받는 인물로 뽑혔다. 그는 2009년 기준 개인자산 145억 달러로 미국 13대 부호다.

인텔의 앤드류 그로브

세계 마이크로프로세서CPU의 90% 이상을 생산하는 반도체 업계 제왕은 인텔이다. 인텔의 창업자 앤드류 그로브 역시 헝가리 태생의 유대인이다. 1936년 낙농업자의 아들로 태어난 안드라스 그로프 Andras Grof는 유대인이라는 이유로 어린 시절부터 친구들 사이에서 소외되었다. 그는 제2차 세계대전 당시 나치의 눈을 피해 도망 다니는 신세였다. 유대인이라는 사실이 알려지면 곧바로 홀로코스트(대학살)의 피해자가 되던 시절이었다. 신분을 숨기며 도망 다니다 나치가 망해 간신히 목숨을 구한 그에게 또다시 시련이 닥쳐왔다.

1956년 소련의 붉은 군대가 헝가리를 점령한 것이다. 이번에는 '자본가'인 낙농업자의 아

∗∗ 앤드류 그로브

들이라는 점이 약점이었다. 그는 스무 살 때 야밤을 틈타 경비가 삼엄한 국경선을 넘어 오스트리아로 탈출하였다. 소련 군견에 쫓기는 생명을 건 도피였다. 오스트리아를 거쳐 안전한 미국으로 탈출한 후 이름도 미국식으로 바꾸었다. 앤드류 그로브Andrew Grov라는 이름은 이렇게 생겨났다.

미국에 건너와 영어 한마디 못 하던 그는 뉴욕시립대학 공학부를 수석으로 졸업하고 버클리에서 박사학위를 받았다. 그리고 1967년 첫 직업을 페어차일드반도체 연구원으로 시작하였다.

인텔은 1968년 무어의 법칙으로 유명한 고든 무어와 로버트 노이세가 만든 회사다. 그로브는 이들의 스카우트로 인텔의 창립 멤버가 되었다. 인텔은 최초로 D램을 개발하여 D램 산업을 리드하며, 매년 25%의 매출 신장을 보이면서 기록적인 성장을 계속했다.

그러나 1970년대 후반부터 일본 업체들의 추격이 시작되었다. 1980년대 초에는 64K D램이 출시되면서, 인텔의 메모리 반도체 사업은 당기 순손실이 2억 달러에 달하는 위기를 맞게 되었다.

바로 이러한 위기에서 그로브의 능력이 빛을 발하기 시작했다. 당시 인텔의 직원들은 심각한 위기에도 자기들이 최초로 개발하고 주도하였던 D램 사업의 환상에서 깨어나지 못하고 있었다. 그러나 1987년 CEO에 취임한 그로브는 이미 가격경쟁력을 상실했다는 점을 간파하고 D램 사업 포기를 선언했다. 그러고 난 후 마이크로프로세서에 인텔의 핵심역량을 집중했다. 그로브의 이 같은 결단은 1996년 인텔에 200억 달러의 매출액 달성이라는 눈부신 성공을 가져왔다.

그의 위기관리 능력을 엿볼 수 있는 또 하나의 예는 바로 1994년 세상을 떠들썩하게 한 펜티엄칩 결함에 대한 리콜 선언이다. 펜티엄칩의 결함으로 IBM이 인텔 펜티엄칩이 장착된 제품의 판매를 중단하고, 소비자들의 비판이 거세지던 상황에서, 그로브 회장은 파격적인 해결책을 내놓았다. 펜티엄칩의 결함은 IBM과 인텔 기술자 사이의 문제였음에도 일반 소비자들을 우선적으로 배려한 것이다. 그로브는 5억 달러의 손실을 감수한 채 불량 칩의 교환을 약속하고, 결함을 수정하는 데 총력을 기울였다. 그 결과 인텔은 훌륭히 고비를 넘겼을 뿐 아니라, 소비자들에게 인텔이야말로 마이크로프로세서의 선두주자임을 인식시킬 수 있었다.

위의 사례에서도 알 수 있듯이 그로브는 소비자의 힘을 중요시했다. 그는 일반 대중을 위해 천문학적 숫자의 예산을 들여 '인텔 인사이드Intel Inside' 캠페인을 추진했다. 펜티엄칩의 직접적인 고객은 IBM과 같은 기업이지만, 궁극적으로 일반 소비자의 힘이 기업의 구매를 좌우한다는 것이 그의 판단이었다. 이 캠페인은 일반 소비자에게 인텔의 이름과 로고가 들어간 컴퓨터는 믿을 수 있다는 생각을 심어주었다.

또한 그는 운전기사를 두지 않고 사원들과 똑같이 선착순으로 주차를 하고, 일반 사원과 똑같은 크기의 사무실에서 일하는 것으로 유명하다. 그러나 이는 직원들과의 평등을 위해서라든가 모범을 보이기 위해서가 아니다. 단지 그렇게 하는 것이 가장 효율적이기 때문이다. 또한 지위가 높다고 해서 좋은 아이디어가 나오는 것은 아니며, 지위와 생각이 다른 직원들이 섞여 있을 때 올바른 의사결정을 할 수 있다고 믿는다.

그로브가 위대한 리더가 될 수 있었던 이유는 많지만, 무엇보다도 중요한 것은 미래의 변화를 읽는 통찰력이다. 인텔이 시의 적절하게

D램에서 마이크로프로세서로 사업전환을 할 수 있었던 것도 그의 통찰력 덕분이었다. 1998년 크레이그 배럿에게 CEO직을 물려주고 회장으로서 인텔을 지휘하고 있는 그는 인텔을 인터넷 시대에 걸맞은 회사로 변화시켜 나가고 있다. 네트워크 장비에서부터 e-커머스, 인터넷 서버 등이 미래에 성공을 가져다줄 핵심 분야라는 판단을 했기 때문이다.

자신의 저서 《편집광만이 살아남는다 Only the Paranoid Survive》에서 언급하고 있듯이, 그로브는 최고경영진은 미래의 변화에 대해 극도로 민감해야 한다고 주장하고 있다. "치열한 경쟁에서 이길 수 있는 방법은 바로 하나의 방향을 정하고 그곳을 향해 뛰는 것이다. 다른 곳에 눈을 돌리는 행위는 집중력을 떨어뜨려 곧 패배에 이르게 한다." 이것이 바로 그의 생각이며, 경영방식이다.

그는 창조적인 힘의 원동력은 두려움이라고 말한다. "편안하게 안주하는 생활에서 벗어나게 해주는 것은 두려움이다. 그것은 불가능해 보이는 어렵고 힘든 일을 가능하게 만들어준다. 육체적 고통을 경험한 사람들이 더욱 건강 유지에 노력하는 것과 마찬가지다"라고 그는 설명한다. 수천 년 동안 고난과 핍박을 많이 당한 유대인들의 '창조성'이 어디서 나오는지를 분명하게 깨닫게 해주는 말이다.

그는 또한 함께 생존하는 '공존공영'보다는 강자가 살아남는 '적자생존'의 철학을 가지고 있다. "모든 사업은 그 안에 파멸의 씨앗을 내포하고 있다. 사업이 커질수록 시장점유율을 빼앗으려는 경쟁자들의 공격이 거세지는 탓이다. 따라서 불가피하게 다가오는 위기를 미

❖ SERI CEO

리 감지하고, 사전에 경쟁자를 철저하게 제거해야만 영원히 살아남을 수 있다. 그것이 바로 제대로 된 경영자가 하는 일이다"라고 말한다. 역사적으로 언제나 유랑생활을 해야 했던 유대인들이 느끼는 위기의식을 반영한 말로 해석된다.

한국 덕을 많이 본 퀄컴 창시자, 어윈 제이콥스

퀄컴의 창시자 어윈 제이콥스도 유대인 출신 대학교수이다. 미국 명문대학의 교수 30%가 유대인이다. 이들 유대인 교수 가운데 통신 비즈니스에서 성공한 인물이 바로 매사추세츠공과대학 교수였던 어윈 제이콥스다.

퀄컴이 개발하여 특허를 취득한 CDMA(부호분할 다원접속)는 1999년 차세대 휴대전화의 세계 표준으로 채택되었다. 이로써 1999년 한 해에 이 회사의 주식이 25달러에서 520달러로 급등하였다. 현재 생산되는 수천만 대의 휴대전화의 중심부에 이 회사 특허기술을 응용한 디지털 장치가 부착되어 있다. 매년 거두어들이는 특허료 수입만 해도 엄청나다.

퀄컴은 초기에 기술컨설팅 회사로 출발했으나, 1989년 CDMA 방식의 통신기술을 최초로 개발해 이동통신 관련 분야에서 4만여 개의 특허를 보유하고 있다. 퀄컴을 간단하게 말하면 칩도 생산하지만 그보다는 지적 재산권으로 사업을 하는 회사다.

⁂ 어윈 제이콥스

회사가 사실상 7000개의 실험실 자체인 셈이다. 연간 벌어들이는 100억 달러 이상의 매출 대부분은 하청 제작한 칩셋을 휴대폰 장비 제조업체에 공급한 대가와 더불어 특허와 라이선싱으로 받은 로열티다. 대부분 연구진으로 구성된 7400명의 직원을 거느린 두뇌집단으로, 매출액의 30% 가까이가 순이익으로 남는 회사다.

디지털 이동통신은 1992년 유럽에서 GSM 방식이 제일 먼저 상용화되었으며, 1993년 일본의 PDC 방식과 미국의 TDMA 방식과 CDMA 방식이 상용화를 위해 치열하게 경쟁하고 있었다. 이때 퀄컴의 CDMA 방식에 결정적으로 손을 들어준 것이 한국이었다. 우리나라는 1993년 퀄컴사의 CDMA 방식을 이동통신 표준으로 선정하였다.

그리고 실험실 수준에 불과했던 퀄컴의 CDMA 기술을 공동개발하여 1996년 세계 최초로 SKT가 CDMA 시스템 상용화에 성공하였다. 이후 한국이 휴대전화 생산대국으로 크면서 퀄컴 매출액의 3분의 1가량이 한국에서 발생하였고, 한국은 퀄컴의 최대 시장이 되었다.

블룸버그 통신사 창업주, 마이클 블룸버그

금융정보서비스산업의 창시자로 블룸버그 통신사의 창립자이자 전 뉴욕 시장이었던 마이클 블룸버그도 유대인이다. 평범한 샐러리맨으로 출발해 억만장자가 됐다는 점에서 '아메리칸 드림'을 일군 대표적인 인물로 꼽힌다.

.:. 마이클 블룸버그

블룸버그 L&P는 세계 기관투자자와 개인투자자들에게 25만 대에 이르는 단말기를 통해 금융정보를 제공하는 기업이다. 오늘날 블룸버그 그룹은 단말기 서비스뿐만 아니라 월간지, 금융전문 라디오방송, 위성 텔레비전방송 등 거대 금융정보 제공 기업이다. 2009년 기준 마이클 블룸버그는 미국 8대 부호로, 재산은 약 175억 달러에 이른다.

마이클 블룸버그는 러시아계 유대인 부모 사이에서 1942년 보스턴 인근에서 태어났다. 그는 1964년 존스홉킨스대학에서 전자공학을 공부하고, 하버드대학에서 MBA 과정을 수료하였다. 1970년대에 솔로몬브라더스에서 트레이더로 일하다 뛰어난 수완으로 30세의 젊은 나이에 공동경영자의 지위에까지 올라 30대에 백만장자 대열에 들어섰다.

그러나 블룸버그의 젊은 시절은 평탄치 않았다. 1981년 39세 때 사내 문제로 해고당하는 아픔을 맛보았다. 1981년 8월 1일 회사는 갑자기 운명적인 한마디를 그에게 전달했다. 블룸버그에게 퇴직금으로 1000만 달러 상당의 주식을 줄 테니, 자리를 비워달라고 한 것이다. 그는 낙심하지 않았다. 오히려 위기가 기회라는 생각을 했다. 그는 이 해고조치를 전화위복의 기회로 만들었다. 기술전문가 등 동료 6명과 함께 창업에 나서기로 한 것이다. 그 자금으로 금융정보서비스 회사인 '혁신시장 시스템Innovative Market Systems'을 설립하였다. 이름만큼이나 당시에는 창조적이었다.

월스트리트에서 잔뼈가 굵은 그는 금융정보 서비스의 중요성을 누구보다도 뼈저리게 느끼고 있었다. 당시 초대형 증권사의 정보 축적방식은 초라하기 짝이 없었다. 3주일 전에 주식이 어떻게 거래됐는지 알려면 대형 증권사마저도 〈월스트리트저널〉의 해당 날짜 신문을 일일이 찾아봐야 할 정도였다. 월스트리트에서 15년을 보낸 블룸버그는 월스트리트의 이런 난맥상을 꿰뚫고 있었다. 원래 전자공학도였던 그는 솔로몬브라더스를 떠나기 2년 전 전산시스템 업무를 책임졌던 경험이 있었다.

그는 IMS 창업멤버인 기술자 6명과 함께 컴퓨터 기능과 금융정보를 결합한 단말기를 개발한다. 월스트리트가 필요로 하는 금융정보를 제공하기 시작한 것이다. 그것도 실시간으로 전달하였다. 컴퓨터가 과거와 현재의 데이터들을 수집, 분석하고 즉각적으로 전달할 수 있다는 것을 알고 있던 그는 컴퓨터 안에 모든 정보를 집어넣고 이를 하나의 단말기를 통해 실시간으로 볼 수 있도록 만들었다. 시중에 떠도는 투자 관련 뉴스와 소문, 과거의 주식 정보들을 신속하게 전달한다는 블룸버그의 아이디어는 큰 반향을 일으켰다.

이러한 그의 노력은 대히트였다. 창업 다음 해인 1982년 월스트리트 증권거래 전문회사 메릴린치가 첫 대형 고객이 되었다. 메릴린치는 블룸버그의 '마켓마스터'라는 단말기를 22대 설치하였다. 더 중요한 것은 메릴린치가 3000만 달러를 블룸버그에 투자하면서 30% 지분을 확보한 점이다. 이후 블룸버그는 승승장구해 대대적인 마케팅에 나서고 월스트리트를 장악한다. 1986년에는 회사 이름을 현재의 블룸버그통신Bloomberg L.P.으로 바꾼다.

그는 실전 감각과 경험을 토대로 투자자가 가장 알고 싶어 하는 금융정보를 실시간으로 제공하는 기업을 창업하여 월스트리트 금융권에 금융정보와 분석 툴을 판매하였다. 로이터통신이나 다우존스가 하지 못하는 금융정보를 토대로 예상 시나리오에 도전하여 기존 거대 통신사의 금융정보와 차별화하였다. 그 뒤 증권거래 플랫폼인 '블룸버그 트레이드북'을 비롯해 블룸버그 메시지 서비스, 블룸버그 뉴스까지 출범시킨다.

간단한 컴퓨터 조작만으로 대량의 정보를 신속하게 받아볼 수 있다는 점 때문에 블룸버그 단말기는 공전의 빅 히트를 쳤고, 회사는 무서운 속도로 성장했다. 블룸버그통신은 금융정보 시장의 오랜 황제였던 로이터도 제쳤다. 한때 통신의 대명사였던 로이터를 제압한 블룸버그는 통신은 물론 라디오와 텔레비전 방송사도 보유하는 거대 미디어그룹으로 등장하였다. 단순한 금융정보 서비스 제공 회사가 아니라 세계적인 통신사와 TV, 라디오를 모두 보유한 '금융 미디어 제국'으로 변신한 것이다. 전 세계에 있는 기자만 2000명에 이를 정도다.

지금은 블룸버그가 없다면 전 세계 금융거래는 물론 외환이나 상품거래를 상상하지 못할 정도가 되었다. 블룸버그 단말기가 없으면 국경을 뛰어넘는 주식·채권·외환 거래를 할 수 없을 정도로 세계 금융계에서 차지하는 블룸버그의 정보서비스 위력은 엄청나다. 블룸버그는 2009년 말 현재 북미 지역 10만 대를 포함해 전 세계에 25만 대의 단말기를 설치하였다.

필자는 1995년 뉴욕무역관 부관장 시절에 업무상으로 그를 만나러 간 적이 있었다. 당시 놀라웠던 기억은, 통신사 안에 사장실이 따로 없었다는 점이다. 그는 직원들과 한 사무실에서 함께 근무하고 있었다. 게다가 방문한 손님을 위해 직접 통신사 곳곳을 안내하며 통신사 현황과 기능에 대하여 설명해주었던 점이 신선했다.

2001년 루돌프 줄리아니 뉴욕 시장이 건강상의 이유로 사직한 뒤 마이클 블룸버그는 월스트리트의 '금융 미디어 황제'에서 '뉴욕 시장'으로 변신하였다. 뉴욕 시장은 미국에서 대통령 다음으로 뽑히기 어렵다는 선출직이다. 그 위상과 영향력이 부통령을 능가한다는 평가를 듣는 중요한 자리다. 블룸버그는 뉴욕 시장에 취임해서도 따로 시장 집무실을 쓰지 않으려는 방침을 고수하였다 한다.

뉴욕 시장에 오른 블룸버그는 특유의 근성을 발휘했다. 그는 뉴욕 시의 악명 높은 범죄율을 낮췄고, 각종 민원을 신속하게 처리할 수 있는 시스템도 구축하였다. 과감하고 뚝심 있는 업무추진 방식은 유권자들로부터 큰 호감을 샀다. 이를 바탕으로 그는 재선에도 성공하였다.

그는 블룸버그가족재단을 통해 매년 기부한다. 2007년에는 2억 500만 달러를 기부해 미국에서 7번째로 많이 기부하는 인물이 되었다. 뉴욕 거주자 중 가장 갑부인 그는 시장으로 일하면서 연봉으로 1달러만 받는다. 그는 시장 관저에서 살지도 않는다. 그러나 뉴욕 시장 선거에서 돈을 많이 써 빈축을 사기도 했다. 2선 선거 때인 2005년에는 5000만 달러, 3선 때인 2009년에는 1억 달러가 넘는 것으로 추정된다.

구글 창업자, 래리 페이지와 세르게이 브린

래리 페이지는 발명가를 꿈꾸며 자랐다. 12세 때 읽은 위대한 발명가 니콜라 테슬러의 전기에 큰 감명을 받았다고 한다. 테슬러는 현재 모든 가정에서 쓰는 교류전기$_{AC}$ 시스템과 리모컨 등을 최초로 발명한 사람이다. 그런데 그의 경쟁자였던 토머스 에디슨이 이를 폄하하고 보급을 방해하였다. 테슬러는 교류전기의 보급을 위해 자신의 특허권을 과감히 포기하였다. 테슬러가 특허권을 유지하였다면 교류전기의 보급은 지연되었을 것이다.

세계적인 기호학자 움베르토 에코는 한때 "인터넷은 쓰레기"라고 혹평한 적이 있다. 1990년대 말 논문을 쓰기 위해 관련 자료를 검색하던 그는 엄청나게 쏟아져 나오는 정보 때문에 도저히 작업을 진행할 수 없었다고 한다. 1995년 당시 스탠퍼드대학 대학원생이었던 래리 페이지와 세르게이 브린 역시 비슷한 문제의식을 갖고 있었다. 이들은 무질서하게 리스트를 쏟아내는 당시의 검색엔진에 강한 불만을 가졌다. 결국 자신들의 불만을 직접 해결하기 위해 만들어낸 것이 지금의 '구글'이다.

페이지와 브린은 스탠퍼드대학에서 처음 만났다. 이들은 같은 유대인이었지만 처음에 상대에 대해 별 호감을 느끼지 못하였다. 오히려 티격태격하는 편이었다. 그러나 브린은 페이지가 검

✿ 세르게이 브린(왼쪽)과 래리 페이지(오른쪽)

색엔진을 개발하는 과정에서 수학적 난관에 봉착하자 이를 해결해 주었다. 결국 일을 함께하면서 둘은 단짝이 되었다.

세르게이 브린은 러시아 출신 미국인이다. 브린은 모스크바대학 출신인 유대인 부부의 아들로 태어나 6세 때 미국에 건너왔다. 그는 메릴랜드대학 응용확률통계학 교수인 아버지 덕에 수학에 많은 흥미를 보였다. 어머니는 미국우주항공국NASA 과학자였다. 이를 계기로 그도 메릴랜드대학에서 수학과 컴퓨터공학을 전공한 뒤 스탠퍼드대학 대학원에서 컴퓨터공학 박사과정을 밟았다. 브린은 컴퓨터공학 박사과정 재학 중에 래리 페이지를 만났다. 페이지의 부모는 모두 컴퓨터 전문가였다. 아버지 칼 페이지는 미시건주립대학 컴퓨터공학과 교수이고, 어머니 글로리아도 컴퓨터 교사였다.

이들이 처음부터 회사를 차리려 했던 것은 아니다. 이들은 자신의 검색엔진을 포털업체에 팔려고 하였다. 희망 가격은 16억 원이었다. 그러나 당시 어떤 포털업체도 구글을 사려 하지 않았다. 페이지와 브린은 고민 끝에 박사과정을 중도에 그만두고 벤처 투자자들로부터 100만 달러를 투자받아 1998년 구글을 창업하였다. 구글의 첫 사무실은 페이지의 여자친구 집 차고였다.

이른바 '인터넷 칭기즈칸'으로 불리는 '구글'이라는 이름은 10의 100승을 의미하는 '구골googol'에서 따온 것이다. 무한대라는 의미다. 그만큼 광범위하고 다양한 정보를 제공하겠다는 의지를 담고 있다. 페이지와 브린은 1998년 4월 개최된 월드와이드웹 컨소시엄에서 자신들의 연구 결과를 발표하였다. 이때부터 구글 특유의 검색방법은 업계와 학계의 관심을 끌기 시작하였다.

페이지와 브린은 인포시크, 익사이트, 야후 등을 대상으로 자신들의 기술판매에 본격 착수하였다. 하지만 초창기에는 생각만큼 반응이 좋지 않았다. 이들이 동분서주하고 있을 때 선마이크로시스템스의 공동창업자인 안드레아스 베흐톨쉐임에게서 연락이 왔다. 스탠퍼드대학에서 베흐톨쉐임을 만난 페이지와 브린은 자신들의 엔진에 대해 프레젠테이션을 하였다. 잠시 프레젠테이션을 보고 있던 베흐톨쉐임은 즉석에서 10만 달러짜리 수표를 끊어줬다.

구글 브랜드로 영업을 하던 페이지와 브린으로서는 상상도 할 수 없었던 거액이 굴러들어 온 셈이다. 하지만 그게 또 이들에게는 두통거리로 작용하였다. 그때까지도 구글은 은행계좌조차 없었기 때문이다. 지금은 닷컴 대표주자 가운데 하나로 자리 잡은 구글이지만, 처음 회사를 만드는 과정은 이처럼 허술하기 짝이 없었다.

'구글'이라는 이름이 조금씩 알려지면서 서서히 돈이 모이기 시작하였다. 1999년 6월까지 구글은 3000만 달러 정도를 모금하는 데 성공하였다. 당시 투자자 가운데에는 벤처캐피털을 비롯하여 스탠퍼드대학과 개인투자자도 다수 포함되었다. 이로부터 3개월 뒤 구글은 마침내 사이트를 오픈하면서 세상에 그 모습을 드러냈다. 구글은 창업 2년 만에 하루 1800만 건의 검색을 하는 미국 최대 검색 사이트로 급성장하였다. 구글의 현재 가치는 120조 원이 넘는다.

검색엔진을 래리 페이지와 세르게이 브린이 발명한 것은 아니었다. 엄밀히 말해 래리 페이지와 세르게이 브린이 검색시장에 진출할 때는 알타비스타, 라이코스, 야후, 익사이트 등 너무 많은 업체가 경쟁하는 레드오션이었다. 그런데 그들은 검색엔진 기술에 혁신을 가함으로써 기존 경쟁자들을 이겨냈다. 구글은 검색이란 포털사이트의 보조 역할을 할 뿐이라는 기존 선입관을 깨고, 주역이 될 수 있음을 보여주었다. 결국 구글은 검색 그 자체로도 돈을 벌 수 있다는 수익모델을 창조해냈다.

2001년 구글은 선마이크로시스템스의 최고기술경영자CIO를 역임한 에릭 슈미트를 회장으로 영입하였다. 이때부터 구글은 페이지, 브린, 슈미트의 3인 경영체제로 운영되었다.

2004년 4월 구글은 나스닥 상장 계획을 발표하였다. 구글의 주식 상장은 독특한 공모방식으로 화제를 일으켰다. 전통적인 상장절차를 거부하고 온라인 경매로 주식을 팔겠다고 나선 것이다. 구글은 투자자가 구입할 수량과 가격을 적어내는 방식으로 주식을 공모하였는데, 이는 투자은행을 통해 주식을 배정하는 기존 관행을 깬 것이다.

구글은 우여곡절 끝에 2004년 9월 19일 나스닥에 주식을 상장하였다. 공모가는 85~95달러로 낮추었다. 거래량은 2220만 주로 성공적인 데뷔였다. 구글 주식은 이날 100달러에 첫 거래를 시작하였다. 구글의 주가는 2005년 11월 400달러를 돌파하였고, 나스닥지수도 4년 6개월 만에 최고치를 경신하였다. 구글에 투자한 주주와 스톡옵션을 받은 사원은 백만장자가 되었다. 구글은 현재 88개 언어로 서비스되고 있다. 가히 전 세계의 모든 언어를 포괄하고 있다 해도 과언이 아니다.

구글은 즐거운 놀이터 같은 회사를 추구하는 것으로 유명하다. 직원들의 창조적인 아이디어가 필요하기 때문이다. 2007년 경제전문지 〈포춘〉은 미국 내 가장 일하기 좋은 100대 기업 가운데 1위로 구글을 선정하였다.

구글 직원들은 회사에 오는 것이 너무나 즐겁다. 24시간 개방되는 실내체육관, 수영장, 배구 코트, 마사지실, 탁아소, 세탁소 등이 두루 갖추어져 있고, 애완동물을 회사에 데려올 수도 있다. 간호사, 치과 의사가 따로 대기하고 있고, 개인별 담당 트레이너가 체력관리도 해준다. 사원식당은 세계 초일류급이다. 하루 세 끼 식사와 대형 냉장고에 들어 있는 음료수, 맥주는 모두 무료. '잘 먹어야 일도 잘한다'는 창업자들의 생각이 고스란히 반영된 공간이다.

그리고 책상 앞에 앉아서 매일 똑같은 업무를 반복하는 직원에게서 좋은 아이디어를 얻을 수 없다는 그들의 생각은 7:2:1 정책에서 잘 드러난다. 7:2:1은 직원들이 본업에 70%의 시간을 할애하고 20%는 업무 이외에 회사와 관련된 자신만의 독자적인 프로젝트를 진행하는 것이다. 그리고 10%는 회사의 사업 분야와는 전혀 상관없는 일로 연구를 하는 것이다. 이러한 정책 덕분에 구글 직원은 주 5일 가운데 하루는 회사 업무를 보지 않고 자신이 하고 싶은 일에 몰두할 수가 있다. 구글의 거침없는 도전과 혁명은 여전히 진행 중이다.

브린과 페이지는 현재 구글의 최고기술자이며, 2009년 3월 현재 36세로 각각 약 153억 달러의 순자산을 가지고 있는 세계 11번째 부자들이다.[◈]

페이스북 마크 저커버그

재미로 인터넷에 하버드대 여학생들의 사진을 올려 등수를 매기던 한 유대인 악동이 있었다. 이것이 발전한 게 페이스북Facebook이다.

◈ 〈주간조선〉 김민구 기자, 〈한국경제〉 안정락 기자 등

마크 저커버그가 19세 때 기숙사 룸메이트인 유대인 더스틴 모스코비츠와 함께 개발한 페이스북은 그 많던 메신저 시장을 제패했다.

페이스북은 친구들의 생각과 동정을 정감 있게 알려줌으로써 IT 기술에 감성을 입혔다. '공감(좋아요), 공통(댓글), 공유'라는 기능을 통해 감성이 소통하게 만든 것이다. 시인과 감성 어린 사람들이 페이스북에서 득세하는 이유이다.

페이스북의 장점은 사용자들이 글이나 사진, 영상 등 콘텐츠를 마음대로 올리고 빠르게 공유할 수 있다는 점이다. 페이스북이 급성장하게 된 것은 2010년 4월 '좋아요_Like' 버튼을 시작한 이후이다. 좋아요 버튼을 누르면 페이스북은 이를 인지하고 관계도_Relevance를 파악한다. 페이스북 타임라인에는 모든 친구가 올린 글이나 사진이 올라가지 않는다. 페이스북은 이용자 간의 관계를 자동으로 파악하여 좀 더 관련 있는 사진이나 글을 상위에 올라가도록 배치하고 있다.

사용자가 어떤 콘텐츠를 올리면 다른 사용자가 콘텐츠를 보고 '좋아요'를 클릭하거나 '댓글'을 달거나 '공유'하면 관계도에 따라서 다른 사용자의 친구들에게도 이 콘텐츠가 떠 빠르게 확산된다.

중국보다 인구가 많은 나라가 곧 등장할 것이다. 바로 페이스북 공화국. 이 공화국에선 전통적인 권력구조가 송두리째 흔들리고 위계구조가 평평해지고 있다. 과거에 많은 사람에게 얘기를 전하려면 돈이 많거나 유명하거나 힘센 정치인이어야 했다. 하지만

∴ 마크 저커버그

이젠 그렇지 않다. 오늘날엔 평범한 사람들도 목소리를 낼 수 있다. 목소리와 권력이 힘센 기관이나 사람에게서 평범한 개인에게로 이동하고 있다.

지금 전 세계 11억 명 정도가 이용하고 있는 페이스북은 미국·유럽에서만 45만 개의 일자리를 창출했다. 이러한 것이 바로 무에서 유를 창조해내는 '창조경제'다.

재능을 찾아주기 위한 아버지의 헌신

마크 저커버그의 성공 뒤에도 부모의 영향이 있었다. 아버지 에드워드는 치과의사였으며 어머니 캐런은 정신과의사였다. 에드워드는 어린 아들에게 컴퓨터 언어인 베이직 프로그래밍을 직접 가르쳤다. 그 뒤 프로그래밍 교육을 위해 아들에게 개인교사를 붙여주기도 하고, 뉴욕의 치과의사라 바쁜 틈에도 아들을 데리고 인근 대학에 강의를 들으러 가기도 했다. 교수가 강의시간에는 아이를 데려오지 말라고 하자, 이 수업은 자기가 아니라 어린 아들이 듣기 위해 오는 것이라고 양해를 구했다는 일화가 있다.

저커버그는 컴퓨터 프로그래밍과 인터넷에 대해 배우면서 어린 나이에 꿈이 생겼다. '누구나 쉽게 정보에 접근하고, 정보가 오픈되고 투명하게 관리된다면 세상은 얼마나 살기 좋아질까?'라는 생각이 든 것이다.

그 뒤 11세 때 아버지 병원의 컴퓨터에 환자 도착을 알리고, 사무실 직원들의 커뮤니케이션을 돕는 애플리케이션을 개발해주었다. 페이스북을 만들면서 인간 심리를 잘 파악하는 것은 정신과의사인 어머니의 영향이 컸다.

그는 고등학교 재학 중에 인텔리전트 미디어그룹이라는 회사에 고용되어 '시냅스 미디어 플레이어_{Synapse Media Player}'를 제작했다. 이것은 인공지능을 이용해 사용자의 음악감상 습관을 기억할 수 있도록 만든 뮤직 플레이어였다. 마이크로소프트와 AOL이 이를 사들이고 저커버그를 고용하겠다는 제안을 해왔다. 그러나 그는 이를 거절하고 2002년 하버드대학에 입학했다.

여걸 세릴 샌드버그

미 언론들은 페이스북의 최고운영책임자 세릴 샌드버그를 "어쩌면 대통령도 될 수 있는 여자"라며 주목하고 있다. 페이스북 창업자 저커버그가 창조의 대명사이긴 하지만 아이디어를 치밀한 전략으로 뒷받침하는 능력은 부족했다. 수익모델 미비로 적자에 허덕이던 2007년 겨울 저커버그는 샌드버그를 6주간 찾아가는 삼고초려 끝에 영입했다.

▲ 세릴 샌드버그

감성적 수익모델을 개발하다

그녀는 원래 구글 초창기에 수익모델을 상용화시켜 오늘의 구글을 만든 핵심인재였다. 페이지나 브린은 개발에는 천재였지만 경영 측면에서는 경험이 부족했다. 더구나 당시에는 인터넷 포털이 돈을 벌 수 있을지 아무도 장담을 못 하던 때였다.

그 무렵 구글에 합류한 샌드버그는 어떻게 하면 검색의 본질을 해치지 않는 선에서 감성적인 수익모델을 개발할까에 온 초점을 맞추었다. 샌드버그는 목표를 세우면 치밀한 전략을 세워 그것을 완벽하게 수행해내는 것이 주특기였다. 결국 그녀가 상용화에 성공시킨 수익모델이 애드워즈Ad Words와 애드센스Ad Sense였다. 이후 구글은 날개를 달고 비상한다.

샌드버그는 래리 서머스의 수제자로 하버드대학 경제학과를 수석 졸업했다. 그녀는 졸업 후 세계은행으로 자리를 옮긴 서머스의 특별 보좌관으로 일했다. 그 뒤 하버드 MBA를 마치고 매킨지 컨설턴트로 근무했다. 이후 재무장관에 임명된 서머스는 그녀를 자신의 비서실장으로 발탁했다. 30세 어린 나이의 여성 비서실장으로 그녀는 재임 중 탁월한 업무처리 능력을 보여주었다.

2001년 공직을 사퇴한 샌드버그는 여러 곳의 영입 제의를 마다하고 벤처기업 구글을 택해 온라인 영업·광고담당으로 일했다. 그녀는 입사 1년 만에 회사 수익을 4배로 올리는 등 구글의 성장에 크게 이바지했다. 2006년 구글은 유튜브라는 동영상 공유 사이트를 인수했다. 2007년에는 최고의 디지털 마케팅 회사인 더블클릭을 인수했는데, 같은 해 더블클릭은 하루 170억 개의 광고를 집행했다. 2004년에 결혼한 샌드버그는 그 많은 일을 하면서도 두 아이의 엄마로 가정생활과의 균형도 잘 맞추었다. 유대인 엄마로서의 악착스러움이 엿보이는 대목이다.

샌드버그, 페이스북도 키워내다

그 무렵 저커버그는 페이스북의 최고운영자 자리를 맡을 사람이 그녀밖에 없다는 결론을 내렸다. 그리고 끈질긴 설득 끝에 2008년 3월 샌드버그의 수락을 얻어냈다. 그녀가 새로운 비즈니스 모델을 개발해 내자 페이스북 역시 2010년부터 날개를 달고 비상하기 시작했다.

현재 샌드버그는 페이스북에서 전방위적인 영향력을 행사하는 2인자다. 그녀는 사회진출 여성의 롤모델이 됐다. 2012년 〈포브스〉지는 그녀를 세계에서 가장 영향력 있는 여성 비즈니스 파워 순위 1위로 올렸다.

유대인 없이는 IT 역사를 쓸 수 없다

이 밖에도 실제 정보통신 업계의 대표 주 자들 가운데 상당수가 유대인이다. 오랜 기간 월트 디즈니를 이끌었던 아이스너, 2001년에 야후의 최고경영자가 된 영화계의 거물 테리 시멜, 한때 미국 최고

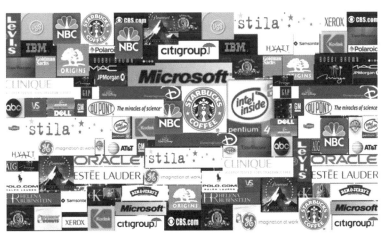

∴ 유대인의 힘이 녹아든 상표들

연봉의 최고경영자였던 로투스 디벨로퍼사의 미첼 케어퍼, 2000년 브로드캐스트닷컴을 판 수십억 달러로 프로농구 구단인 댈러스매버릭스를 인수해 프로농구 업계에서 가장 유명한 구단주가 된 마크 쿠반도 유대인 군단이다.

집에 텔레비전도 없었던 버버트 베커 BEE멀티미디어의 창업주이자 최고경영자는, 텔레비전이 인터넷으로 생방송되도록 하는 소프트웨어를 처음 개발하기도 하였다. 네트워킹의 거함 노르텔네트워크스의 존 로스 최고경영자, 오랫동안 컴팩의 최고경영자였던 벤자민 로젠, 시스코시스템스의 창업자인 샌디 레너 등도 모두 정보통신 업계를 이끄는 거물 유대인들이다. 유대인 없이 정보통신의 역사를 쓸 수 없다는 말도 있다.[✧]

유대인 노이만, 컴퓨터와 인터넷을 탄생시키다

오늘날 우리가 쓰는 컴퓨터와 스마트폰을 폰 노이만식이라 부른다. 존 폰 노이만이 컴퓨터의 뇌에 해당하는 '프로그램 내장 컴퓨터'를 처음으로 개발했기 때문이다. 그로 인해 컴퓨터 발전은 물론 디지털 기술이 급속히 발전해 오늘날 인터넷 시대를 가능케 했다. 인터넷 역사에 큰 영향을 미친 연구기관은 프린스턴 고등연구소이다. 이 연구소는 평생 아무 책임 없이 자신이 하고 싶은 일을 할 수 있는 꿈의 연구소이다. 그 첫 종신교수로 임명된 사람이 바로 앨버트 아인슈타인과 존 폰 노이만이다. 일반 대중에게는 아인슈타인이 유명하겠지만, 인터넷 역사에서는 폰 노이만이 훨씬 더 중요한 역할을 했다.

노이만은 헝가리에서 유대인 은행가의 장남으로 태어났다. 어릴 때부터 놀라운

✧ 육동인 지음, 《0.25의 힘》, 아카넷, 2009

천재성을 보였다. 6세 때 벌써 수학의 성질과 세상을 움직이는 논리에 관심이 많았다. 인문학에도 관심이 많아 아버지와 그리스 역사를 논할 정도였다.

∴ 존 폰 노이만

그는 어려서부터 외국어를 익혀 7개 언어를 구사했다. 그뿐만 아니라 호기심이 많아 수학, 물리학, 공학, 경제학, 계산과학, 기상학, 심리학, 정치학 등 모든 분야를 섭렵했다. 이러한 학문의 경계를 뛰어넘는 통섭적 공부가 그를 위대한 과학자로 만들었다.

8세 때 미적분을, 12세 무렵에는 함수론을 독파했다. 한 수학자가 3개월에 걸쳐 간신히 푼 문제를 노이만은 암산으로 해결하기도 했다. 그의 기억력과 계산능력은 전설이었다. 22세에 박사학위를 받고 이듬해 베를린대학 최연소 교수가 되었다. 30세인 1930년에는 프린스턴 고등연구소로부터 초청을 받아 미국으로 건너가 고등연구소 최초 4명의 교수진 중 한 명이 된다. 이후 그는 죽을 때까지 프린스턴 고등연구소 수학교수로 활동했다.

제2차 세계대전 동안 폰 노이만은 핵무기를 만들기 위한 미국의 맨해튼 계획에 참여했다. 그의 천재성을 익히 알고 있었던 프로젝트 책임자인 유대인 오펜하이머의 요청에 의해서였다. 그는 원자폭탄의 개발 과정에 개입하면서 컴퓨터 개발의 역사에 커다란 자취를 남기게 된다. 공동연구 중 수소폭탄의 효율계산을 위해 페르미는 대형 계산자로, 파인먼은 탁상계산기로, 노이만은 천정을 바라보며 암산했지만, 노이만이 가장 빠르고 정확한 값을 냈다.

원자폭탄 개발 과정에서 그는 미 육군이 초대형 계산기 '에니악'을 개발한다는 것을 알게 되었다. 그런데 이 초기 컴퓨터는 계산만 할 줄 알았지 기억능력이 없었다. 노이만은 에니악에 문제가 많다고 느꼈다. 에니악은 폭탄의 비행거리나 암호해독 등 인간의 머리로 처리하기 어려운 숫자계산 속도를 획기적으로 향상시켰으나 문제가 있었다. 이 컴퓨터에 다른 일을 시키려면 전기회로를 모두 바꿔주어야 했다. 새로운 일을 할 때마다 사람이 수천 개의 스위치를 며칠씩이나 걸려서 다시

세팅해야 했다.

당시 에니악에 대한 부정적 이야기들이 많았다. 하지만 세계적 수학자 노이만이 후견인이 되자 분위기가 단번에 반전되었다. 에니악 프로젝트가 실패할 수도 있는 상황에서 컴퓨터에 생명력이 불어넣어지는 순간이었다. 그는 계산 기능만 있는 멍텅구리에 뇌를 만들어 붙였다. 이로써 그는 컴퓨터가 숫자처리 능력밖에 갖지 못한 멍청한 기계가 아니라, 뛰어난 '논리기계logic machine'라는 개념을 최초로 창안했다.

노이만은 수학자였음에도 컴퓨터 공학자도 풀지 못하는 어려운 문제를 해결한 것이다. 곧 획기적인 이론을 개발했는데 바로 '프로그램 내장 컴퓨터'가 그것이다. 중앙처리장치CPU 옆에 기억장치Memory를 붙여, 프로그램과 데이터를 저장해놓았다가 사람이 실행시키는 명령에 따라 작업을 차례로 불러내어 처리했다. 이렇게 해서 탄생한 것이 에드박EDVAC으로 최초의 프로그램 내장 컴퓨터이다.

현재 존재하는 스마트폰을 포함한 대부분의 컴퓨터를 '노이만 방식'이라 한다. 지금은 너무나 당연한 것이 되었지만 1940년대에는 가히 혁명적인 발명이었다. 노이만 방식 컴퓨터의 등장은 그 뒤 디지털 기술의 급속한 발전을 가능케 했다.

또한 노이만은 경제학 분야에서도 큰 업적을 남겨 게임이론의 아버지이기도 하다. 오스카 모르겐슈테른과 함께 1944년 《게임과 경제행동 이론》을 썼다. 이후 경제학자들은 게임이론을 받아들여 경제현상을 설명해 1980년대에 게임이론의 꽃을 피웠다. 흔히들 그를 아인슈타인과 정보이론의 창시자 클로드 섀넌과 더불어 20세기 3대 천재라 일컫는다.

많은 과학기술이 전쟁으로 인해 탄생했다. 제2차 세계대전은 과학기술 역사에서 중요한 변화를 일으켰다. 바로 컴퓨터와 인터넷이다. 오늘날의 관점에서 보면 그는 최고의 통섭학자로 다방면의 학문에 능했다. 통섭의 결과가 인터넷 시대를 낳은 것이다.

⁘ 노이만이 만든 에드박

창의력의 중요성을 웅변하는 관광산업

관광산업은 천혜의 환경 또는 조상으로부터 물려받은 문화유산이 있어야 꽃을 피울 수 있는 건 아니다. 사막 위에 건설된 라스베이거스나 습지 위에 세워진 올란도의 디즈니월드를 보라. 이 도시들은 관광산업을 진흥하는데 인간의 창의력이 얼마나 중요한지를 웅변적으로 말해주고 있다. 이를 증명해 낸 게 유대인들이다.

벅시 시겔

캘리포니아에서 네바다 주로 가다 보면 모하비 사막을 만나게 된다. 이 사막 한가운데 라스베이거스가 자리 잡고 있다. 1946년 라스베이거스 사막에 최초의 현대식 카지노 호텔이 들어섰다. 이 플라밍고 호텔을 건설한 벅시 시겔은 유대인이다.

플라밍고는 사실 라스베이거스에서 세 번째로 지어진 호텔이다.

⁂ 플라밍고 호텔

하지만 현대식 카지노시설을 갖춘 최고급 호텔로는 첫 번째다. 사막 한가운데서 라스베이거스의 미래를 내다보고 이런 최고급 호텔을 지은 그의 혜안이 놀랍다.

19세기 미국의 마피아는 유대인파와 아일랜드파가 주도했다. 그 뒤 이탈리아 마피아가 가세했다. 1930년대 뉴욕 암흑가를 지배하던 유대인 마피아는 서부 장악을 위해 벅시를 LA에 선발대로 파견하게 된다. 벅시는 1937년 서부 환락가를 통제하기 위한 폭력조직을 만들라는 조직의 임무를 띠고 로스앤젤레스로 파견된 것이다.

벅시는 1940년대 초 동부 마피아와 협의차 뉴욕으로 가던 중 라스베이거스에 잠시 들렀다. 그 무렵 라스베이거스는 사막 한가운데에 있는 볼품없는 작은 마을이었다. 사막 노동자들을 위한 여관과 도박장을 겸한 선술집, 그리고 작은 호텔 2~3개가 있는 정도였다. 1940년 당시 라스베이거스 인구는 8000명 남짓이었다.

이때 그의 머릿속에 라스베이거스의 미래에 대한 큰 그림이 그려졌다. 그는 이 사막 한복판에 카지노 호텔을 세우면 장기적으로 수익성이 큰 사업이 될 것으로 확신했다. 사막을 통과하는 차량이 많아 사막의 오아시스와 같은 개념이었다. 술·도박·여자 이 세 가지를 조합한 환락가의 환영을 보며 라스베이거스에 대규모 호텔 카지노장을 건설할 마음을 먹게 된다. 그는 이 계획에 회의적이던 조직 수뇌부를 설득해 600만 달러를 빌려 플라밍고 호텔을 건설하였다.

그런데 개관 후 호텔은 파리를 날렸다. 초창기 라스베이거스는 지금처럼 번창하지 못해 영업실적이 좋지 못했다. 1947년 7월 벅시는 LA 비벌리힐스 저택에서 수십 발의 총격을 받고 즉사했다. 뉴욕 마피아 킬러들이 그를 살해했다는 소문이 있었다. 훗날 1991년 유대인 영화감독 배리 레빈슨은 그의 일대기를 주제로 〈벅시〉란 영화를 만들었다.

그런데 그의 사후 벅시의 예견대로 카지노 사업이 돈이 되기 시작했다. 그러자 유대인 마피아 조직이 몰려들었다. 라스베이거스 개발 초기에 이를 도박 도시로 키우는 데 유대인 마피아의 참여가 컸다. 이를 계기로 사막 한가운데의 작은 마을이 천지개벽하여 카지노와 컨벤션 산업의 중심지가 되었다.

뷔페식 레스토랑의 등장

뷔페는 원래 바이킹의 식사 방법이었다. 하지만 지금처럼 세계인이 좋아하는 대중적 먹거리가 된 것은 라스베이거스 카지노 호텔들 덕분이다. 1950년대부터 호텔과 카지노의 붐이 일었던 라스베이거스 호텔들은 어떻게 하면 고객들을 좀 더 많은 시간 동안 호텔 내에 머무르게 할 수 있을까를 연구하였다. 손

∴ 1950년대 라스베이거스 호텔 뷔페

님의 가장 중요한 식사를 외부의 다른 레스토랑에 뺏기지 않기 위한 연구에 골몰했다.

여기서 나온 아이디어가 뷔페였다. 손님이 원하는 모든 종류의 식사를 한자리에서 모두 제공하는 것이었다. 이후 뷔페식 레스토랑이 카지노 호텔마다 생기기 시작했다. 그 후 뷔페는 전 세계적으로 널리 알려져 사랑받는 식사 형태로 자리 잡게 되었다.

커크 커코리언

그 뒤를 이어 오늘날의 라스베이거스를 만든 사람은 유대인의 큰손 커크 커코리언이다. 이 사막 한가운데의 도시는 커크 커코리언에 의해 오늘날 메가 리조트급의 도박 도시로 거듭나게 된다.

아르메니아계 유대인 커코리언은 8학년 때 학교를 중퇴하고 아마추어 웰터급 챔피언을 차지할 만큼 권투선수로서 자질을 보이기도 했다. 하지만 1939년 어느 날의 한 사건이 그의 인생을 완전히 바꾸어버렸다. 커코리언은 한 집의 보일러를 설치해주던 중 주인으로부터 캘리포니아 해안을 비행기로 한 바퀴 둘러보자는 제안을 받고 완전히 비행에 매료되었다. 이후 인근 비행학교 교관 집에서 소를 관리하고 우유를 채집해주는 대가로 무료 비행 레슨을 받았다.

♣ 커크 커코리언

그 뒤 커코리언은 조종사 면허를 따 조종사로서 꽤 많은 돈을 모으게 된다. 1944년 그는 라스베이거스로 처음 비행하게 된다. 1947년에 로스앤젤레스에서 라스베이거스로 도박하러 가는 관광객들을 실어 나르기 위해 6만 달러를 주고 비행기를 구입하여 트랜스인터내셔널항공이라는 회사를 설립한다. 융자를 얻어 비행 연료와 퇴역 폭격기 등에 투자하여 돈을 꽤 벌었다.

그는 1962년 라스베이거스의 스트립거리 토지 80에이커를 매입한다. 이 거리에 시저스팰리스가 들어서게 된다. 로마 제국을 상징하는 호화 호텔이다. 손님을 로마 황제처럼 모시겠다는 뜻이었다. 그 뒤 라스베이거스 호텔은 특정 테마를 주제로 건설되었다. 그의 토지는 라스베이거스 최고의 요지가 된다.

1967년에는 라스베이거스 파라다이스거리 82에이커를 500만 달러에 사들이고 이듬해 스트립 땅을 900만 달러에 판다. 커코리언은 벅시 시걸이 세운 플라밍고 호텔을 1250만 달러에 인수하여 라스베이거스힐튼으로 개명하여 운영했다. 이를 1969년 힐튼 호텔체인에 6000만 달러를 받고 되팔았다. 그러고 나서 그 돈으로 당시 세계에서 제일 큰 호텔인 인터내셔널호텔을 건설했다.

라스베이거스 카지노 쇼의 효시

그는 대형호텔 개장 초기에 손님을 유도하기 위해 새로운 아이디어를 내어 시도했다. 빅쇼를 도입한 것이다. 로큰롤의 제왕 엘비스 프레슬리와 유대인 바브라 스트라이샌드를 영입하여 호텔에서 매일 공연을 벌였다. 하루에 4200명의 손

∴ 엘비스 프레슬리

님이 공연을 보기 위해 한 달 내내 몰렸다. 이것이 라스베이거스 카지노 쇼의 효시였다. 호텔이 자리 잡자 곧바로 힐튼호텔 체인에 1억 달러를 받고 팔았다.

영화산업에 진출하다

한편 그는 1968년에 그의 항공사를 1억 400만 달러에 팔아 이듬해 MGM 영화사 지분 40%를 사들였다. 그는 MGM 이름으로 라스베이거스에 MGM호텔을 건축하여 엠파이어스테이트빌딩보다 더 큰 건물을 세웠다.

그 뒤 커코리언은 1981년 유나이티드 아티스트 영화사를 3억 8000만 달러에 사들인 후 1986년 이탈리아계 회사에 13억 달러에 팔아 엄청난 부를 축적했다. 같은 해 MGM호텔을 거의 6억 달러에 발리그룹에 매각해, MGM호텔은 발리호텔로 이름이 바뀌게 된다.

커코리언은 그 뒤에도 유명한 카지노 호텔 여러 개를 건축한다. 벨라지오, MGM Grand Resort Complex, 뉴욕뉴욕, 서커스서커스, 룩소, 엑스칼리버, 트레저아일랜드 등이 그의 작품이다. 오늘날의 라스베이거스는 그에 의해 탄생되었다고 보아도 무리가 아니다. 그는 살 때와 팔 때를 아는 천부적 재능을 갖고 있었다. 이후 기업사냥꾼의 길을 걸었다.

셀던 아델슨

컴덱스쇼를 창시하다

그 뒤 라스베이거스를 카지노관광에서 전시 컨벤션관광으로 바꾼 유대인이 셀던 아델슨이 다. 환락의 도시가 비즈니스 도시로 바뀐 것이 다. 일생일대의 아이디어는 1971년에 찾아왔 다. 아델슨은 컴퓨터 잡지사를 경영했는데 그 는 자신의 잡지사가 컴퓨터 전시회를 주최할 수 있다는 점에 착안했다.

∴ 셀던 아델슨

아델슨은 바로 실행에 옮겼다. 세계 최대 정 보기술IT 박람회로 유명한 '컴덱스COMDEX쇼'가 1979년 라스베이거스 MGM그랜드호텔(현 발리호텔)에서 처음 개최되었다. 컴덱스쇼는 이 후 세계 최대 전시회로 발전했다. 1990년에는 2200개사, 22만여 명 이 참관했다.

당시 제곱피트(가로, 세로 30cm 면적)당 50달러를 참가 수수료로 받 아 대관료로 15센트를 내는 고수익 비즈니스를 창출했다. 이런 성공 을 발판으로 미국 내 다른 도시와 유럽, 일본에서도 컴덱스쇼를 열 기 시작했다.

50개 직업을 전전하다

아델슨은 우크라이나에서 보스턴으로 이민 온 유대인 운전기사의 아들로 태어나 부모와 5형제가 모두 원룸에서 살 정도로 가난한 어린 시절을 보냈다. 그는 12세 때 삼촌에게 빌린 200달러로 보스턴 인근에서 2개의 신문 가판대를 열면서 비즈니스 세계에 입문했다.

이후 캔디 가게, 아이스크림 판매상, 속기사, 모기지 브로커, 투자자문가, 여행사 사장, 벤처 캐피탈리스트 등 직접 경험해본 직업만 50개가 넘는다. 그러다 마침내 카지노와 환락의 도시 라스베이거스에서 최초의 대형 전시회인 컴덱스쇼를 기획하여 일약 거부의 길로 들어선다. 창의력의 힘이었다.

환락의 도시에 전시컨벤션센터를 세우다

원래 라스베이거스에는 비슷비슷한 호텔과 카지노 일색이었다. 그런데 1959년에 시에서 전시컨벤션센터를 하나 세웠다. 아델슨은 이런 라스베이거스에 민간기업으로는 처음으로 대형 전시컨벤션센터를 지었다. 아델슨은 컴덱스쇼를 크게 키운 후 1995년 일본의 소프트뱅크에 무려 8억 6000만 달러를 받고 매각했다. 그는 라스베이거스를 도박, 관광 이외에 전시컨벤션산업으로 크게 성장시킨 장본인이다.

유대인 부모들은 자녀들에게 어떤 분야가 되었건, 그 분야에서 최고가 되라고 교육한다. 아델슨 역시 자기 분야에서 세계 최고를 지향했다. 오늘날의 라스베이거스를 만든 유대인들은 바로 벅시 시겔, 커크 커코리언, 셸던 아델슨이었다.

복합리조트 탄생

아델슨의 최고 업적은 복합리조트라는 개념을 처음 도입해 라스베이거스를 '마이스산업'의 중심지로 탈바꿈시킨 것이다.

마이스MICE 산업이란 회의Meeting, 포상관광Incentives, 컨벤션Convention, 전시회Exhibition를 지칭한다. 이들의 머리글자를 따 마이스라 명명하는 것이다.

복합리조트란 호텔과 컨벤션센터뿐 아니라 대규모 쇼핑몰과 극장·박물관·카지노는 물론 유니버설 스튜디오 등 엔터테인먼트 단지까지 모두 갖춘 종합 비즈니스·레저타운이다. 이곳에 오면 각종 모임부터 가족 단위 관광까지 최상의 서비스를 누릴 수 있도록 설계돼 있다. 한마디로 모든 걸 한곳에 모아놓고 고객을 만족시킨다는 개념이다.

라스베이거스는 이제 카지노를 뛰어넘는 마이스 산업이 도시를 이끌고 있다. 매년 2만 건 내외의 사업 미팅과 컨벤션이 라스베이거스에서 개최되고 있다. 이를 통해 수만 명의 고용창출과 높은 내수 진작 효과가 입증되면서 '21세기 굴

뚝 없는 황금산업'으로 자리매김하고 있다.

플로리다 올란도에 세워진 디즈니월드도 늪지 위에 건설되었다. 월트 디즈니는 플로리다의 늪지를 보고 디즈니월드를 생각했다. 남들은 다 못 쓰는 땅이라고 한 버려진 늪지를 보고 월트 디즈니는 습지와 호수를 잘 이용하여 놀이동산을 만들면 멋진 그림이 나올 수 있다고 보았다. 이렇게 사막과 늪지일지라도 인간의 상상력과 의지만 있으면 얼마든지 훌륭한 관광자원으로 탈바꿈시킬 수 있다는 것을 그는 증명해 보였다.

마카오의 토박이 유대인, 스탠리 호

그 뒤 셸던 아델슨은 라스베이거스에 머물지 않고 눈을 해외로 돌렸다. 아델슨의 시야는 이미 라스베이거스의 사막을 넘어 세계로 가고 있었다. 아델슨은 1934년생으로 고령이지만 지금도 의욕적으로 동서양을 활보하고 다닌다.

그의 비즈니스 열정은 700년 전 마르코 폴로처럼 동서양을 넘나들었다. 마카오에 첫 사업을 진출시킬 때는 마르코 폴로에게서 영감을 얻었다고 한다. 그는 40년 넘게 지속된 마카오의 카지노 운영 독점체제가 해체되기를 기다렸다.

그 무렵 마카오의 지배자는 포르투갈 총독도 삼합회도 아닌 '카지노 황제' 스탠리 호였다. 마카오 정부 세수의 60% 이상을 차지하는 카지노 산업이 그의 손아귀에 있었다. 그가 마카오 정청으로부터 카지노 산업의 독점권을 획득한 것은 1961년으로 장장 50년간 마카오의 돈줄을 잡고 있었기 때문이다.

⚜ 마카오의 카지노 황제, 스탠리 호

재미있는 점은 중국인인 그도 유대계라는 점이다. 유대계 중국인 3세로 그의 할아버지가 유대인이다. 그가 포르투갈 지배 아래에서는 마카오 카지노의 1인 독점체제를 영위하였다. 하지만 마카오가 포르투갈에서 중국 지배로 넘어오면서 그는 더 이상 1인 천하의 황제로 남을 수 없었다. 기존의 카지노 독점권이 2001년 만료되어 경쟁체제로 바뀌었기 때문이다.

⚜ 그랜드 리스보아 카지노 호텔(가운데)

스탠리 호가 마카오 경제에 기여하는 비중은 어느 정도일까. 리스보아 호텔 카지노를 비롯해 그가 경영하는 10개 카지노장은 그의 사업의 일부에 지나지 않는다. 그가 총수로 있는 '마카오 여행관리공사STDM'는 카지노를 비롯해 호텔, 경마장, 골프장, 선박업까지 거느리고 있다. 마카오-홍콩 간 페리선 운항도 그가 독점권을 갖고 있다. STDM과 관련해 밥을 먹고 사는 사람이 마카오 인구의 30%에 이른다.

마카오, 라스베이거스를 추월하다

아델슨은 독점체제가 해체되기 무섭게 2004년 5월 외국인으로는 처음으로 마카오에 샌즈Sands 카지노를 개설했다. 마카오 반도의 중심부에 자리한 샌즈 마카오 호텔은 바다와 시가지 전경이 환히 보이는 호화로운 289개의 객실을 제공하고 있다. 2억 4000만 달러의 투자자금을 불과 10개월 만에 전액 회수하여 카지노 업계에 '샌즈 효과'라는 신조어를 남겼다.

샌즈 마카오 카지노에서는 테이블당 하루 평균 6100달러를 거둬들인다. 라스베이거스의 베네치아보다 50% 많은 금액이다. 중국의 1인당 국민소득은 미국의 34분의 1밖에 안 되지만, 라스베이거스의 도박꾼들이 게임당 평균 25달러를 걸 때 중국인들은 85달러를 걸기 때문이다. 중

국인들은 도박을 목숨 걸듯이 호전적
으로 하는 경향이 있다.

이젠 '마이스 산업'이 대세

이어 2007년 8월 샌즈 호텔 투자금
의 거의 10배에 달하는 23억 달러를
들여 세운 세계 최대 규모의 카지노가
마카오에 탄생했다. 단일 건물로는 세
계 2위이자 아시아에서는 가장 큰 실
내 공간을 갖고 있다. 그는 '베네시안
마카오 리조트'를 오픈하여 일주일 만
에 50만 명을 끌어모으는 기염을 토했

∴ 마카오에서 열린 베네시안 카지노 개장 기념식
에서 한국인 신혼부부와 함께 행사장에 선 셸
던 아델슨 부부

다. 라스베이거스의 베네시안 리조트를 그대로 옮겨놓은 형상이지만
시설이나 규모 면에서는 마카오가 훨씬 더 크고 웅장하다. 베네치아
의 운하와 곤돌라까지도 그대로 옮겨놓았다.

운하 거리에는 350개의 숍과 30개 정도의 레스토랑이 있고, 각종
럭셔리 브랜드 제품 등이 있어 쇼핑의 중심이 되고 있다. 실내임에도
하늘이 있다.

그 유명한 태양의 서커스의 자이아 공연, 3000여 년 전 객실의 스
위트룸화와 수영장, 골프장까지 있는 베네시안 호텔에서는 며칠간 머
무르면서 즐길 수 있는 모든 것들이 모여 있다.

그는 2009년 말까지 마카오에 130억 달러의 자금을 쏟아부었다.
그리고 마카오를 세계 최대의 카지노와 마이스 산업 중심지로 바꾸
어놓았다. 라스베이거스를 추월한 것이다. 대단한 안목과 추진력이

었다. 그즈음 불어닥친 세계 금융위기에도 투자는 계속되어 샌즈코타이센트럴 등 마카오에 4개의 대형 리조트를 완공하였다.

마카오는 이미 2010년에 연 3000만 명이 넘는 관광객들로부터 게임수입만 연 150억 달러 이상 벌어들이고 있다. 라스베이거스의 두 배가 넘는 수익이다. 마카오는 오는 2015년까지 타이파 섬과 콜로안 섬 사이의 매립지에 총 150억 달러를 투자해 종합 휴양지로 만든다는 계획을 발표했다.

싱가포르의 결단, 마이스 산업

그리고 그는 싱가포르에도 진출하여 그 유명한 복합리조트 마리나베이를 건설했다. 우리 쌍용건설이 시공을 맡아 완공했다. 마리나베이 샌즈리조트ᴍʙꜱ는 바다를 메워 조성한 11만 9000m²의 매립지에 자리 잡고 있다. 최고 55층짜리 호텔 3개동(객실 2561실)과 컨벤션센터, 쇼핑몰, 레스토랑, 극장, 전시관 등이 들어가 있는 비즈니스형 복합리조트다. 호텔 옥상에 마련된 축구장 4배 크기의 수영장은 세계적인 명소로 떠올랐다.

싱가포르는 서울 정도의 면적에 인구 400여 만 명의 아주 작은 도

시국가다. 1965~1997년 국
내총생산GDP 평균 성장률
9%를 기록해온 싱가포르는
1997년 금융위기와 2000년
대 초 미국의 경제침체 등을
겪으며 새로운 성장동력이
필요했다. 그 뒤 찾은 결론
은 제조업과 병행해 서비스

⁂ 싱가포르 마리나베이 샌즈리조트

산업을 적극 발전시켜야 한다는 것이었다.

이에 일자리 창출과 내수 진작, 연관 산업 발전 효과가 높은 관광
산업을 적극 육성하기로 했다. 그리고 2005년 복합리조트를 국가 정
책적 차원에서 도입하기로 결정했다.

싱가포르의 국부國父 리콴유李光耀 전 총리도 애초 내 눈에 흙이 들
어가기 전에는 카지노를 허락하지 않겠다고 공언했었다. 하지만 결
국 소신을 접었다. 그는 카지노를 싫어했지만 세상이 변해 라스베이
거스와 같은 복합리조트가 없다면 관광산업과 마이스 산업을 이룩
할 수 없다는 것을 깨달은 것이다. 이 노정객은 국익 우선에 대한 신
념을 밝혔다. 치열한 토론 끝에 야당도 결국 동의했다. 그 뒤 싱가포
르 역시 관광업을 미래 핵심전략 산업으로 설정한 후 오랜 논쟁 끝에
2010년 두 개의 대형 카지노를 개장했다.

아델슨은 이렇게 해서 싱가포르에서도 카지노 허가를 받았다. 싱
가포르의 2010년 상반기 GDP를 비약적으로 성장시킨 마리나베
이샌즈는 57억 달러짜리 카지노 리조트 사업이었다. 이곳은 2011년
60억 달러 매출을 올렸고, 덕분에 싱가포르 관광산업 규모는 17% 커

졌다.

도덕국가이자 세
계적인 금융과 물류
중심지인 싱가포르
역시 이렇게 해서 미
래 성장동력으로 국
제회의, 인센티브 관
광, 컨벤션, 전시 등
의 복합 부가가치 산업인 MICE를 선택했다. 내국인 출입이 전격 허
용된 마리나베이 샌즈 카지노의 경우 하루 방문객이 최대 15만 명에
이른다.

센토사 섬에 지은 '리조트 월드 센토사'는 가족형 복합리조트다.
49만 m²의 부지에 카지노, 호텔 6개를 비롯해 동남아 최초로 유명
테마파크인 유니버설 스튜디오를 유치했다. MBS와 리조트 월드 센
토사는 개장 첫해인 2010년 총 43억 달러를 벌어들였다. 리조트 개
장 이후 싱가포르를 찾는 관광객 수는 20.2% 증가했다. 당시 전 세계
적인 경기침체 속에서도 싱가포르의 경제성장률은 14.5%를 기록했
다. 싱가포르 정부의 세수도 7.75% 증가했다.

필리핀도 복합리조트 개발에 나섰다. '리조트월드 마닐라'가 완공
단계이고, 마닐라 해안 매립지에도 4개의 카지노를 포함한 '엔터테
인먼트 시티' 건설을 추진하고 있다. 말레이시아는 해발 1772m 고지
대에 복합리조트 '겐팅하일랜드'를 지어 매년 1900만 명의 관광객을
끌어모으고 있다.

아델슨, 영종도 진출 희망

아델슨 회장은 마리나베이 샌즈에서 가진 공식 기자회견에서 "한국을 마카오와 싱가포르에 이어 아시아의 세 번째 투자처로 보고 있다"면서 "특히 서울이나 인천 영종도가 카지노가 포함된 복합리조트 위치로 좋다"고 말했다.

그는 또 한국 신문과 인터뷰하면서 다음과 같은 말을 남겼다. "라스베이거스에는 카지노를 갖춘 대형 리조트가 25~30개 됩니다. 경쟁이 아주 심하죠. 하지만 아시아 시장에서는 상대적으로 경쟁이 덜합니다. 마카오에도 도박장이 많이 있습니다만, 우리 건물에는 대규모의 컨벤션 시설이 있습니다. 여기에 각종 쇼를 위한 쇼룸과 350개의 상점, 25~30개의 레스토랑, 대규모 바$_{bar}$, 의료 관광객을 위한 병원이 있지요. 이런 복합리조트는 마카오에서 우리가 유일합니다. 전체 1050만 m² 가운데 40만 m² 미만이 카지노니까 전체의 4% 미만에 불과합니다. 우리는 이런 모델을 통해 라스베이거스를 바꿨고, 지금은 싱가포르를 바꾸고 있습니다. 다음에는 서울, 인천, 부산을 바꾸고 싶습니다."

그는 중국 부$_{富}$의 60%가 모여 있는 중국 동부 연안지역을 마주 보고 있는 한반도 서해안에 마카오를 능가하는 새로운 꿈의 도시를 그리고 있다. 비행기로 3시간 이내 거리에 있는 구매력 있는 도시 숫자는 영종도가 마카오나 싱가포르보다 훨씬 더 많다. 세계 인구의 4분의 1이 몰려 있고, 인구 100만 명이 넘는 도시만 51개

♣ 아델슨 회장

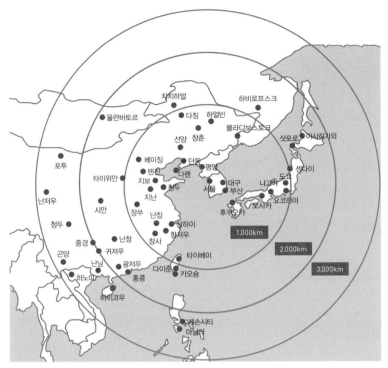

∴ 3000km 이내의 주요 도시들

가 있다. 최적의 입지인 셈이다. 게다가 비교적 잘 사는 아시아인들이
다. 베이징, 상하이, 도쿄, 오사카 등 중국과 일본의 대도시에서는
마카오나 싱가포르보다 오히려 영종도가 더 가깝고 오기도 훨씬 편
하다.

우리 경쟁국들은 전시컨벤션, 카지노와 테마파크, 가족휴양지 등
을 연계해 경쟁력을 강화해나가고 있다. 우리도 MICE 산업을 본격적
으로 육성하려면 종합 전시컨벤션 시설과 휴양레저 시설을 갖춘 대
형 복합리조트를 관광 전략사업으로 키워야 한다. 이제는 마이스 산
업이 미래산업으로 성큼 다가오고 있다.

창의성으로 진화하는 백화점 유통업

　백화점 유통업의 발달 과정을 보면 유대인의 고객지향적인 창의성을 엿볼 수 있다. 1800년대에 뉴욕에 이민 온 유대인들은 가난했다. 대다수가 맨해튼 동부 셋방에 몰려 살면서 열악한 봉제업에 종사했다. 그 무렵 유럽에서 이민 온 유대인 대부분은 3D 업종의 힘든 일을 했다.

유대인의 상술에는 창의성이 있다

당시 유대인 근로자의 3분의 2가 봉제업에서 새벽부터 밤늦게까지 일하고 남자는 6달러, 여자는 3~5달러를 받았다. 그 외에 장사하는 사람들도 자본이 없다 보니 싸구려 제품의 행상이 대부분이었다.

예로부터 유대인들의 상술에는 창의성이 있었다. 유대인 행상들은 돈이 좀 모이자 유대인 특유의 고객지향적인 아이디어를 내놓았다. 기존 행상은 개별 품목만을 팔거나 기껏해야 잡화류, 액세서리류, 주방류, 직물류 등 전문품목을 담당했다. 하지만 유대인들은 고객 편의를 위해 모든 제품을 한꺼번에 취급했다.

제품 종류가 다양한 만물상이 되어 여러 물건을 손수레에 싣고 다니며 팔았다. 그 뒤 물건이 더 다양해지자 이번에는 큰 트럭에 가득 싣고 다니며 팔았다. 당시로선 획기적인 일이었다. 그간 단일품목 행상들만 보아오다가 온갖 종류의 상품을 접하게 된 고객들로서는 이보다 더 편리할 수 없었다.

또 다른 아이디어, 대형 잡화점

규모가 커지자 큰 차로도 감당키 어려웠다. 이번에도 또 다른 아이디어가 등장했다. 더 많은 물건을 한 장소에서 팔 수 없을까 생각한 것이다. 구매자도 한곳에서 여러 가지 물건들을 고루 살 수 있으면 좋을 것 같았다. 그 뒤 한 장소에 점포를 열고 여러 종류의 물건을 갖춘 대형 잡화점들이 나타났다. 돌아다니던 만물상의 규모를 키워 한곳에 펼쳐놓고 팔기 시작한 것이다.

1850년 무렵부터 상품 종류를 칸막이 형태로 구분한 업태들이 출현했다. 이들이 바로 '포목점dry goods store'이라 불리는 잡화점이었다. 근대적인 백화점으로 발전되기 바로 직전의 단계였다.

백화점으로 진화하다

그 뒤 업체 간 경쟁이 심해지고 고급화 및 품목 다양화를 추구하면서 이들은 백화점으로의 길을 걷게 된다. 그들의 지향은 다양한 상품 구성과 원스톱 쇼핑이었다. 한마디로 고객중심 경영이었다.

미국이 자본주의 발흥기를 거쳐 성장기로 진입하며 철도나 우편 제도 등 각종 사회간접자본의 확충이 빠르게 이루어지던 때였다. 이처럼 도시화가 급속히 진전되는 과정 속에서 공공 교통수단과 대중 광고의 발달은 백화점의 출현을 가능케 했다.

이때 가장 먼저 생긴 백화점이 1858년에 창업한 뉴욕의 메이시스 백화점이다. 이 성공을 계기로 오랫동안 행상을 하던 독일계 유대인 카우프만은 1868년 피츠버그에 엠포리엄 백화점을 세웠다. 그 뒤 유대인들은 주요 도시마다 대표적인 백화점을 하나씩 열었다. 매그닌은 샌프란시스코에, 파일린즈는 보스턴에, 김블즈는 밀워키에, 메이시스와 알트만스는 뉴욕에 각각 본점을 두었다.

그 뒤 뉴욕에서 작은 상점으로 시작해 거대한 백화점을 이룬 유대인들이 많이 나왔다. 바이에른 출신의 벤저민 블루밍데일 일가는 1861년 옷 가게에서 시작해 1872년 뉴욕에 직물잡화점을 열었는데,

1888년 이스트사이드의 백화점 종업원은 1000명이었다. 알트만 형제 백화점 종업원은 1600명이나 되었다.

백화점의 발달과 번영은 1900년부터 1920년 사이에 본격적으로 이루어졌다. 뱀버거, 니먼 마커스 등 유대인 대형 백화점들은 미국 전역에 유통망을 갖추었다. 유대인 형제 이지도르와 네이션 스트라우스는 메이시스 백화점을 인수했다. 이 밖에도 스턴 브루클린의 아브라함앤스트라우스와 짐벨, 슈테른 등 대부분의 백화점이 유대인 소유였다.

키도시 하셈

"너희는 재판할 때나 물건을 재고 달고 할 때에 부정하게 하지 마라. 바른 저울과 바른 추와 바른 에바와 바른 힌을 써야 한다. 나 야훼가 너희를 이집트 땅에서 이끌어낸 너희 하느님이다."(레위기 19:35-36)

유대인들은 장사할 때 "키도시 하셈"을 따른다. 이 말을 직역하면 "이름을 거룩하게 한다"는 의미다. 다시 말하면 이름을 더럽히지 말아야 한다는 뜻으로, 자신이나 가문뿐 아니라 동족의 이름을 더럽히지 말아야 한다. 더 나아가 하느님의 이름을 빛내야 한다. 특히 물건을 사고팔 때 남을 속이거나 터무니없이 높은 값을 부르지 말라는 것이다.

이는 상인이 해서는 안 되는 세 가지를 말한다. 첫째는 상품에 대해 과대선전을 하지 말 것, 둘째는 상품값을 올리기 위해 저장해두지 말 것, 셋째는 상품을 재는 자나 말 같은 계량을 속이지 말 것이 그것이다.

탈무드 시대부터 유대인들 사회에는 계량기를 감독하는 관리가 있었다. 여름과 겨울에는 크기를 재는 줄도 다른 것으로 사용했다. 왜냐하면 줄도 날씨에 따라 늘거나 줄 수 있기 때문이다.

랍비 라바라는 인간이 죽어서 하늘나라에 가면 제일 먼저 묻는 말은 "그대는 장사꾼으로 정직했는가?"라고 말했다.

정찰제의 등장

유대인들은 물건을 살 때 몹시 깎는다고 한다. 다시 말하면 싼값에 사들여 비싼 값에 파는 것이다. 이것은 속이는 것이 아니라 하나의 상술이다. 대량으로 사면 가격을 더 깎을 수 있다. 그러나 이것이 지나치면 서로 의심하게 되거나 속았다는 피해의식에 빠질 수도 있다. 그래서 어떻게 하면 상품을 정당한 가격대로 사고팔 수 있을까를 생각했다. 곧 서로 간에 신뢰를 유지하며 좋은 거래를 할 수 없을까 생각하던 끝에 만든 것이 정찰제라고 한다.

백화점을 운영하는 유대인들도 처음에는 물건을 싼값에 사들여 비싼 값에 팔았다. 대량으로 사게 되면 싸게 살 수 있었다. 하지만 나중에는 경쟁이 치열해지면서 서로 싸게 팔게 되었다. 그래서 어떻게 하면 상품을 정당한 가격에 거래할 수 있을까를 고민하던 끝에 백화점 정찰제를 만들었다.

유대인은 장사를 하면서 '유대인은 하나다. 하나로 뭉쳐야 산다. 그들은 같은 길을 걷는 사람들이다'라고 생각한다. 갈대 하나는 어린 아이라도 꺾을 수 있지만 한 묶음이 되면 제아무리 힘센 사람도 꺾을 수 없다는 이야기를 자녀들에게 들려준다.

조건부 환불정책

탈무드에 의하면 유대 상인은 항상 좋은 품질의 상품만을 팔아야 한다. 그리고 물건을 판 뒤 구매자가 물건의 결함을 발견하고 불평하면 언제나 물건을 바꾸어주거나 혹은 물러주어야 한다.

또한 물건을 사 간 사람은 일주일 동안 이웃사람이나 전문가에게 산 물건을 보여 주고 그들의 의견을 들을 권리가 있다. 그리고 잘못된 물건을 샀다고 판단되면 반품할 수 있다. 왜냐하면 자기가 전혀 알지 못하는 물건을 샀을 경우 산 사람은 그것을 당장 옳게 판단할 수 없기 때문이다. 그래서 탈무드는 어디까지나 사는 사람들을 우선시한다.❖

❖ 한상휴, 《한상휴의 유대인의 삶의 지혜》, 늘푸른나무, 2015

유통업의 대부, 시어스로벅의 로젠월드

그 무렵 업체들은 통신판매에 눈을 떴다. 이 가운데 하나가 나중의 시어스로벅Sears Roebuck 백화점이다. 시어스로벅의 창업주는 유대인이 아니다. 하지만 회사를 성장시킨 주역은 유대인이었다. 경영학자 피터 드러커는 "시어스로벅을 키운 것은 창업자 시어스가 아니라 로젠월드"라고 단언했다.

시어스가 광고 물량전으로 흠 있는 물품을 속칭 '땡처리'하면서 반짝 재미를 본 뒤 영업이 주춤거릴 때였다. 시어스는 영업 부진을 타개하기 위해 전문경영인을 물색했다. 그는 재기 넘치는 의류판매업자 줄리어스 로젠월드에 반해 그를 영입했다. 1895년에 로젠월드는 로벅의 지분을 인수하여 경영에 합류하면서 혁신적인 판매기법을 도입했다.

무조건 환불정책

그는 농촌을 주목했다. 농부 개개인의 구매력은 낮더라도 미국 노동인구의 절반 이상을 차지하는 농부집단의 구매력은 엄청날 것이라는 데 착안했다. 그의 무기는 다섯 가지 혁신이었다. '체계적인 상품계획, 우편주문 카탈로그 제작, 무조건 환불, 자체 공장 설립, 기능별 조직 구성' 등이었다. 이때부터 미국 백화점의 '무조건 환불정책'이 자리 잡았다.

혁신의 결과는 놀라웠다. 75만 달러에 머물던 매출이 5000만 달러로 뛰었다. 시어스의 우편주문 카탈로그는 성경 다음으로 많이 보급된 책자라는 말까지 나왔다. 매주 한 부씩 우편으로 배달되어 오는 시어스로벅의 카탈로그는 전화번호부 크기에 20만 종 이상의 상품이 담겨 있었다. 이러한 카탈로그는 일반상점 물품의 무려 1000배에 이르는 것이었다. 물건 가격 또한 상당히 저렴했다. 게다가 산골 벽지까지 카탈로그가 무료로 배달되었다.

창의성이 대박으로 연결되다

여기에 창의성이 더해졌다. 1905년 시어스로벅은 또한 '바이러스 마케팅' 최초 사례의 하나인 편지를 발송했다. 아이오와 주 우량고객들을 대상으로 친구 가운데 카탈로그를 보내주고 싶은 사람 24명을 추천해줄 수 있는지 물어보는 편지였다. 이를 받은 우량고객들이 시어스로벅에 24명의 추천자 명단을 알려주면, 그들에게 카탈로그를 보냈다. 새로 카탈로그를 받은 사람이 주문할 경우 그들을 소개해준 우량고객들은 그 대가로 스토브나 자전거, 재봉틀 등을 선물로 받을 수 있었다. 바이러스 마케팅이란 상품을 컴퓨터바이러스처럼 확산·홍보되도록 하는 마케팅 기법이다.

이 아이디어는 말 그대로 대박을 쳤다. 폭주하는 주문량 덕분에 그들은 우편주문 창고와 사무용 빌딩을 따로 세워야 했다. 1906년에 개장한 빌딩은 건평이 8만 4000평에 이르는 대규모였다. 1909년 시어스가 물러나고 로젠월드가 사장이 되었다.

시어스는 1925년 올스테이트라는 브랜드로 타이어를 사들였고,

1931년에는 올스테이
트라는 자동차 보험사
업도 시작했다. 1925년
최초의 소매점이 개설
되어 소매점 매출이 우
편주문사업을 능가했
다. 제2차 세계대전 후

매출이 급상승해 1945년에 10억 달러를 넘어섰고 그 일 년 뒤 배가
되었다. 시어스로벅은 1980년대에 K마트가 총매상고에서 앞지를 때
까지 미국 최대의 유통업체였다. 로젠월드가 '미국 유통업의 아버지'
로 기억되는 이유이다.*

대형 복합리조트쇼핑몰 시대

이제 선진국 유통 트렌드의 중심에는 대형 복합리조트 쇼핑몰이
자리 잡은 지 오래다. 개인 소득수준이 올라가면서 쇼핑, 외식, 공연,
리조트 등을 원스톱으로 즐길 수 있는 복합몰이 일반화됐기 때문이
다. 대형 복합리조트 트렌드는 유대인인 셸던 아델슨이, 복합쇼핑몰
디자인은 유대인 건축가 다니엘 리베스킨드가 주도하고 있다.

9·11 테러로 무너진 뉴욕 세계무역센터 재건 프로젝트의 총괄기
획자이기도 한 다니엘 리베스킨드는 2008년 개장한 유럽 최대의 스

---

* 〈서울경제신문〉 권홍우 편집위원 등

∴ 라스베이거스 시티센터

위스 베른 웨스트사이드 쇼핑센터를 비롯해 라스베이거스의 시티센
터 등을 디자인했다. 웨스트사이드의 특징은 전체 컴플렉스의 20%
를 차지하는 거대한 스파, 피트니스, 워터파크 시설이다. 선데크, 월
풀욕조, 로마식 욕탕, 수중음악 시설이 갖춰진 실내 풀장과 야외 풀
장 시설을 갖추고 있다. 이제는 이러한 복합리조트 쇼핑몰이 대세를
이룬다.

세계 시장을 뒤흔드는 곡물 메이저들

우리나라는 1980년에 냉해로 벼농사가 대흉작을 기록했다. 우리 측은 미국 정부를 찾아가 최대한 쌀을 공급해줄 것을 간청했다. 결국 1981년 한 해에 도입한 쌀은 224만 5000톤으로, 당시 우리나라 쌀 생산량의 3분의 1을 넘었다. 1979년 톤당 240달러였던 쌀값이 두 배가 넘는 550달러까지 치솟았다. 세계적인 흉작이 든 1972년에는 이보다 더 심했다. 곡물 메이저는 한국에 톤당 200달러 하던 쌀을 661달러에 팔았다.

이렇듯 곡물 메이저가 담합해 곡물값 폭등을 조장한 사례는 비일비재하다. 곡물은 생산이 1%만 줄어도 가격이 47%나 폭등할 정도로 민감한 상품이다. 1972년 세계 곡물 생산량이 약 3% 감소하자 쌀과 밀의 국제 가격은 3배 이상 급등했다. 당시 미국 곡물창고에 쌓여 있던 밀 재고분의 56%는 이미 곡물 메이저들이 점유한 상태였다. 1973년 닉슨 정부가 100일 동안 콩 수출 중단조치를 내렸을 때도 국제 가격이 4.6배나 뛰어올랐다. 그들은 창고에 콩 재고분의 91%를 쌓아두고 있었다. 이렇게 독과점 상태에서 공급을 조절하여 가격을 올린 것이다.

1970년대의 식량 파동을 경험한 세계 각국은 증산에 나섰다. 1980년대에 들어서는 상당 부분 식량자급을 이루게 되었다. 우리나라도 통일벼의 개발로 쌀을 자급하는 수준에 이르렀다. 이로써 국제 농산물 가격이 하락하였다. 하지만 곡물 메이저에게는 위협 상황이었다.

곡물 메이저들은 우루과이라운드 협상 당시부터 WTO 체제 하의 국제 농산물 자유무역에 깊숙이 개입하였다. 1993년 12월에 우루과이라운드 협상을 통해 이루어진 농산물의 무역자유화를 뒤에서 조정한 것이 바로 이들이다.

2003년 멕시코 칸쿤에서 열린 WTO 농업협상에서는 아예 카길이 미국 측 의견서를 작성하였다. 곡물 메이저는 미국 정부뿐 아니라 세계 농업정책 전반에 막강한 영향력을 행사한다. 이렇듯 세계 곡물시장이 WTO 협정 등 국제사회의 규범과 질서보다는 곡물 메이저의 '보이지 않는 손'에 의해 움직이고 있다.

문제는 1990년대 들어 곡물 수입국들 사이에 민영화 바람이 불면서 수요자는 분산되고 있는 반면, 곡물 메이저들은 오히려 인수와 합병 등으로 몸집을 키우면서 시장지배력을 강화하였다는 점이다. 그들의 궁극적인 목적은 농산물의 무역자유화를 더욱 확대해 세계 곡물시장을 독점하려는 것이다.

이들은 '곡물 마피아'라 불릴 만큼 그 정체가 베일에 싸여 있다. 특정 국가에 요란하게 진입하지 않으며, 진입해도 잘 드러나지 않는다. 자국 정부의 고차원적 곡물수출정책에 편승해서 독점적 폭리를 취하고, 국내외에 거미줄 같은 정보망을 가지고 있다. 그뿐만 아니라 심지어 인공위성으로 밀·옥수수·쌀 등 세계 주요 농작물의 국가별 작황까지 실시간으로 파악한다. 한국 내의 작황도 그들이 먼저 알고 있다.

곡물 메이저 카르텔

그 뒤 세계 식량난이 발생하자 일부 곡물수출국가들은 자기 나라부터 챙기기 위해 아예 식량수출 자체를 금지하였다. 그간 세계화를 뒤쫓다 식량의 자급자족을 포기하였던 개발도상국들의 피해가 특히 컸다. 앞으로의 식량전쟁이 더욱 치열해질 것임을 알려주는 대목이다. 이러한 세계 식량시장을 지배하는 식량 메이저 역시 유대계가 장악하고 있다. 곡물을 정기적으로 수출할 수 있는 나라는 네 나라, 즉 미국·캐나다·호주·아르헨티나다. 이들 나라의 곡물을 7개 메이저가 지배하고 있다. 그 대부분은 아슈케나지 유대인들의 수중에 있다.

세계 총 곡물 교역량의 80%가량을 곡물 메이저가 취급하는데, 미국의 카길과 ADM이 절반 이상을 차지하고, 다음으로 프랑스의 루이 드레퓌스(12%), 아르헨티나의 분게(7%), 스위스의 앙드레(5%) 순이다.

그들 5형제 가운데 맏형은 미국의 카길이다. 메이저들은 서로 국적은 다르지만 강력한 유대인의 트러스트 안에 있어 마치 한 몸처럼 움직인다. 카길은 곡물·면화·설탕·사료·가공육류 등의 생산과 저장, 수송, 수출입을 취급하는 세계 최대의 농식품 복합체다. 카길은 세계 시장점유율 40%로 미국뿐 아니라 세계의 농업정책을 좌지우지한다. 2003년 세계무역기구 농업협상을 주도한 미국의 협상전략을 짠 것도 카길이었다.

카길을 제외한 나머지 회사들은 창업주부터 유대인들이며, 이곳에 다른 세력은 감히 들어갈 엄두도 내지 못한다. 이들이 상상을 초월하는 자금력을 바탕으로 세계 각국의 농산물 생산지나 시카고선물거래소CBOT 등에서 대량의 곡물을 매입하여 정부와 기업에 판매해 막

대한 이윤을 챙기고 있다. 소유 곡물의 수송, 가공, 하역, 선적, 배분, 저
장시설 등 유통 과정까지 완벽하게 장악하고 있음은 물론이다. 이들
곡물 메이저들은 창업주 가문들이 대를 이어 경영하는 철저한 혈족
중심의 경영이라는 점이 특징이다. 또 유대인들이 창업하지 않은 기업
이라도 경영은 대부분 유대인이 한다는 것도 특징이다. 유대인이 아니
고는 이 세계에서 곡물회사를 제대로 경영할 수 없다는 말과 같다.

세계 1위의 곡물 메이저 카길사

곡물 메이저들이 어떻게 유대인 인맥을 구축하였는지는 세계 최
대 메이저인 카길을 보면 분명하게 알 수 있다. 미국의 카길사는 스
코틀랜드계의 카길이 창업주다. 세계 1위의 곡물상이지만 사실 카
길이 창업주라는 것만 빼면 스코틀랜드와 아무런 상관이 없다. 지난
1929년 대공황 때에 이미 카길이라는 회사는 파산한 것이나 다름없
다. 거의 죽은 기업에 록펠러가 자금을 대어 살렸다. 그 뒤 유대인 율
리우스 헨델이 카길사의 중역으로 들어오면서 카길은 겉으로만 스
코틀랜드계였지 1929년 이후로는 미국 유대계 회사다.

헨델은 정상적인 곡물거래가 아닌 투기와 헤지를 동원해서 회사
를 세계 최고로 키워냈다. 예를 들어 1930년대 중반 흉작으로 미국
의 옥수수 생산량이 크게 부족했을 때, 그는 오히려 옥수수를 팔지
않고 사들이는 데만 집중하였다.

보다 못한 시카고선물거래소에서 옥수수를 팔라고 명령하였지만
거절하였다. 시카고선물거래소는 카길을 거래소 회원사에서 추방하

였고, 농무부는 카길을 미국 옥수수 시장을 파괴한 혐의로 사법 당국에 고소하기도 하였다. 하지만 헨델은 꿈쩍도 하지 않았다. 헨델의 '인정머리 없고 편법적인' 거래는 계속 이어졌다. 헨델의 이 같은 독특한 경영기법은 유대인들이 장악하고 있는 곡물업계에서는 '정통 경영이론'이었다.

제2차 세계대전 직후인 1946년부터 1952년까지 헨델 밑에서 일을 배운 드웨인 안드레아 역시 나중에 곡물 식품회사인 아커다니엘미들랜드의 회장이 된다. 그리고 회사를 카길에 버금가는 거대 곡물회사로 키웠다. 물론 비결은 '인정머리 없고 편법적인' 거래였다. 유럽에 있는 곡물 메이저로는 프랑스의 루이드레퓌스, 스위스의 앙드레가 있는데, 이들 모두 직간접적으로 유대계와 연결되어 있다.

록펠러 재단이 '녹색혁명'으로 불리는 밀 개량의 성과를 올리고 카길과 공동으로 아시아 지역의 농업에 관계하게 된 이유가 있다. 초대 석유왕 록펠러의 딸이 미국의 농기계를 지배하는 사이러스맥코믹의 아들과 결혼해 인터내셔널하베스터(현 나비스타인터내셔널)라는 회사를 설립했기 때문이다.

카길은 전 세계의 농지를 지배하고 있지만 개인회사이기 때문에 가장 오래되었고 가장 큰 곡물회사임에도 회사 내용에 대해 속속들이 알 수 없다. 또한 증권거래소에 상장하지 않아 주식이 비공개인 까닭에 자금 흐름이 완전한 비밀에 싸여 있다. 자금 결제마저도 스위스결제은행을 이용한다. 결코 그들의 자금을 추적할 수가 없다. 이런 연유로 그들의 활동이나 사업의 크기 등은 아직도 완벽하게 베일에 가려져 있다. 하지만 상당히 막강한 파워를 지니고 있다는 것은 이미 잘 알려진 일이다. 2003년의 경우 매출액이 500억 달러로 알려져 웬

만한 개발도상국의 1년 수출액과 맞먹었다.

카길은 밀을 중심으로 한 곡물상사로서 1865년에 창업되었다. 1990년대의 카길은 종합식품상사로 변모해 해운업에서 금융업까지 광범위하게 진출하고 있다. 카길은 미국에서만 1만 2000개의 창고와 100대의 곡물수송용 열차를 가지고 미국은 물론 전 세계 곡물시장의 40%를 장악하고 있는 명실상부한 세계 최대 곡물회사다. 60여 개 나라에서 사무소를 운영하고 있으며, 곡물 저장능력은 우리나라 쌀 생산량보다 많은 700만 톤에 이른다. 1기 건설비용만 해도 1억 달러가 넘는 곡물 운송용 엘리베이터를 40기 이상 갖고 있다.

심지어 미국의 무역대표부에 카길의 경영진이 가끔 참가하기도 하고, 또 이들은 전략적인 작전에 투입되기도 한다. 과거 구소련 붕괴 때 곡물 마피아들은 미국을 도와 소련에 곡물을 끊어버림으로써 빠른 항복을 받아내는 데 일조를 하였다. 당시에 구소련은 식량 부족으로 아프가니스탄 침공에 실패하게 된다. 즉 과거의 기록으로 보면 식량은 가끔 승패를 가르는 결정적 무기가 되기도 하였다.

최근 국제 곡물 가격의 상승과 하락에 이들이 개입하였다는 증거가 속속 포착되기도 하는데, 마치 주식시장을 몇몇 헤지펀더들이 조작하듯이 국제 곡물 가격도 이들에 의해 통제되고 조작되기도 한다. 이들의 움직임이 감지되면 한동안 곡물 가격은 투기화된다.

국제시장에서는 아무 때나 쉽게 곡물을 살 수 있다고 생각하는가? 어림 반 푼도 없는 일이다. 파는 사람이 한통속이고, 또 그렇지 않다 해도 그들의 눈 밖에 나면 국제사회에서 영업을 지속하는 것 자체가 어려워진다. 그 때문에 일단 결정적인 순간에 그들이 팔지 않겠다고 마음먹으면 누구도 곡물을 살 방법이 없다.

1998년 1월 카길은 다국적 화학회사인 몬산토와 손잡고 바이오 농산물 회사 '레네젠'을 설립했다. 레네젠은 생명공학 기술을 이용해 유전자조작 곡물과 사료를 개발하고 있다. 유전자조작 식품으로 '악명 높은' 몬산토는 세계 종자산업의 대부분을 통제하고 있다. 하지만 회사 총수입의 대부분은 농약 판매로 벌어들인다.

몬산토의 '라운드업 레디' 콩은 자사 제초제인 라운드업에 내성을 지니도록 유전공학적으로 설계되어 있다. 모든 잡초를 죽일 수 있는 라운드업 제초제를 개발하고, 이어서 그 제초제에 견딜 수 있는 콩 종자를 개발해 몬산토는 두 제품을 더 많이 팔 수 있게 되었다.

카길은 실로 무서운 회사다. 전용 인공위성으로 전 세계의 곡물 작황을 실시간 모니터링하고 있다. 이와 같은 정보를 토대로 카길은 곡물 선물시장에서 투자와 투기를 한다. 선물시장에서 현물시장으로 이어지는 메커니즘을 통해 국제 곡물 시세를 카길 마음대로 조종한다고 보면 맞다. 인공위성으로 전 세계 65개국에 연결망을 잇고, 컴퓨터로 기후 변동과 곡물 수확량을 추적하는데, 그 배후에 CIA의 조사활동이 함께 이루어진다는 설이 있다. 사업 내용을 비밀에 부치는 것은 8만 명의 종업원을 위한 것이 아니라, 국가정책으로서 필요한 조치이기도 하다.

험난한 파고가 예상되는 세계 곡물시장

〈이코노미스트〉는 유럽과 아시아 주요국의 헥타르_ha당 곡물생산량은 3~4톤에 이르지만 아프리카에서는 1톤에 불과하다고 지적하였다. 또 2008년 선진국의 곡물생산량이 11%가량 늘어나는 동안 중국과 인도 등 개도국에서는 1%가 증가하는 데 그쳤다. 식량 가격 상승으로 선진국들이 혜택을 보는 동안 개도국들은 식료품값 급등으로 어려움을 겪고 있는 셈이다. 특히 전 세계 곡물 가격은 유가, 자본 투자 동향 등 여러 요소를 고려해 파종량을 결정하기 때문에 결국 농산물 공급량을 예측하기가 어렵다.

이에 따라 최근 곡물 가격 급등은 일시적 현상이 아닌 수요와 공급의 불일치에 따른 어쩔 수 없는 추세다. 또 〈이코노미스트〉는 곡물 가격 상승이 일시적 현상이 아닌 인구 증가와 식량 부족에 따른 결과물이라고 진단하였다. 특히 개도국의 인구가 늘어나고 경제가 발전할수록 육류 소비는 기하급수적으로 늘어난다. 현재도 이를 위한 가축용 사료와 생물 연료로 쓰이는 곡물의 양이 전 세계 곡물생산량의 50% 이상을 차지하고 있다. 인구가 늘어날수록 식용 곡물보다는 가축 사료용 곡물과 연료용 곡물이 더 필요한 것이다.

2017년 1월 기준 전 세계 인구는 74억 명을 넘어섰다. 최근 인구 증가율은 다소 주춤하지만 전 세계 인구는 2050년에 96억 명에 이를 것으로 전망된다. 유엔 산하 식량농업기구FAO는 현재와 같은 인구 증가 추세가 지속되면 식량 공급량이 2050년까지 개발도상국에서 2배, 전 세계적으로는 70%가량 늘어나야 한다고 분석하였다.✤

✤ 육동인 지음,《0.25의 힘》, 아카넷, 2009 등

교육산업과 노벨상

미국에는 약 640만 명 안팎의 유대인이 있다. 이는 미국 인구의 2.5%가 채 안 된다. 그럼에도 하버드와 와튼스쿨 대학원생의 약 30%가 유대인이며 나머지 아이비리그도 대학원생의 약 25%가 유대인이다. 유대인 학생들은 아무리 가난해도 대학 교육은 물론 대학원 교육을 받으려 한다.

이들은 학자금을 융자받기도 하지만 일반적으로 유대인 커뮤니티나 유대 교회당인 시너고그에서 대주는 경우가 많다. 유대인 커뮤니티는 불우한 동족에게 최소한의 의식주와 의료, 교육 문제를 해결해준다. 이것은 그들이 지켜야 할 의무이자 율법의 하나다.

유대인들은 아무리 곤란한 처지에 빠지더라도 학업을 중지해서는 안 된다는 생각을 갖고 있다. 지식 습득의 기회를 잃기보다는 뒷날 어떤 고통이라도 감수하는 편이 긴 생애를 통해 보면 플러스라는 집안 대대로 전해 내려오는 믿음 때문이다. 또한 배움은 그들에게 종교 생활의 하나다. 유대교에서는 하느님의 섭리를 하나라도 더 이해하기 위해서는 하나라도 더 배워야 한다고 가르치며, 이를 하느님이 기도하는 것 못지않게 좋아하신다고 가르친다. 실제 유대교에서는 배움과 기도를 똑같은 비중으로 중요하게 여긴다.

1930년대 말 뉴욕 시내 대학 재학생 중 50%가 유대인이었다. 현재도 아이비리그 대학원의 30% 가까이가 유대인이다. 또 아이비리그 대학 경영진과 교수의 40%가 유대인이다. 이뿐만이 아니다. 배움을 숭상하는 민족이다 보니 미국 대학의 경영과 운영에는 많은 유대인이 직간접으로 연결되어 있고, 대학 재단에 대한 기부는 록펠러에서부터 이어져 내려온 유대인의 전통이다.

특히 경제학자 가운데에서는 마틴 펠트스타인 하버드대학 교수, 폴 크루그먼 프린스턴대학 교수, 로렌스 서머스 전 하버드대학 총장, 조지프 스티글리츠와 다니엘 카네만 등의 노벨경제학상 수상자들도 유대인이다. 참고로 노벨경제학상 수상자 가운데 유대인 비율은 41%라고 한다. 폴 새뮤얼슨, 밀턴 프리드먼, 로버트 소로, 게리 베커 등이 모두 유대인 경제학자들이다. 그리고 2년에 한 번씩 열리는 미국경제학회의 올림픽이라 할 수 있는 '존 베이츠 클라클 메달' 수상자의 67%가 유대인이다.

유대인들을 견제하기 위해 만든 시험, SAT

과거에는 교육계에서도 유대인 차별정책이 있었다. 매년 200만 명 이상이 치르는 SAT 시험도 사실은 유대인들을 견제하기 위해 생겨난 것이다. SAT는 1923년 프린스턴대학의 인종차별주의 우생학자

칼 브리검이 만들었다. 제1차 세계대전 이후 유대인들이 유럽에서 미국으로 대거 이주하면서, 머리 좋고 똑똑한 유대인 자녀들이 앵글로색슨계 신교도WASP들이 세운 대학에 무더기로 진학하였다. 하버드대학은 1900년 7%에 불과하던 유대인 신입생이 1922년에는 22%로 급증했다. 컬럼비아대학도 1918년에 40%에 육박했다. 이에 따라 인종차별적 성격이 드러나지 않으면서도 유대인의 입학률을 낮출 수 있는 새로운 입학사정이 필요했다.

그래서 하버드, 예일, 프린스턴대학의 반유대주의 학장들이 착상한 것이 SAT 시험이다. 갓 이민 온 유대인 학생들은 SAT 시험의 어려운 영어 단어와 긴 문장, 함정투성이의 문제들 앞에서 추풍낙엽이 되었다. SAT만이 아니었다.

1922년 다트머스대학은 학업성적뿐만 아니라 인성, 운동 실력, 지역 배분 등의 기준을 대입 전형 요소에 포함시켰다. 대입 결정에 주관적 요소인 개인적 성향이나 리더십, 그리고 지원자의 개인적·사회경제적 배경을 고려할 수 있는 조건이 마련됨에 따라 대학은 원하는 신입생을 선발할 수 있게 되었다. 다른 대학들도 요즘 대학들이 요구하는 인격, 리더십, 과외활동, 봉사활동, 졸업생 자녀 특혜, 운동선수, 추천서, 에세이 등 주관적 요소를 내세워 유대인 학생을 밀어내기 시작했다. 1920년까지 고교성적과 입학시험으로만 평가하던 객관적 입시제도가 유대인 봉쇄전략으로 갑자기 주관성을 띠게 된 것이다.

이 때문에 1925년 28%였던 하버드대학의 유대인 입학생이 1933년에는 12%로 급감했다. 예일대학은 동문 자녀가 1931년 21.4%에서 1936년에는 29.6%로 증가한 반면, 유대인 비율은 1927년 13.3%에서 1934년 8.2%로 줄어들었다.

나중에는 이러한 규제 속에서도 유대인들이 많이 들어오자 이번에는 아예 쿼터제도를 도입해 입학정원 자체를 규제했다. 이를 풀어준 것이 프랭클린 루스벨트 대통령이었다. 제한 쿼터제의 반작용으로 지금은 미국 대학에서 소수민족에 대한 우대 쿼터제가 시행되고 있다.

노벨상과 유대인, 수상자 네 명 가운데 한 명꼴

"세상 만민이 네 후손의 덕을 입을 것이다."(창세기 22:18)

유대인들이 제일 듣기 싫어하는 소리가 "세계 경제를 지배하는 유대인", "언론을 장악한 유대인", "미국을 지배하는 유대인" 등이라 한다. 이러한 말의 밑바닥에는 반유대주의 정서가 깔려 있어서 언제 자기들한테 칼을 들이댈지 모르기 때문이다. 유대 문제는 민감한 것이라 유럽은 물론 미국에서도 터부다. 터부란 알고 있으나 입을 열지 않는 것이다. 미국에서는 유대인이 미국의 정치와 경제를 장악하고 있다고만 말해도 아슈케나지 유대인 그룹은 그 사람을 바로 고소할 수 있다고 한다.

반면 가장 듣기 좋아하는 말은 "인류 문명에 기여한 유대인"이란다. 실제로 인류 문명에 기여한 유대인들이 많이 있다. 우리 인류는 성경의 예언대로 유대인 후손들의 덕을 많이 본 것이다.

1901년 노벨상이 수상되기 시작한 이래 민족으로는 유대인이 가장 많이 수상하였다. 이스라엘 국민은 아니지만 유대인 피가 흐르는 노벨상 수상자는 1901년에서 2008년까지 모두 178명으로 조사되었다. '국경 없는 기자회' 등 조지이나 단체를 뺀 개인 노벨상 유대인 수상자는 전체의 23% 정도 되는 셈이다. 다섯 명 가운데 한 명꼴이다.

특히 경제학 분야에서는 41%가 유대인이다. 의학 분야는 27%로 콜레라균의 발견자 로페르트 고호, 스트렙토마이신의 발견자 왁스만 등이 있다. 물리학 분야는 25%로 아인슈타인, 쿼크를 발견한 제롬 프리드먼 등이 있다. 화약 분야는 20%, 문학 분야는 12%다.

그 외에도 광속도 연구의 알버트 마이겔슨, 양자역학의 이시더 래비, X선에 의한 유전자 돌연변이 연구의 허만 조셉, 소아마비 백신의 조나스 솔크, 암 연구소를 처음으로 개설한 솔로몬 슈피겔, 손쉬운 혈액정밀검사 방법을 소개한 로살린 앨로 등 일일이 거론할 수 없을 정도로 많다.

이러한 정보를 제공하는 사이트 '유대인정보www.jinfo.org' 측은 "가계의 절반 이상이 유대인 경우로 한정하였다"고 밝혔다. 나중에 폴란드계 유대인으로 밝혀진 2009년 노벨의학상 수상자 잭 조스택 박사처럼 '숨은 유대인'까지 포함하면 줄잡아 3분의 1은 넘는다는 이야기다. 유대인 혈통임을 밝히지 않은 수상자까지 포함하면 훨씬 더 많을 것으로 추정된다. 이 사이트의 홈페이지 상단에 걸려 있는 글귀가 인상적이었다. "살아남은 야곱의 후손은 뭇 백성 가운데 끼여 살며, 야훼께서 내리시는 이슬이 되리라. 푸성귀 위에 내리는 가랑비가 되리라."(미가 5:6)

전 세계 유대인 1500만 명, 노벨상 수상 비중 일당백

세계에 흩어진 유대인은 모두 1500만 명 정도라 한다. 세계 인구 대비 0.22%에 지나지 않는 유대인들이 노벨상은 23%를 차지한 것이다. 인구비중 대비 100배니 단연 일당백인 셈이다.

제2차 세계대전 이전에는 전 세계의 유대인 인구가 1800만 명 정도였으나 나치 독일의 유대인 대학살Holocaust로 600만 명이 희생되어 1200만 명 정도로 줄어들었다. 오늘날 약 1500만 명의 유대인들은 전 세계 134개국에 흩어져 있는데, 미국에 640만, 이스라엘에 550만 명 정도가 살고 있다. 그 밖에 유럽에 240만, 라틴아메리카에 50만 명 정도로 추정된다.

그 밖에도 역사상 유명한 유대인들에 대해서는 일일이 거론하기 어렵다. 철학계의 스피노자와 앙리 베르그송, 문학계의 하이네, 프루스트, 카프카, 릴케, 솔 벨로우, 아이작 싱어, 미술계의 샤갈, 피카소, 모딜리아니, 음악계의 멘델스존, 오펜바흐, 말러, 영화계의 찰리 채플린, 스티븐 스필버그 등 미국 50대 영화사의 시나리오 작가, 제작자, 캐스팅, 감독 가운데 60%가 유대인이다.

정치계에는 미국의 두 명의 루스벨트 대통령인 시어도어 루스벨트와 프랭클린 루스벨트가 기독교로 개종한 네덜란드 유대계 후손이라는 설이 있다. 그러나 이들이 유대인이라는 증거는 없다. 카를 마르크스의 공산당 이론을 처음으로 실천에 옮겼던 러시아의 혁명가이자 정치가인 레온 트로츠키, 영국 보수당 당수를 거쳐 수상까지 했던 벤저민 디즈레일리 등도 유대인이다.

미국 내 유대인 변호사 수는 전체 변호사의 약 15%에 이른다. 이는 미국 인구에 대한 유대계 인구 비율의 약 7배에 해당한다. 또한 주로 워싱턴과 뉴욕에 집중되어 있는 가장 영향력 있는 로펌의 변호사 45% 이상이 유대인이다. 한마디로 법에 관한 한 세계 어느 민족도 유대계를 당해낼 재간이 없다.

전문직종인 의사도 마찬가지다. 유대인이 받은 전체 노벨상의 3분의 1이 의학·생리학 분야다. 의학 분야에서 일가를 이룬 유대인의 수는 헤아리기 어려울 정도다. 미국의사협회 자료에 따르면, 미국 내 의사의 15%가 유대인이다. 역시 인구 비례로 보면 변호사의 경우처럼 7배나 높다. 게다가 일반인들이 유대인 의사에 대한 신뢰도가 상당히 높아 그들을 선호하는 편이라 한다.

중세 유럽 의사의 50% 이상이 유대인, 노스트라다무스도

유럽은 유대인 의사 비율이 훨씬 더 높다. 중세 시대는 유럽 전체 의사의 50% 이상이 유대인이었다 한다. 노스트라다무스도 유대인 의사였다. 1503년 프랑스에서 태어난 예언가라는 사실은 많이 알려졌으나, 그가 의사였다는 사실을 아는 사람은 그리 많지 않다.

1929년의 대공황과 제1차 세계대전을 예언했고, 케네디 대통령의 암살까지 예언하였다는 노스트라다무스는 의사로 출발했지만 천문·지리·수학·철학·사상에 통달하였다. 그의 가족은 대대로 의술을 행해왔는데, 아주 어려서부터 희랍어·라틴어·히브리어를 배웠

고, 온갖 고전을 섭렵한 귀재였다. 그는 특히 신비주의 유대교단인 카발라에 심취한 것으로 기록되어 있다.❖

한때 반유대주의에 앞장서기도 하였던 사르트르는 그의 저서 《유대인의 의식구조》에서 "인종적 우열이나 특정 국민의 우수성이란 결코 존재할 수도 인정할 수도 없는 일이지만, 유대민족에 관해서만큼은 예외일 수밖에 없음을 솔직히 시인하지 않을 수 없다"고 고백했다.

유대인들이 여러 분야에서 이처럼 빛을 낸 이유에 대해 미국 사회학자 소스타인 베블런은 〈유대인의 뛰어난 학문적 성과〉라는 글에서 "낯선 땅에서 늘 억압받아 생존을 위해 창의력을 발휘해야 하였기 때문"이라고 풀이하였다. 생존의 가위눌림이 유대인 창의력의 원천이라는 것이다. 베블런은 "그들이 자기들의 땅에 안착해 살기 시작하면 창의력의 샘물이 마를 것"이라고 예측했다.

❖ 김종빈 지음, 《갈등의 핵, 유태인》, 효형출판, 2001

오늘날 지구촌의 수많은 이름들

유대인 특유의 감각 경영, 비달 사순

　여성들을 천편일률적인 머리에서 해방시킨 사람은 단연 비달 사순이다. '봅 스타일'로 상징되는 비달 사순의 커트 머리는 여성들이 얼굴 형태에 따라 다양한 헤어스타일을 가질 수 있도록 만들었다는 평가를 받았다. 그는 뛰어난 경영수완으로 '비달 사순'을 세계적인 헤어 브랜드로 만들었고, 명성에 걸맞은 재산도 모았다. 하지만 세계 최고의 미적 감각을 가진 헤어드레서라는 화려한 겉모습에서는 결코 찾아볼 수 없는 또 다른 삶이 그의 내면에 자리 잡고 있었다.

　비달 사순은 1928년 영국 런던 근교의 가난한 유대인 가정에서 태어나, 14세 때부터 미용실에서 일을 배웠다. 제2차 세계대전이 끝난 뒤 런던의 공기는 해방의 기운보다는 전후의 혼란으로 가득하였다. 그 틈새를 파시스트 잔당과 인종차별주의자들이 차지하였다. 런던 뒷골목에서는 유대인들이 이들에게 핍박받고 있었다.

일부 유대인들이 '폭력에는 폭력으로' 맞서기 시작하였다. 전투 경험이 있는 예비역 군인 등 43명이 모여 '43그룹'이라는 조직을 만들었고, 몇몇 젊은 청년들이 이에 가세하였다. 그 가운데 하나가 바로 비달 사순이다. 그는 어려서부터 유대인 차별에 몸서리를 쳤다. 그래서 43그룹의 막내였지만 가장 용감하고 가장 과격하게 싸운 '거리의 전사'가 되었다.

비달 사순은 나중에 폭력행사에 대해 "폭력 자체는 난센스이지만 어린이와 노약자를 보호하기 위해서는 불가피하였다"라고 말하였다. 당시 밤에 싸우고 낮에 미용실에서 일한 그는 얼굴에 난 상처에 대해 묻는 귀부인들에게 "밤에 헤어스타일을 연구하다 머리핀에 찔렸다"고 웃으며 넘기기도 하였다.

이스라엘이 독립하자 비달 사순은 곧바로 이스라엘로 갔다. 거기서 공부하고 정착하려고 하였다. 그러나 런던에 남아 있는 가족들의 생계를 책임져야 하는 탓에 다시 런던으로 돌아와 돈을 벌었다. 나중에 미국인으로 귀화해 지금 캘리포니아에서 살고 있는 그가 은퇴한 뒤 세운 것은 헤어연구센터가 아니었다. 이스라엘 예루살렘의 히브리대학에 사재를 털어 반유대주의와 인종박해를 연구하는 비달사순센터를 설립하였다.

박해와 고난이 '감각'을 더욱 예민하게 만들었을까. 감각을 창조적인 비즈니스로 연결시키는 것은 유대인들이 가진 탁월한 능력의 하나라고 평가된다. 비달 사순이 헤어스타일의 감각을 사업화하였다면, 입맛의 감각을 활용해 세계적인 사업을 일군 사람들도 있다.

밀라노 출장길에서 태어난 스타벅스

커피숍만큼 진부하고 평범한 사업 아이템도 없을 것이다. 너무 많아 틈새시장이 도무지 없을 것 같기 때문이다. 커피의 역사만 1000년이 넘는다. 이 역사를 뒤집고 커피 시장을 세계적으로 평정한 사람이 나타났다. '스타벅스'의 하워드 슐츠 회장이다. 그는 한 개의 소매점에서 출발해 10년 만에 최고급 브랜드로 자리 잡는 위력적인 마케팅을 펼쳤다.

하워드 슐츠는 1953년 뉴욕 브루클린의 찢어지게 가난한 빈민가에서 태어났다. 그는 어려서 운동을 좋아하여 운동으로 성공하기를 바랐다. 마침내 미식축구 선수가 되어 쿼터백 장학금을 받고 노던미시간대학에 입학한다. 그러나 그는 미식축구 선수로는 좋은 성적을 거두지 못하였다. 1975년 비즈니스학으로 학사학위를 받고 제록스에서 3년 동안 세일즈와 마케팅 분야에서 일하였다. 제록스에 이어 가정용품을 파는 해마플라스트에 취업한 그는 회사에서 처음으로 작은 성공을 경험한다. 성실하고 열심히 일한 결과 부사장 겸 총 매니저 자리에 서게 된 것이다.

스타벅스와 만난 것은 우연이었다. 시애틀에 있는 조그만 소매업체가 이례적으로 수동 드립식 커피 추출기를 웬만한 백화점보다 많이 주문하는 사실이 눈에 띄었다. '스타벅스 커피, 티 앤드 스파이스'라는 업체였다. 대부분 커피를 자동기계로 만드는데, 왜 시애틀에서는 이 구식 제품을 선호할까? 그는 그 이유가 몹시 궁금하였다. 그리고 한 번도 가본 적 없는 시애틀에 갔다.

시애틀의 커피 가게에서 그윽한 원두커피 향을 맛본 순간, 그는 새로운 세계를 발견한다. 커피 향을 만들어내는 그 커피점이 마치 종교의식을 집행하는 거룩한 성전처럼 느껴졌다. 지금까지 그가 마셨던 커피는 커피가 아니라고 느낄 만큼, 스타벅스를 보자마자 그 열정과 정통성에 매료되었다. 신선한 커피 원두 맛뿐 아니라, 에스프레소 커피를 만드는 이탈리아인의 예술적 낭만, 종교의식과도 같은 커피를 마시는 즐거움…. 그는 마치 신대륙이라도 발견한 느낌이었다. 커피는 열정이었다. 그는 사장 제리 볼드윈을 만나 밤새 스타벅스와 커피에 대한 이야기를 나누었다. 뉴욕으로 돌아오면서 이 커피의 환상에서 벗어나지 못한 그는 마침내 높은 봉급의 좋은 직장을 그만두고 시애틀의 조그만 커피 소매업체에 합류한다. 1982년이었다.

이탈리아 에스프레소 바에서 태어난
슐츠의 비전

1985년 원두 구매를 위해 이탈리아 밀라노로 출장 갔을 때다. 하워드 슐츠는 에스프레소 바에 앉아 있는 사람들이 커피만 마시는 것이 아니라 친구, 연인, 그리고 사업 파트너와 인생을 이야기하는 것을 지켜보았다. 그러다 현대인들에게는 가정도 직장도 아닌 이런 제3의 땅, 약속의 땅이 필요하다는 결론에 이른다. 그의 일생의 비전이 태어나는 순간이었다.

"커피를 즐기는 사람들이 이탈리아에서처럼 커피의 신비로움과 로맨스를 커피 바에서 곧바로 느낄 수 있도록 해야 한다. 그래야 고객과 스타벅스 사이에 강력한 유대관계가 형성될 것이다. 이런 사실을 깨달은 건 마치 신의 계시와도 같았다. 그 순간 너무도 흥분되고 눈에 확연히 보이는 일이었기 때문에 나는 부르르 떨 정도로 가슴이 벅차올랐다." "그렇다. 나는 커피를 파는 사람이 아닌 신비와 로맨스의 문화를 파는 사람이어야 하고, 그리고 그 약속의 땅으로 사람들을 인도해야 한다." 바로 그날, 그 비전을 꿈꾸던 순간에 1000년의 커피 역사를 새로 쓰는 스타벅스가 사실상 태어난 것이다.✢

1986년 그는 이탈리아 스타일의 에스프레소 바를 열기 위해 스타벅스를 떠났다. 그리고 이탈리아 출장에서 느꼈던 에스프레소 향을 그대로 옮겨와 '일 지오날레'를 열었다. 그 뒤 1987년 스타벅스를 인수하여 최고경영자가 되었다. 1992년, 스페셜 티 커피회사로서는 처음으로 스타벅스가 상장기업이 되었다.

현재 슐츠 회장은 스타벅스를 전 세계 33개국에 7500여 개 지점을 거느린 거대기업으로 키웠다. 스타벅스가 세계 최고의 커피 브랜드로 성공한 이유는 소비자에게 커피를 팔기보다 꿈을 팔았기 때문이다. 스타벅스는 소비자들의 심적 상태를 가장 잘 파악하여 그들의 감성을 효과적으로 파고들었던 것이다. 스타벅스의 연간 매출액은 100억 달러에 이른다. 하워드 슐츠 또한 그의 시오니스트적 행태로 유명하다. 그 때문에 반유대 단체들의 불매운동이 일어나기도 한다.

✢ 지구촌교회 이동원 목사

오늘날 지구촌의 수많은 유대인 이름들

중세 이후 상류층의 전유물이던 초콜릿을 대중화시킨 유명한 허쉬초콜릿과 미국인에게 달콤한 아침 식사를 제공한 던킨도너츠도 유대인 작품이다. '하겐다즈'라는 브랜드로 세계 최초의 대중 아이스크림을 만든 메터스 루빈도 유대인이다. 그들은 일반적인 먹을거리도 세계적인 브랜드와 거대한 체인으로 엮어내는 독특한 창의성을 갖고 있다.

던킨도너츠 점포를 운영하면서 미국 최초로 프랜차이즈 영업기법을 개발한 로젠버그는 국제 프랜차이즈연합을 직접 조직하는 등 '프랜차이즈의 아버지'라고 불린다. 미국의 소매영업 가운데 프랜차이즈를 통한 판매가 50%를 넘어선 점은 그의 공헌이 어느 정도인지 말해준다.

오늘날 지구촌에는 하루에도 수많은 허쉬Hershey's 초콜릿과 페리에Perrier 생수, 배스킨라빈스Baskin&Rabins 아이스크림, 에스티로더Ester-lauder나 헤레나루빈스타인Helena Rubinstein 화장품, 비달사순Vidal-sasson 샴푸, 리바이스Levi's 청바지, 코닥Kodak 필름, 샘소나이트Samsonite 가방, 허츠Heartz 렌트카가 애용되고 있다. 그런데 이 모든 브랜드가 모두 유대인들이 자신의 이름을 따서 만들었다는 사실을 아는 사람은 그리 많지 않다.

이러한 유대인의 창의성은 탈무드와 유대인 특유의 교육방법에 기인한다. 그들은 학습의 가치를 너무나 잘 알고 있기 때문에 교육에 지속적으로 투자한다. 한마디로 평생 공부하는 민족이다. 유대인들은 그들이 어디에 거주하든 교육과 학습을 최우선으로 삼고, 이를 위한 투자를 비용으로 생각하는 게 아니라 미래를 위한 자본으로 여긴다.

유대인들이 자신을 지키는 방법은 오로지 지력과 재력을 기르는 것이었다. 그것이야말로 그들이 생존해갈 수 있는 절대 조건이었다. 유대인은 하느님 이외에는 자기 스스로의 의지와 생명력만이 신뢰할 수 있다고 가르친다. 인류사에 공헌한 유대인들을 살펴보면 어려운 여건 속에서 의지로 일구어낸 업적들이 많다.

또 그들의 독특한 교육관에도 기인한다. 유대인들은 기존 학설이나 이론을 가르치는 것을 교육이라고 부르지 않는다. 어떻게 하면 기존 이론에다 새로운 것을 보탤지를 가르치는 것을 교육이라 생각한다. 이것은 세상을 있는 그대로가 아닌 개선해야 할 대상으로 보는 그들의 신앙관과 관계가 깊다.[*]

❖ 육동인 지음, 《0.25의 힘》, 아카넷, 2009 등

II

유대인이 주도한
미국의 환율 정책

JEWISH ECONOMIC HISTORY

세계 최강의 경제력과 군사력을 갖고 있는 미국의 실체를 환율정책을 중심으로 살펴보자. 그리고 이 환율정책의 역사를 통해 앞으로 달러 가치가 어떻게 변해갈 것인지도 알아보자. 달러는 금리 기조와 외환시장에서의 수급 결과에 따라 가격이 결정되는 것처럼 보인다. 단기적으로 볼 때는 일견 맞는 말이다. 또한 유럽과 일본의 경기침체와 재정적자 우려로 달러화가 강세를 보이면서 약달러 시대가 막을 내리고 있다고 전망할 수도 있다. 중기적으로는 그럴 수도 있다. 그러나 달러의 역사를 되짚어보면 저 깊숙한 속내는 시종일관 '약달러 정책'이었다. 그래야 경기가 살아나고 빚 탕감 효과가 있기 때문이다. 그간 미국의 환율정책 역사가 그것을 말해주고 있다. 약달러 정책에는 두 가지 방법이 있다. 알게 모르게 화폐 발행을 늘려 달러 가치를 서서히 떨어뜨리는 인플레이션이 그 하나요, 아예 드러내놓고 하는 무대포 평가절하가 다른 하나이다. 《화폐전쟁》을 쓴 쑹훙빙에 따르면, 지금의 달러 가치는 1970년 금본위제 하의 달러 가치에 비하면 5% 정도에 지나지 않는다고 한다. 지금도 달러 곡예는 현재진행형이며 앞으로도 그럴 것이다.

미국은 호황기에 빚을 내서 수입해 즐기고, 빚이 턱밑에 차오르면 달러 가치를 떨어뜨려 누적된 외상값, 곧 국제 채무의 대대적 탕감으로 덕을 본다. 이렇듯 남의 빚으로 살아가는 국가는 약달러를 지향할 수밖에 없다. 그래야 빚 탕감 효과가 있기 때문이다.

그러나 여기에도 미국의 고민은 있다. 미국은 약달러 정책을 지향하면서 다른 한편으로는 세계 기축통화로서의 위상을 지키기 위해 동시에 강달러를 지지한다. 여기서 강달러란 돈의 실질가치가 높아서가 아니라 국제결제통화로서 강한 힘을 뜻한다. 그러기 위해서는 시

장이 달러를 요구하게 만들어야 한다. 방법은 여러 가지다. 우선 유동성 확대로 달러를 많이 풀어야 한다. 그래야 기축통화의 장악력이 유지된다. 미국은 기축통화의 권력이 주는 엄청난 시뇨리지Seigniorage 효과를 양보할 수 없는 입장이다.

따라서 미국이 재정정책상 약달러 정책과 국제기축통화로서 강달러 정책을 동시에 유지해야 하는 모순을 안고 있다. 누가 약한 통화를 보유코자 하겠는가? 이 모순된 딜레마를 가능한 한 눈치채지 못하도록 끌고 나가는 과정이 교묘한 달러 곡예의 역사다. 미국은 글로벌 금융위기를 벗어나면서도 두 마리 토끼를 모두 잡으려 하고 있다. 그 통에 애꿎게 혼나는 게 이머징 국가들이다. 이번에는 그 가운데서도 중국과 우리나라가 표적이 되고 있다. 왜 그런 일이 벌어지는지 알아보자.

교묘한 달러 곡예의 역사

역사상 국제통화체제의 패권을 거머쥔 국가는 부에 대한 영향력을 극대화할 수 있었다. 따라서 새로운 국제통화제도를 어떻게 창출하느냐에 따라 세계 경제에 대한 지배력이 좌우된다. 미국이 달러를 화폐단위로 채용한 것은 1785년 대륙회의에서였다. 미국은 독립 당시 무게나 길이의 단위는 영국 것을 그대로 썼으나 화폐단위는 파운드가 아닌 달러로 정했다. 이것은 당시 신대륙에서 스페인 은화 '다레라'가 너무 많이 유통되어 영국의 파운드화를 압도했기 때문이다. 다레라의 영어식 발음이 바로 '달러'다. 돌이켜보면 이때 파운드로부터 독립하여 독자적인 달러 통화체제를 구축한 것이 미국으로서는 큰 축복이었다.

그러나 당시에는 민간은행들이 독자적으로 다양한 화폐를 발행해 화폐체계가 혼란스러웠다. 그러다가 1792년에 달러를 미국의 공식 화폐로 채택하면서 근대

국가 최초로 십진법 화폐체계가 도입되었다. 이렇게 태어난 달러는 원래부터 금과 교환을 보장하는 태환兌換화폐였다. 1792년에 1달러는 금 1.584그램이었다.

그러던 것이 1834년에는 1.4848그램으로 줄어들었고, 100년 뒤인 1934년에는 0.877그램으로 쪼그라들었다. 이렇듯 달러는 쪼그라드는 운명을 타고 태어났다.

∴ 1792년 1달러

환율전쟁의 기원은 1930년대 대공황 시기

대공황이 닥치자 영국은 1931년에 금본위제를 포기하고 파운드화를 평가절하시켰다. 그 결과 달러가 상대적으로 절상된 꼴이 되었다. 이어 미국 역시 1933년 외국과의 금환본위제도는 유지했지만 국내의 금태환은 금지했다. 당연히 파운드화와 달러의 가치는 금본위제 국가들 통화에 비해 급격하게 떨어졌다. 이 시기에 루스벨트 대통령이 1934년 초 '인위적으로' 금 가격을 올려 상대적으로 달러를 대폭 평가절하했다. 달러가 평가절하되자 2년 전 파운드화의 평가절하 효과는 상쇄되었다.

게다가 금은복본위제였던 미국은 국제시장에서 은을 대량 구매해 화폐량을 늘려나갔다. 이로써 국제시장은 가격을 폭등시켜 은본위제 국가들을 초토화시켰다. 이 통에 중국이 은본위제를 포기하면서 혼란에 빠져 공산화되는 계기가 되었다. 이것이 환율전쟁의 시작이었다.

환율전쟁이라는 개념은 마르크스 경제학자 조앤 로빈슨 여사가 처음 사용했다. 그녀는 평가절하한 나라가 수출을 통해 이익을 얻는다면 나머지 나라가 그만큼 손해를 입는다고 설명하면서 이를 '이웃나라 거지 만들기', 곧 '인근궁핍화정책'으로 불렀다.

환율전쟁으로 세계 경제가 공멸 지경에 내몰려 대공황 후유증이 오래 지속되었다. 결국 1936년 미국, 영국, 프랑스는 통화안정을 위한 '3자 합의'를 맺었는데 이 합의체가 오늘날 국제통화기금IMF의 시초가 됐다.

1차 환율전쟁

미국의 악수, 보호무역

1930년대 대공황이 장기화되고 악화된 이유는 보호무역과 환율전쟁 때문이었다. 먼저 보호무역부터 살펴보자. 대공황 초기 때 각국은 공조를 약속했다. 하지만 공조 약속을 먼저 파기한 나라는 미국이었다. 당시 심대한 타격을 입었던 농업 부문이 정부의 도움을 요청했는데, 이것을 받아들이면서 결과적으로 전 산업에 걸쳐 보호무역 장벽을 치게 된다.

1930년 미국 의회는 국내시장 보호를 위해 '스무트 홀리 관세법'을 제정했다. 1000명 이상의 경제학자들이 보호무역이 가져올 파장에 대해 우려했다. 그래서 후버 대통령에게 비토권을 행사하라고 요구했으나 그는 이 법을 받아들였다. 이로써 수입관세율이 평균 26%에서 59%로 대폭 뛰어올랐다. 이 법은 즉각 외국의 반격을 불러왔다. 교역상대국들 역시 관세율을 올려 이에 맞섰다. 보복관세였다.

결과는 대실패였다. 1929년부터 1932년까지 세계 총생산은 20%밖에 감소하지 않았으나 세계 무역량은 30억 달러에서 10억 달러로 무려 67%나 줄었다. 미국의 수출규모 역시 1929년의 3분의 1로 급격히 추락했다. 특히 외국의 보복관세로 수출이 힘들어진 농산물 가격은 남아도는 잉여 농산물 때문에 1926년 가격의 반 이하로 떨어졌다. 이는 수십만 명의 농민들을 파산시켰다. 그리고 수많은 농촌은행의 도산을 야기해 전반적인 은행 시스템을 붕괴시켰다. 그 결과 수천만 명이 실직하고 대공황의 골은 깊어졌다. 국내뿐 아니라 국제적으로도 정치적 긴장이 높아갔다.

허버트 후버 당시 미 대통령은 절정을 이룬 대공황에 대해 '저절로 진화될 때까지 기다릴 것'을 고집했다. 후버는 19세기 미국에 15번이나 공황이 찾아왔다는 것을 강조하면서 대공황도 별것 아닌 것으로 여겼다. 그는 1929년 이래 미국이 당면한 시련을 "위대한 조국이 번영의 길로 나아가는 데 있어 겪어야 하는 일시적 장애에 불과할 뿐"이라고 주장했다.

그는 항상 저축의 중요성을 강조했다. 가는 곳마다 위기 상황일수록 사람들이 허리끈을 졸라매야 한다고 연설을 하고 다녔는데, 이는 소비 축소를 낳아 불황이 더 오래 지속되는 데 기여했다. 주위에서 정부 차원의 구조사업을 권고하면 그는 정부가 나서서 실업자와 무주택자, 빈곤층을 돕는 것은 공산주의에서나 하는 일이라며 반대했다.❖

프랭클린 루스벨트 대통령이 집권한 1933년 이후에야 미국은 방향을 틀어 '자유무역과 개방체제'로 돌아섰다. 그리고 스무트 홀리

❖ 시바쵸프 지음, 편집부 옮김, 《현대 미국의 역사》, 과학과사상, 1993

관세법으로 불거져 나온 문제점들을 바로잡기 시작했다. 이듬해 미국 의회는 관세를 내리기 위한 '상호무역협정법'을 제정했다.

"모든 국가는 다른 국가와 교역할 합리적인 기회를 얻지 못하면 자국민의 복지를 일정 수준으로 유지할 수 없다." 당시 자유무역 옹호론자이자 국무장관이었던 콜델 헐의 설명이다. 보호무역의 폐해로부터 배운 귀한 교훈이었다.

은행 휴업령을 내리고 전면 감사 통해 부실 처리하다

이번에는 환율전쟁의 과정을 살펴보자. 프랭클린 루스벨트는 1933년 3월 4일 미국 32대 대통령에 취임하자마자 특별 의회를 소집해 14개의 뉴딜법안을 전격 통과시켰다. 그리고 신용위기를 한 방에 잠재울 초강경 정책을 단행했다.

미국 정부는 이튿날 전국 은행들의 휴업을 공포했다. 전면 감사를 실시해 부실을 찾아내고 옥석을 가르기 위한 과감한 조치였다. 부실을 털어내고 살릴 수 있는 은행과 퇴출시켜야 할 은행을 구분했다. 일주일간 강도 높은 감사를 통해 정상 영업이 가능한 은행을 가려낸 후 취임 8일 만에 은행 영업을 재개시켰다. 일부 은행은 다시 문을 열었지만 나머지는 계속 운영이 중단되었다. 혁명적 조치로 은행의 신용을 회복시켜 신용위기를 단숨에 잠재운 것이다. 이러한 효율적인 특단의 조치는 전무후무했다. 2008년 글로벌 신용위기 시에도 이러한 단도직입적인 부실 처리는 이루어지지 못했다.

∴ 프랭클린 루스벨트

하지만 후유증도 만만치 않았다. 1933년 한 해에만 소형은행 4004개가 파산하거나 대형은행에 합병되었다. 이들 소형은행의 예금자들은 예금액의 85%만을 돌려받을 수 있었다.

정부는 경색된 금융시장 순환을 위해 대출 확대정책을 써 시중 통화량을 늘렸다. 1933년 3월 9일 통과된 긴급은행법 덕에 연준은 시중은행이 갖고 있는 국채와 수표 등을 담보로 대출해주고 연준 소속 은행에는 무담보 대출을 시행했다. 이로써 시중의 자금난을 해결했다.

그리고 루스벨트는 우선적으로 불안에 떠는 예금주들의 예금 인출 사태를 막아야 했다. 정부는 연방예금보험공사_{FDIC}를 세워 5000달러까지 보증해주는 예금보험을 제공했다. 연방예금보험공사의 설립으로 파산이 염려되는 은행에 예금을 찾으려고 몰려드는 현상은 사라졌다. 이로써 신용위기가 수습되자 경제는 1933년 3월 바닥을 치고 회복하기 시작했다.

통화량 확대 위해 국내 금본위제 포기

금의 민간 소유 금지, 국가 간 대외거래에만 사용

대공황 이후 경기부양을 위해 정부가 돈을 풀어야 하는데, 금본위제 아래서는 화폐발행을 늘릴 방법이 없었다. 루스벨트와 그의 싱크탱크는 또 하나의 특단의 방법을 구상하고 이를 실행에 옮겼다.

루스벨트 정부는 행정명령으로 달러의 금본위제를 중단시켰다. 그리고 국민이 보유한 모든 금을 온스당 20.67달러에 국가에 팔도록 강제했다. 이를 어길 경우 1만 달러의 벌금과 10년 징역형을 발표했다. 금의 민간 소유를 원천적으로 금한 것이다. 미국 건국 이후 100여 년 이상 지탱해온 금본위제를 폐지한 혁명적인 조치였다. 대신 국가 간 대외거래에만 금을 사용토록 하는 '금환본위제'를 채택했다.

금본위제 폐지에 따라 금화 소유자는 강제로 금화를 미국 달러로 교환하게 되었다. 그리고 정부는 더 이상 달러를 금으로 지급하지 않아 금은 법정 화폐로 인정되지 않았다. 루스벨트의 민간인 금 보유 금지조치는 이후 무려 40년이 넘게 계속되었다. 1975년에 이르러서야 미국 내 민간인 금 보유가 합법화되어 금시장이 개방되었다. 후세 경제학자들은 루스벨트의 치적 가운데 가장 극적이고 결정적인 조치는 국내에서 금본위제를 포기한 것이라고 평한다.

국채를 담보로 화폐 발행하는 관리통화제도 시행

결국 금은 국가 간 대외거래에만 사용하고 국내적으로는 연방준비제도이사회, 곧 FRB가 정부의 국채를 담보로 달러를 찍어내 경기를 부양했다. 이른바 관리통화제도의 시작이었다. 이 제도는 1923년 영국의 경제학자 케인스에 의해 주창되어 1931년 영국이 민저 시행했다.

루스벨트는 통화량을 연 10%씩 늘려나갔다. 그러자 인플레이션 기대심리가 퍼지면서 실질금리는 마이너스가 되어 소비와 투자가 살아났다. 1800년과 1929년의 물가는 거의 차이가 없었으나 1933년 관리통화제도 이후 물가는 거의 네 배나 올랐다.

미국은 이후로도 국채를 담보로 달러 발행규모를 계속해서 늘려왔다. 이로써 달러 발행이 늘어날수록 미국의 채무구조가 같이 늘어나는 통화정책 구조가 고착되었다.

대공황 타파 위해 유대인 재무장관 기용, 유대 자본 끌어들이다

루스벨트는 취임 전부터 대공황 타개를 위해서는 유대인들의 협조가 절실하다고 판단했다. 그는 적극적으로 유대인과 유대 자본을 불러들였다. 그 뒤 유대인들이 주축이 된 대외 지향적 자본이 국내파 자본을 대체하고 지배적인 정치 세력을 구축했다. 유대계 경영자들이 본격적으로 정치와 행정부에 참여했다. 이때 재무차관에 기용된 유대인이 헨리 모겐소 2세였다. 그는 초년 시절부터 루스벨트와 친구 사이였다.

1929~1933년 루스벨트의 뉴욕 주지사 시절 모겐소는 자원보존국장과 농업자문위원회 위원장으로 활동했고 루스벨트의 대통령선거 캠페인에 참여했다. 대통령 취임 이듬해 1월 모겐소는 장관으로 승진하여 무려 11년간 재무장관직을 수행하게 된다.

처음에 모겐소 2세는 건전한 균형예산이 필수라는 보수주의 신념을 갖고 있었다. 그 무렵 정부 지출이 경제 회복에 도움된다는 케인스 학파의 주장에 뉴딜 정책 지지자들이 모두 동의한 것은 아니었다. 모겐소를 비롯한 당시 경제학자 대다수가 케인스 학파의 불황 해결책을 거부하고 원칙대로 수입과 지출이 균형 잡힌 예산을 선호했다.

재무장관이 된 모겐소는 확대 재정을 통해 대공황을 돌파하려

❖ 최초의 유대인 재무장관 헨리 모겐소 2세

는 대통령과의 사이에서 갈등하게 된다. 하지만 결국 그는 루스벨트에 대한 헌신을 선택했다. 그리고 뉴딜 정책과 제2차 세계대전의 군비를 위한 대규모 재원조달에 착수했다. 한 번 마음을 굳히자 모겐소의 자금동원 수완은 놀라웠다. 그는 11년간 재무장관을 지내면서 3조 7000억 달러라는 천문학적인 거액의 자금을 융통했다. 이 돈이 얼마나 큰 금액이냐 하면, 전임 장관들 50명의 재원 지출을 모두 합한 규모였다. 유대인 네트워크의 힘이었다.

또한 미국은 그간의 폐쇄적인 경제정책에서 벗어나 대외지향적인 경제정책을 추진했다. 모겐소 2세 이후 미국 재무장관 자리는 대부분 유대인이 차지하는 관례가 만들어졌다. 그 이전에도 유대인의 입각은 있었다. 1906년 데오도르 루스벨트 대통령 당시 통상 및 노동장관에 오스카 스트라우스가 기용된 바 있었다. 유대인이 미국 행정부에 입성하게 된 계기였다.

루스벨트의 달러 69% 평가절하, 1차 환율전쟁

미국 수출은 1929년 52억 달러 수준에서 1933년에는 17억 달러로 급감했다. 루스벨트 대통령과 모겐소 2세는 미국 상품의 수출경쟁력을 높이기 위해서는 특단의 조치가 필요하다고 생각했다. 그들은 가장 손쉬운 방법인 환율을 택했다. 해결책은 간단했다. 달러의 평가절하였다.

모겐소는 재무장관에 취임한 1934년 1월에 정화준비법Gold Reserve act을 만들었다. 이 법은 연방준비은행들이 보유하고 있는 금화·금지금·금증서 등을 모두 재무부가 소유하고, 대신 재무부는 은행에 새로운 양식의 금증서를 발행했다. 재무부는 보유 금을 대부분 켄터키

∴ 루스벨트가 금을 보관한 포트녹스의 금괴보관소

주 포트녹스 육군기지의 지하금고에 보관했다.

당시 미국 정부는 이 법에 따라 온스당 20.67달러로 사들인 금 가격을 임의로 정했다. 이로써 대외적으로는 금에 연동된 달러 가치를 미국 정부 마음대로 좌지우지할 수 있었다. 미국 정부는 얼마 지나지 않아 달러 가치를 금 한 온스당 35달러로 고정시켰다. 달러 가치는 불과 3개월 만에 69%나 떨어졌다.

그 결과 미국은 1931년 영국이 금본위제를 탈퇴하며 평가절하를 단행한 탓에 영국에 빼앗겼던 수출 상품의 가격경쟁력을 되찾았으나 미국의 평가절하로 주변국들의 고통은 이루 말할 수 없었다. 당시 이를 주도한 사람은 유대인 재무장관 헨리 모겐소 2세였는데, 이로부터 촉발된 환율전쟁으로 각국의 평가절하 경쟁은 전 세계를 침체의 구렁텅이로 몰고 갔다. 이것이 1차 환율전쟁이다.

루스벨트의 또 다른 달러 평가절하, 은구매법

그럼에도 시중에 통화량이 부족했다. 그러자 당시 통화정책을 주도했던 와버그 등 유대인들은 은 생산자들과 은을 지지하는 농민들을 보호할 겸 은보유고를 늘려 통화발행 준비금으로 활용키로 했다. 이는 농민과 은 생산자들이 꾸준히 요청해왔던 사안이었다. 당시 루스벨트는 인플레이션을 유발함으로써 대공황으로 폭락한 농산물 가

∴ 실버달러

격을 상승시킬 조치라면 무엇이든지 해야 할 판이었다.

이로써 1934년 6월 루스벨트 대통령은 통화 부족으로 인한 디플레이션을 막고 더 나아가 인플레이션을 유발하기 위해 '은구매법'을 통과시켰다. 곧 은 가격이 온스당 1.29달러에 달할 때까지 또는 은이 정부 통화준비금의 4분의 1에 달할 때까지 국내와 해외에서 은을 무제한 구입하겠다는 내용의 법안이었다. 이로써 은을 금과 함께 통화준비금으로 삼는 방안을 확정했다. 곧 금은복본위제를 시행했다.

미국의 은구매법에 희생된 중국

미국은 이 정책을 통해 두 가지 목적을 달성하고자 했다. 첫째는 준비금 확대를 통해 통화량을 늘림으로써 디플레이션에서 탈출하는 것이다. 둘째는 정부가 은 구매 붐을 조성하여 은 가격을 올림으로써 중국 등 은본위제 국가의 화폐 구매력을 상승시켜 이들 국가에 미국 상품을 수출하려는 의도였다. 이것은 교역 상대국의 통화를 절상시켜 상대적으로 달러의 평가절하와 같은 효과를 노리는 것이었다.

하지만 해외에서의 공격적인 은 구입은 은의 국제가격을 올려 수출경쟁국에 타격을 가하는 근린궁핍화 정책이었다. '은구매법'은 특히 당시 유일한 은본위제 국가였던 중국에 큰 충격을 주었다. 이 때문에 중국의 무역적자는 급증했다. 그리고 은화 부족으로 인한 금융경색으로 물가가 폭락하게 되자 중국은 결국 은본위제를 포기한다. 물가 폭락과 은본위제 이탈은 당시 장제스蔣介石가 지배하던 중국에는 재앙이었다. 결국 루스벨트의 은 구매정책이 중국의 공산화에 결정적 영향을 미쳤다.

은 구매법으로 미국이 디플레이션에서 탈출한 것은 좋았으나 지나친 통화량 증대로 물가가 급등했다. 밀턴 프리드먼의《화폐경제학》에 의하면 1932~1937년 사이 미국의 소비자물가는 14%, 도매물가는 32%, 농산물 가격은 79%나 올랐다.

환율전쟁으로 세계 경제가 공멸 지경에 내몰리게 되어 대공황 후유증이 오래 지속되었다. 결국 1936년 미국, 영국, 프랑스는 통화안정을 위한 '3자 합의'를 맺었는데 이 합의체가 오늘날 국제통화기금IMF의 시초가 됐다.

브레턴우즈 체제의 탄생

미국의 금 축적으로 세계의 금본위제가 붕괴되다

대공황 무렵 달러와 파운드와 금이 기축통화의 자리를 놓고 서로 다퉜다. 날로 강해지는 달러에 맞서 환율을 파운드에 고정한 나라들은 스털링 블록을 형성했다. 그 무렵 금 준비가 비교적 풍부했던 프랑스는 금본위제를 포기하지 않고 오히려 주변 국가들과 금 블록을 형성했다. 1933년 7월 프랑스, 벨기에, 네덜란드, 스위스, 이탈리아와 폴란드 등 6개 나라가 금본위제의 유지를 위해 금 블록 협정을 체결했다. 달러와 파운드화에 대항하려는 의도였다.

그 무렵 달러는 금과 은을 기반으로 하는 금은복본위제와 더불어 국채를 담보로 하는 관리통화제에 함께 연동되어 있었다. 루스벨트는 대공황을 타파하기 위해 시중 유통화폐를 늘려 경기부양에 힘썼다. 금환본위제에서 화폐를 늘리려면 금이 필요했다. 그는 금의 해외 유출을 차단하고, 외국과의 교역에서 흑자가 나면 이를 금으로 바꾸어 들여왔다.

그런데 금이란 유한한 자원이다. 지난 5000년 동안 인간이 캐낸 금의 양은 26만여 톤에 불과했다. 매년 새로 캐내는 금의 양은 전체의 1%에 불과한 2000톤 남짓이라 미국에 유입되는 금만큼 다른 나라들은 금이 모자랄 수밖에 없었다.

금이 모자란 나라는 화폐의 양도 그만큼 같이 줄었다. 하지만 그렇다고 무한정 화폐의 양을 줄여나갈 수만도 없었다. 경제를 돌리려면 화폐가 필요했다. 결국 영국을 비롯한 많은 나라는 금본위제를 포기했다. 자국 화폐를 금과 연동하지 못하게 된 것이다.

그러자 프랑스가 주도한 금 블록의 통화가치가 다른 나라 통화 대비 높게 평가되어 자본 유출이 지속됐다. 게다가 세계적 불황과 대외 무역의 불리 등으로 금 블록 여러 나라도 경제적 어려움에 처하게 되었다. 이에 따른 경제와 사회 불안으로 1935년 3월에 벨기에가 금본위제도를 이탈하고 1936년 폴란드, 뒤를 이어 1937년 프랑스도 결국 금본위제를 포기했다.

미국의 패권 시대: 달러 중심의 세계 경제 출범

그 뒤 미국이 세계 시장에서 금을 사들이는 행위를 중단한 것은 1944년으로 제2차 세계대전 종전을 눈앞에 둔 때였다. 당시 미국은 세계 금의 80%를 보유하고 있었다. 그동안 많은 나라의 금 보유고가 거덜 나 금태환제를 포기해야 했다. 이들 나라는 자국의 화폐를 싼값에라도 달러와 맞바꾸어야만 했다. 어쩔 수 없었다. 사람들은 금을 보유하고 있는 미국의 달러를 더 신뢰할 수밖에 없었다. 결국 달러화 가치는 점점 높아졌다. 이는 이후 달러가 세계의 기축통화로서 작동할 수 있는 근거를 마련하게 된다.

1944년 미국은 달러의 힘을 배경으로 뉴햄프셔 주의 브레턴우즈에 세계 각국의 경제 대표들을 초청한다. 이 회의 직후 세계 각국은 금환본위를 바탕으로 하는 달러 중심의 세계 경제 출범에 동의하게 된다.

유대인 해리 화이트의 활약

제2차 세계대전을 겪으면서 미국이 세계 경제와 금융의 헤게모니를 잡았다. 그간 세계의 맹주로 군림해온 영국보다도 GDP가 4배 이상 컸다. 제2차 세계대전으로 유럽 국가들은 모두 전후 복구사업으로 미국의 지원이 절실한 상황이었다.

이러한 상황에서 미국은 44개국 대표 730명이 모인 브레튼우즈 회의에서 다음과 같은 제안을 했다. "세계 경제를 복구하기 위한 경제부흥개발은행과 세계 통화를 통제할 수 있는 국제통화기금을 만들자. 이 기구들을 통해 달러를 지원하겠다."

이러한 미국의 제안은 회의 참가국에 솔깃한 이야기였다. 당시 대부분 국가가 전후 복구자금이 부족했다. 그 때문에 돈을 지원받을 수 있다는 것은 그만큼 큰 의미가 있었다. 또한 돈을 빌리는 것뿐 아니라 국제통화기금의 통화관리로 경제성장을 위한 안정적인 시스템이 마련될 것이라는 생각에 대부분의 국가가 이에 찬성했다.

파운드화의 몰락을 지켜볼 수밖에 없던 영국은 이에 반발해 세계통화를 만들 것을 제안했다. 당시 영국 대표로 참석한 존 메이너드 케인스는 세계적인 경제학자였다. 반면 미국 대표 해리 덱스터 화이트는 케인스에 비해 무명이었다. 하지만 화이트는 유능한 사람이었다.

러시아계 유대인 이민자 부부의 막내로 태어난 화이트는 집안이 가난해 대학 진학을 포기하고 제1차 세계대전 때 군에 자원입대했다. 전쟁이 끝나자 화이트는 참전용사 지원 프로그램 덕에 컬럼비아대학에서 공부할 수 있었다. 하버드대학에서 경제학 박사학위를 받고 잠시 교수생활을 한 뒤 재무부에 취직했다. 당시 재무부장관이었던 모겐소가 그의 능력을 알아봤다. 유대인끼리 통하는 면도 많았을 것이다. 화이트는 모겐소 장관 보좌관을 거쳐 승승장구해 차관보에 오른 뒤 브레턴우즈 회의에 미국 대표로 참석했다.

화이트는 케인스에 밀리지 않았다. 오히려 케인스를 압도했다. 케인스는 금본위제를 야만적인 제도로 생각했다. 그는 금에서 해방된 화폐를 주장하며 "세계 중앙은행인 국제청산동맹International Clearing Union을 만들자. 그곳에서 다른 나라의 간섭을 받지 않고 독립적으로 세계화폐인 방코르Bancor를 발행해 공급하자"고 제안했다.

⚶ 해리 덱스터 화이트

하지만 미국 대표 화이트는 일언지하에 이를 거절했다. 대부분의 국가 역시 국제기구를 만들어 돈을 지원하겠다는 미국 제안을 거절할 이유가 없었다. 결국 미국 주장대로 '브레턴우즈 체제'가 만들어졌다. 케인스와의 대립에서 화이트가 승리하는 데 결정적 역할을 한 것은 단연 미국의 경제력과 달러의 위력이었다.

이로써 세계 경제 및 금융의 헤게모니를 미국이 잡았다. 미국은 1944년 브레턴우즈 체제를 통해 국제통화기금IMF을 창설해 파운드화 대신 달러가 국제결제수단으로 채택되도록 했다. 이로써 달러가 전면에 등장하며 세계의 기축통화가 되었다.

브레턴우즈 체제, 35달러로 금 1온스 교환 보장

당시 미국은 달러를 '금 1온스당 35달러'에 고정시켰다. 이를 기준으로 IMF 가맹국들은 달러에 대한 자국 통화의 환율을 고정평가의 1% 안에서 유지해야 했다. 이 같은 조정 가능한 고정평가제의 채택은 미국이 가맹국 중앙은행을 상대로 금 1온스당 35달러 가격으로 금과 달러 간 교환을 보장하겠다는 약속을 전제로 했다. 이로써 달러 가치는 금에 고정되고, 달러 가치에 결부된 다른 나라 통화는 간접적으로 금 가치에 연계되는 '금환본위제'가 수립되었다.

그런데 미국이 부여받은 이 같은 의무는 막대한 금을 보유하였을 때만 유지할 수 있었다. 예컨대 시장에서 금 1온스의 가격이 35달러 이상으로 오르면 미국은 보유한 금을 방출해 금 가격을 안정시켜야 한다. 만약 금 가격이 그 이상 오를 경우, 외국의 중앙은행들은 미국에서 금을 사 온 다음 이를 시장에 내다 팔아 손쉽게 돈을 벌 수 있게 된다. 이런 상황을 방지하려면 미국은 막대한 양의 금을 보유함과 동시에 자국 경제를 인플레이션 없이 안정적으로 관리해야 한다. 따라서 미국 정부가 원한다고 무작정 돈을 찍어낼 수는 없었다.

금환본위제의 한계

금 풀을 운영하다

1960년 10월 런던 금시장에서 금값이 40달러를 돌파했다. 미국이 개입해 안정세를 찾는가 싶더니 이듬해에도 금값이 상승세로 접어들었다. 그러자 미국은 힘에 부쳐 유럽 주요국들과 금 풀Pool을 만들었다. 1961년 11월 미국과 유럽 7개국이 금값 안정을 위해 총액 2억 7000만 달러 상당의 금을 내놓았다. 미국이 절반을 부담했다. 금 풀의 목표는 금값이 온스당 35.2달러 이상 되면 시장에 개입해 금 가격을 내리는 것이었다. 처음 몇 년 동안은 성공적으로 운영되었다. 한때는 금이 세계 시장에 쏟아져 나와 금 풀의 금 비축액이 13억 달러 상당에 이르렀다.

그러나 베트남전쟁이 악화되면서 달러 발행이 늘어나 달러 신인도가 떨어지자 프랑스가 제일 먼저 금 풀에서 탈퇴했다. 이후 프랑스는 30억 달러 상당의 금을 연준으로부터 바꿔 갔다.

미국의 금값 평정계획 실패하다

미국의 존슨 대통령은 더 이상 참지 못하고 특단의 조치를 취하기로 했다. 1968년 초 미국은 영국과 손잡고 세계 금시장을 평정할 비밀계획을 세웠다. 두 나라가 동시에 금을 풀어 금값을 폭락시키기로 한 것이다. 이렇게 금 투기 세력들에게 패닉을 안겨주어 그들이 투매에 나설 때 다시 싼값에 금을 사기로 했다. 이 계획은 1968년 초 몇 주에 걸쳐 단행되었다.

그런데 시장이 그 많은 금을 모두 소화해버렸다. 그것도 가격변동 없이 말이다. 미국은 금 9300톤만 손해 본 셈이다. 한국은행이 2015년 말 보유한 금 104톤과 견주어보면 당시 얼마나 많은 금이 풀렸는지 알 수 있다. 이로써 미국은 금을 지지할 수 있는 수단이 모두 없어져 버렸다. 1968년 3월 17일 금 풀은 마침내 폐쇄되고 런던의 금 시장은 미국의 요구에 따라 2주일이나 문을 닫았다.

너무 늦은 특별인출권의 탄생

이 때문에 달러를 비롯한 주요국들의 환율은 불안정한 양상을 보였다. 미국의 무역적자가 더 커지면서 달러화에 대한 불안은 가중되었다. 이에 국제 금융재벌들이 생각해낸 방안은 일찍이 케인스가 1940년대에 내놓았던 '페이퍼골드'를 참고해 만든 '특별인출권SDR: Special Drawing Rights' 발행이었다.

그리하여 1969년에 탄생한 것이 IMF의 특별인출권이다. 이는 별도의 담보 없이 IMF에 출연한 기금만큼 IMF로부터 돈을 인출할 수 있는 권리로 그 자체를 하나의 통화로 인정한 것이다. SDR의 가치는 달러화와 같은 금 1온스당 35SDR로 정해졌다. 1970년 1월 1일부터 3년간 발행될 SDR은 95억 달러에 달했다. 그러나 1970년에야 시작된 SDR은 시기적으로 너무 늦은 결정이었다. 이미 미국은 곪아 터지기 일보 직전이었다. 더 이상 금환본위제를 유지할 힘이 없었다.

미국, 1971년 금환본위제 일방적 파기

이렇게 되자 미국은 브레턴우즈 체제를 스스로 무너뜨렸다. 역사적으로 보면 1971년 '닉슨 쇼크'라 불렸던 금환본위제의 일방적 파기를 시작으로 미국 달러의 본격적인 횡포가 시작되었다.

사실 돈이 안 돌면 경제성장은 불가능하다. 수십 년 동안 금본위제는 화폐발행의 억제제로 작용하여 돈의 수급을 어렵게 하였다. 금본위제 하의 세계 경제는 아주 완만하게 움직였다. 문제는 금본위제 자체를 파기한 데 있는 게 아니다. 파기 방법에 문제가 있었다.

금본위제를 파기한 닉슨 쇼크 이후 미국의 환율정책은 한마디로 달러 평가절하의 역사이다. 이는 미국의 고통을 외부에 전가시킨 것에 다름 아니다. 표현이 과격할지 모르지만 사실이 그렇다. 그 역사적 사례를 짚어보자.

먼저 닉슨 쇼크가 나오게 된 배경부터 살펴보자. 1960년대 린든 존슨 대통령의 '위대한 사회' 정책 이후 복지 수요가 크게 늘어났다. 곧이어 1960년대 후반 미국은 베트남전 개입으로 군사비가 대폭 증가했다. 국가채무가 급증하였고, 재정적자가 위험 수위에 다다랐다. 막대한 전쟁비용으로 경제는 파산 상태로 치달았다. 미국이 보유한 금의 무려 570%나 되는 달러가 시중에 풀리며 달러의 신뢰는 무너지기 시작하였다. 수많은 경제 주체들이 달러를 못 믿겠다며 달러를 팔고 금을 사들였다. 결국 달러를 떠받치던 금 보유고는 고갈되었다. 이러한 위기를 타개하기 위해 닉슨은 1971년 일방적으로 금본위제를 파기하고 달러를 평가절하시켜 전 세계를 충격에 빠뜨렸다.

충격과 혼란으로 세계 외환시장이 폐쇄되었다. 위기가 점증하면서 2년 동안이나 심한 혼란이 지속되었다. 이러한 혼란을 거쳐 금본위제는 결국 달러본위제로 바뀌었다. 이 때문에 달러의 신뢰도가 추락하면서 금값이 천정부지로 올라갔다. 이는 OPEC이 국제원유가를 2달러에서 10달러로 올리는 계기가 되었다. 일명 '오일 쇼크'였다. 이를 다시 찬찬히 살펴보자.

세계를 우롱한 미국

닉슨 쇼크

1971년 8월 15일, 당시 미국 대통령 리처드 닉슨은 당시 가장 인기 있던 TV 드라마 〈보난자〉를 중단시키고 긴급성명을 발표했다. 달러의 금태환을 정지하고, 국내 물가를 통제하고, 수입품에 엄청난 과징금을 부과하겠다는 내용이었다. 닉슨은 이날 밤 발표한 연설에서 국제 금융시장의 투기꾼이 금융시장의 혼란을 가져왔다고 강렬하게 비판하면서, 달러의 금 교환을 '임시'로 중단한다고 밝혔다. 이는 달러를 지키려는 조치라고 강변했다.

❖ 리처드 닉슨

그러나 이것은 미국 자신이 잘못해놓고 그 죄를 애매한 투기꾼들에게 뒤집어씌우는 행위이자 브레턴우즈 체제를 붕괴시키는 극단적 조치였다. 미국으로서는 재정 파탄을 막기 위한 최후의 달러 방위정책이었다. 이 발표는 주요 상대국들과 협의나 협상 끝에 나온 결정이 아니라 미국의 일방적인 파기선언이자 부당행위에 다름 아니었다.

국내외의 불안과 혼란의 지속

이로써 유럽 외환시장이 폐쇄되어 국제통화의 불안은 고조되었다. 이러한 충격이 1973년까지 계속되었다. 그러자 그해 1월에는 유럽공동체EC 재무장관들이 모였다. 이어 세계 20개국 재무장관이 브뤼셀에서 확대회의를 가진 끝에 '공동변동환율제'로 이행한다는 결정을 내렸다. 공동변동환율제란 한 경제권을 형성하고 있는 나라들이 역내에서는 제한환율제를 채택하고 역외에 대해서는 공동으로 변동환율제를 채택하는 제도이다.

그동안 미국 경제는 국제수지 적자로 달러화 가치가 계속 떨어졌다. 급등하는 인플레이션과 국제수지 적자를 막기 위해 닉슨은 '임금과 가격 동결'이라는 극단적인 칼을 빼 들었다. 미국은 모든 임금과 물가를 90일 동안 동결하는 조치와 함께, 외국으로부터 수입하는 모든 상품에 관세를 더해 '10%의 부가관세'를 매겼다. 이후에도 법률의 기한인 1974년까지 몇 차례에 걸쳐 가격 동결을 시행하였다. 이것이 자본주의의 대명사라 일컫는 미국에서 실제로 일어났던 일이다.

이 때문에 미국 증시는 곤두박질쳤다. 1973년 1월부터 1974년 12월까지 다우지수가 45% 이상 빠졌던 증시 붕괴 사태 때 '닉슨 쇼크'라는 말이 유행하였다. 복잡한 경제적 격변을 단순화시켜 설명하는 데는 정치인 한 명의 이름으로 충분했다.

부도 직전의 미국 재정 상황

그럼 닉슨은 왜 그런 결정을 내렸을까? 당시에 금본위제를 폐기한 공식적인 이유는 금 투기를 차단하고, 교역 상대국들이 그들의 통화를 미국 달러화에 고정시키도록 유도하기 위해서였다. 즉 외국 정부들로 하여금 그들의 통화가치를 재조정하게 만들려는 시도였다.

그러나 좀 더 다급한 속사정이 있었다. 금본위제를 채택한 브레턴우즈 체제 2년째인 1946년에 미국은 대외채무 60억 달러보다 많은 207억 달러 상당의 금을 갖고 있었다. 즉 미국에는 압도적인 부가 있었다. 이 부를 담보로 세계통화제도가 출발하였던 것이다. 그런데 1960년에는 대외채무 201억 달러에 금 보유고는 178억 달러 상당에 지나지 않았다. 역전된 것이다. 그 뒤 베트남 파병 등 막대한 전비 증가는 재정적자를 더욱 심화시켰다.

미국이 신뢰성의 위기에 내몰린 것이다. 당시 닉슨 정부는 베트남의 진실을 감추고 있었고, 정부는 임금과 가격을 통제하여 인플레이션율을 조작했다. 그러한 사이에 미국의 대다수 우량기업 역시 회계 부정으로 자사의 진실을 감추고 있었다. 미국 전체에 모럴헤저드가 만연한 상태였다.

미국이 흔들리기 시작한 건 1960년대 말부터다. 현재 기준으로 약 7000억 달러에 이르는 전비를 투입하였던 베트남전쟁에서 미국은 아무것도 건지지 못한 채 철수하였다. 전쟁이 끝난 뒤 미국을 기다리고 있었던 건 10년 동안의 전비를 마련하기 위해 마구 찍어낸 채권뿐이었다. 결국 미국 정부는 브레턴우즈 체제의 근간이 되는 금태환 능력을 상실하였다. 1971년, 세상에 돌아다니는 달러나 달러 표시 채권의 양은 미국 정부가 보유한 금의 약 6배까지 치솟았다. 마침내 그해 미국의 금보유고는 100억 달러가 될까 말까 한 수준이었다.

영국의 금태환 요구가 직접적인 도화선

또 하나의 이유는 달러화의 고평가였다. 미국은 1960년대 후반부터 독일과 일본에 비해 수출경쟁력이 약해져 무역수지 적자가 불어났다. 수입이 수출보다 늘어나자 달러가 많이 유출되어 달러의 대외가치가 떨어졌다. 게다가 1965년 베트남전쟁 참전으로 천문학적인 군비가 들어가자 국제시장에서 금 1온스 값이 60달러까지 올랐다.

1960년대 내내 프랑스의 드골은 수출로 번 달러를 미국 연준으로부터 금으로 바꿔 갔다. 이는 브레턴우즈 체제에서는 합법이었다. 1967년이 되자 미국과 영국 은행에서 금의 유출이 심각해졌다. 브레턴우즈 금본위제에서 가장 취약한 영국이 1967년 스털링을 평가절하하면서 금본위제에서 먼저 떨어져 나갔다.

그 뒤 프랑스와 다른 나라 중앙은행들이 보유 달러를 금으로 바꾸어달라고 요구하면서 달러에 대한 압력을 높였다. 그들은 베트남전으로 인한 재정적자가 치솟는 상황에서, 미국이 달러를 금에 대해 절하하지 않을 수 없을 것이라고 보았다. 따라서 달러보다는 금 보유가 나을 것이라고 계산했다.

당시 금본위제를 폐기하기 직전, 닉슨 행정부에 충격을 준 사건이 발생했다. 닉슨이 결정을 내리기 3개월 전인 1971년 5월, 영국이 미국에 30억 달러의 금태환을 요구한 것이다. 이제 닉슨 정부는 너무 많이 발행된 달러화를 그대로 숨겨두고 있을 수 없었다. 사실 엄밀히 말하면 금환본위제의 기본 취지와 협약을 위배한 국제사기였다.

게다가 미국은 당면한 세 가지의 문제를 해결해야 했다. 첫째, 제조업을 기반으로 한 미국 산업의 육성을 위해서는 달러화의 가치 하락 유도가 필요했다. 둘째, 재정적자로 인한 과도한 부채를 탕감할 필요가 있었다. 셋째, 보유한 금보다 초과 발행된 달러화 때문에 부도 위기의 가능성이 있었다. 더구나 영국으로부터 이미 태환을 요구받았고, 나머지 나라들로부터도 태환을 요구받을 시점이 임박했다. 그냥 두었다가는 자칫 국가부도가 나거나, 지나치게 고평가된 달러화를 받고 금을 내주어야 하는 진퇴양난의 상황에 빠진 것이다.

사태가 이 지경에 이르자 닉슨은 부도 직전의 금본위제를 포기하면서 달러를 평가절하해야 할 긴박한 처지에 몰렸다. 그렇지 않아도 닉슨은 재화와 서비스의 국제적인 거래 수단을 단지 금에 의존하는 것은 미국 경제의 확산에 방해가 된다고 믿고 있었다.

당시 재정적자에 허덕이던 닉슨 정부가 선택할 수 있었던 유일한 대안은 금본위제의 포기와 달러 가치의 평가절하밖에 없었다. 마침내 미국 정부는 1971년 8월 15일 더 이상 달러를 금으로 못 바꿔주겠노라고 선언했다. 광복절 날 배 째라 식 무대포를 선언하고 자유를 찾은 것이다. 그러나 달러를 보유한 측에서는 깽판에 다름 아니었다. 1944년부터 1971년까지 세계 경제의 흐름을 지배해온 브레턴우즈 체제가 마침내 끝장나버린 것이다.

2차 환율전쟁

스미소니언 협정:
달러 가치 평가절하로 부채탕감 효과

　1971년 12월 18일에 워싱턴 스미소니언박물관에서 열린 G10 재무장관회의에서 금태환 정지로 붕괴된 고정환율제도를 재건하기로 합의했다. 온스당 금의 가치를 35달러에서 38달러로 올림으로써 공식적으로 통화가치를 변경

했다. 달러의 가치는 7.9% 낮아진 반면, 독일 마르크화의 가치는 13.6%, 일본 엔화의 가치는 16.9% 높아졌다. 곧 강제적으로 달러화 가치를 낮춘 것이다.

　미국으로서는 달러 가치

⁂ 스미소니언박물관

하락에 따라 대외채무가 실질적으로 줄어들었다. 바꾸어 말하면 미국에 돈을 빌려준 나라는 받을 돈의 가치가 줄어들어 버렸다. 그러면서도 달러는 세계 기축통화로서의 지위를 여전히 유지했다. 곧 무역결제는 달러를 기본으로 한다는 사실이 유지된 것이다.

달러 가치가 떨어지자 미국 상품의 가격경쟁력은 높아졌다. 곧 제조업 국가가 시장에서 경쟁력을 확보하는 데 중요한 역할을 하는 것이 자국 화폐가치의 하락이다.

2차 환율전쟁, 달러가 반 토막 나다

1971년 금환본위제 포기 이후 달러 발행이 늘어났다. 달러와 금의 연결고리가 끊어지자 달러는 이제 고삐 풀린 망아지가 되었다. 1971년과 1972년에 미국의 통화량은 연 10% 이상씩 늘어났다. 그러자 당연히 인플레이션이 찾아왔다. 이 시기부터 미국은 두 자릿수의 장기 인플레이션에 시달렸다. 인플레이션으로 돈 가치가 떨어져 달러가 평가절하되기 시작했다.

1971년 금 가격은 온스당 42.22달러로 오르더니 이듬해에도 금값은 계속 올라 온스당 70.3달러에 거래되어 1년 전에 정한 값의 두 배에 육박했다. 이는 다시 말해 달러의 실질 가치가 1년 사이에 100% 평가절하되었음을 뜻했다.

8년이 지난 1979년 중반 달러는 독일 마르크화에 대해 달러당 1.82마르크로 반 토막 나 있었다. 일본 엔화에 대해서는 달러당 217.35엔에 머물러 39% 절하되었다. 이로써 미국 수출품의 가격경쟁력은 경쟁국에 비해 급격히 높아졌다. 이를 2차 환율전쟁이라 한다.

달러, 금에 비해 대폭 평가절하되다

닉슨이 금본위제를 폐기한 데 이어 중동전쟁으로 인한 오일 쇼크가 들이닥쳤다. 몇 년 사이에 석유값이 배럴당 1달러대에서 11.65달러로 10배 가까이 뛰었다. 2차 오일 쇼크가 발생한 1979년에는 배럴당 40달러였다.

더구나 1975년 포드 대통령이 루스벨트 시대에 묶였던 민간인의 금 소유제한을 풀자 금값이 천정부지로 뛰어올랐다. 1980년 1월 무렵에는 온스당 800달러를 기록했다. 10년 동안에 23배 상승한 것이다. 금의 가치가 높아졌다는 것은 그만큼 달러 가치가 하락했음을 의미했다. 그 뒤 금은 시장 수급에 따라 하락과 상승의 변동이 심했다.

과거 금 시세 추이

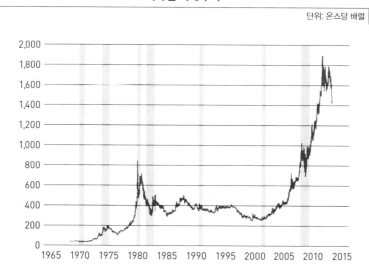

단위: 온스당 배럴

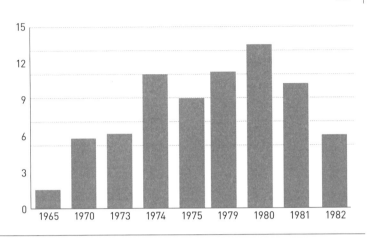

1970년대 미국의 기록적인 인플레이션

단위: %

자료: Federal Reserve Bank of Minneapolies

달러 가치 절하로 두 자릿수 인플레이션에 시달리다

이렇게 달러 가치가 하락하자 인플레이션이 시작되었다. 170년간 이나 안정을 누렸던 물가가 뛰기 시작한 것이다. 연 6%에 이어 10% 내외로 상승했고 1980년 무렵에는 13%를 넘어섰다. 이러한 고율의 인플레이션은 스태그플레이션으로 연결되었다. 곧 높은 물가상승과 경기침체가 겹쳤다. 당시 물가상승률도 높았지만, 경기침체로 실업률 도 10%를 넘어섰다.

유대인 폴 볼커의 승부

이제는 만성적인 두 자릿수 인플레이션 억제가 미국 경제의 최대 현안이 되었다. 결국 1970년대 내내 미국 경제를 괴롭히던 인플레이 션은 1979년 재무부 차관이었던 폴 볼커가 연방준비제도이사회FRB

의장에 취임하면서 비로소 잡히기 시작한다.
볼커 의장은 13%가량의 인플레이션을 보면서
먼저 통화의 공급 속도를 늦추었다.

그는 통화주의자들의 주장을 받아들여 인
플레이션을 억제하기 위해 프리드만의 통화 타
게팅을 시행했다. 통화량(M1)의 전년 대비 증가
율을 1978년 8.3%에서 1979년 7.2%, 1980년
6.4%, 81년 6.3%로 줄여나갔다. 그리고 금리도

∴ 폴 볼커

1981년 19%대로 대폭 끌어올려 대대적인 긴축에 들어갔다. 그야말
로 살인적인 금리로 돈줄을 죄는 극약 처방을 단행했다.

미국 기준금리의 변동

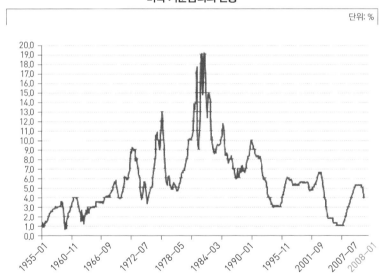

단위: %

＊미국 기준금리의 변동. 1980년대 초반 20%에 육박하는 고금리 정책이 시행되었다.

자료: FRB

그 때문에 미국인과 기업들이 겪어야 했던 고통은 이루 말할 수 없었다. 숱한 기업과 국민들이 고금리 때문에 파산했다. 한 미국시민이 엽총을 들고 FOMC 회의장에 침투를 시도했던 사건이 벌어질 정도였다. 하지만 그래도 볼커는 자신의 입장을 꺾지 않았다. 그 뒤 볼커는 어렵게 인플레이션을 잡는 데 성공했다.

석유 달러의 탄생

달러의 지위가 불안한 시기에 구원의 손길을 내민 건 중동 산유국들이었다. 아니, 엄밀히 말하면 유대인 키신저가 OPEC의 맹주인 사우디아라비아와 모종의 딜을 성사시킨 것이다. 1973년 사우디아라비아를 비롯한 산유국들이 원유 수출대금을 달러로만 수출하기로 합의한 이후 달러는 명실상부한 국제유가의 표준이자 굳건한 기축통화의 위치를 계속 유지할 수 있었다. 세계에서 가장 거래가 많은 상품이 원유이기 때문이다.

❖ 키신저 국무장관

그때부터 달러가 석유거래를 독점하면서 다른 상품에서도 무역거래 통화로서의 입지를 굳혔다. 이를 계기로 달러의 수요가 엄청나게 증가했으며 달러 가치도 자연스레 상승했다. 이로써 미국이 세계 통화·금융의 헤게모니를 쥐어 오늘날과 같은 달러의 위상을 갖게 된 것이다. 그 과정을 살펴보자.

1차 오일 쇼크

닉슨 쇼크로 달러화의 지위가 통째로 흔들리는 상황이 되자 20여 년 동안 배럴당 1달러대에 머물던 석유가 3달러까지 올랐다. 4차 중동전쟁이 발발하고 얼마 되지 않은 1973년 10월 OPEC은 유가를 배럴당 5.11달러로 또 70% 올렸다.

게다가 미국이 이스라엘에 22억 달러의 긴급원조를 의결하자 사우디와 다른 아랍 국가들은 미국에 석유 수출을 전면 금지한다고 발표했다. 이듬해 초 유가는 다시 두 배가 올라 11.65달러가 되었다. 몇 년이 안 되어 무려 600% 이상 오른 것이다. 이른바 1차 오일 쇼크였다.

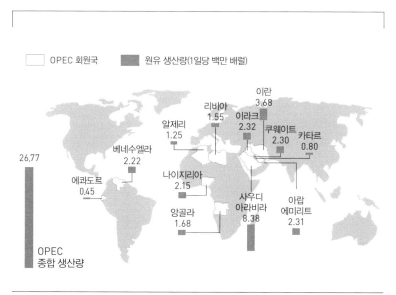

자료: OPEC 회원국, 2010년 9월

미국의 묘수, OPEC이 원유를 달러로만 수출하기로 결정

이 사태는 서방 사회를 온통 뒤흔들어 놓았다. 국제 금융재벌들은 오일달러가 기필코 미국으로 다시 들어오도록 하는 데 온갖 방법을 동원했다.

그런데 역설적으로 이로 인한 오일 쇼크가 달러를 기사회생시켰다. 아니, 이는 미국이 찾아낸 묘수라고 보는 편이 맞을 것이다. 미국은 사우디아라비아 왕실에 정치적·군사적 보호를 약속하는 당근을 제시하는 한편, 사우디아라비아를 압박해 오일달러로 미국 국채를 사도록 했다.

또 어떤 방법이 있었는지 모르지만, 그렇게 거셌던 아랍 국가들의 결의는 와해되었다. 결국 1975년 미국의 맹방 사우디아라비아를 비롯한 OPEC 장관들이 급등하는 원유를 '달러'만 받고 수출하기로 합의했다. 세계 최대의 상품을 오직 달러로만 거래하기로 한 것이다.

전화위복轉禍爲福. 이로써 전세가 완전히 역전되었다. 약세를 면치 못하던 달러화는 오히려 이때부터 확고부동한 기축통화로서의 지위를 차지하면서 '팍스 달러리움'이라는 새로운 질서를 만들었다. 달러는 점차 글로벌 교역에서 대부분 상품과 원자재 등 모든 분야에서도 통용되는 통화로 자리 잡게 되었다. 미국 달러에 대한 수요가 엄청나게 늘어났으며, 달러 가치가 지속적으로 크게 상승했다.

참고로 1979년 2대 산유국인 이란에 혁명이 일어나 석유 수출이 하루 500만 배럴에서 200만 배럴로 줄었다. 이것이 석유의 공급불안을 초래해 가격 폭등을 유발했다. 1980년대 초에는 석유 가격이 배럴당 30달러가 넘어 세계 경제는 다시 혼란에 빠졌다. 이를 2차 오일 쇼크라고 한다.

명목화폐의 문제

명목화폐제도의 채택

미국은 닉슨 쇼크 이후 명목화폐제도를 채택했다. 명목화폐란 미국 정부가 화폐의 가치를 결정하고, 금이나 다른 재화의 보유에는 의존하지 않는 것을 말한다. 명목화폐제도 아래에서 지폐는 금이나 은과 동등한 가치는 없고, 단지 연방은행이 발행하는 일종의 차용증서의 의미를 갖는다. 물론 절대가치는 없다. 그저 약속일 뿐이다.

그 이전까지는 미국을 비롯한 대부분 국가에서 100년이 넘게 금본위제를 채택하고 있었다. 따라서 이전까지의 화폐는 영원한 가치를 가진 저장수단으로서의 장점은 있지만, 결정적으로 금이라는 유한 자원과 연계되어 통화량은 제한적일 수밖에 없었다. 곧 1971년 이전의 금본위제 아래에서는 유동성의 제한이 있었다. 그렇기에 경기의 호황과 불황의 진폭이 일정하게 진행되었다. 재고 순환 사이클에 의해 불황이 시작된다고 해도 정부에서 보유하고 있는 금을 풀어서할 수 있는 조치들은 한정적이기 때문이었다.

이런 까닭에 대공황의 혼란은 무려 10년 동안 이어졌다. 금본위제 아래에서 화폐의 공급이 원활하지 못하였기 때문에 불황에서 탈피할 특별한 방법이 없었다. 그저 고전주의학파가 주장하는 자정 능력을 믿고 진중하게 기다리는 수밖에 없었다. 당시 다우지수는 400포인트에서 41포인트까지 폭락하였다. 이는 연쇄반응을 보이면서 1930년부터 3년 동안 파산한 은행 수가 5100개나 되었고, 예금손실액도 수십 조 달러에 이르렀다.

하지만 1971년 이후에는 불황의 조짐이 보이면 정부가 즉각 개입하였다. 보유 화폐를 시장에 풀거나 부족하면 윤전기를 돌려 화폐를 찍어내 공급하기 때문에 유동성은 무한대로 늘어날 수 있었다. 금융 시장에서 유통되는 돈은 경제에서 혈액과 같은 역할을 한다. 실물경제를 살아 숨 쉬게 하고 역동적으로 움직이도록 하는 것이다. 금본위제 폐기는 이러한 역사적 당위성이 있었다.

명목화폐제도의 문제, 미국의 도덕적 해이

하지만 명목화폐제도에도 문제는 있었다. 미국이 냉철하게 자기제어를 하지 못하고 쉽게 화폐발행에 의존하게 되었다는 점이다. 가장 대표적인 것이 무역적자이다. 1977년 미국은 그간의 무역흑자에서 적자로 전환했다. 금환본위제가 폐지된 지 불과 6년 만이었다. 원인은 연준이 얼마든지 쉽게 돈을 찍어낼 수 있어 파산의 위험성이 현저히 줄어들었기 때문이다.

재정적자도 마찬가지였다. 제2차 세계대전 이후 2600억 달러였던 국가부채가 냉전시대의 군비증가로 1980년대에 이르러 9300억 달러로 늘어났다. 그 뒤 미국 정부는 재정적자의 누적에 대한 불감증에 걸렸다.

대규모 재정적자의 원조는 배우 출신 로널드 레이건 대통령이었다. 냉전을 종식시켰다는 찬사를 받았던 레이건 정부 때 군비는 오히려 더 불어났다. 소련 침공에 맞서 싸우는 아프가니스탄의 탈레반 정부 지원 등으로 재정지출을 늘리면서 사상 처음으로 국가부채가 2조 7000억 달러까지 늘었다.

1980년대 들어 신자유주의가 등장했다. 게다가 '레이거노믹스'로 대변되는 레이건은 세입을 대폭 줄였다. 집권하자마자 부자 감세를

∴ 냉전을 종식시킨 고르바초프(왼쪽)와 레이건(오른쪽)

단행해 부자들의 세율을 50%나 삭감했다. 1986년에는 또 한 번의 감세정책으로 부자들의 세금을 추가로 28% 감면했다. 1950년대 아이젠하워 시절까지만 해도 기업의 연방납세액이 세입의 25%를 차지했지만, 대규모 감세정책으로 2001년에는 7%로 줄어들었다. 1981년 레이건 집권 초기 때만 해도 9300억 달러였던 국가채무가 그가 물러난 1989년에는 3조 달러 선에 근접했다. 무역적자와 재정적자라는 쌍둥이 적자구조도 이때부터 고착되었다.

신자유주의의 등장

감세정책이 수정자본주의를 망치다

1960년대 중반 즈음 미국은 감세정책을 이용한 민간경제 활성화 정책을 선택했다. 1964년 린든 존슨 대통령은 최고소득세율을 기존 91%에서 77%로, 1965년에는 다시 70%로 줄였다.

이러한 정책은 의도한 만큼 높은 경제성장률을 보이지 않을 경우 재정적자를 피할 수 없었다. 그런데 베트남전쟁 후유증으로 1970년대 미국은 경기침체에 직면해 어려움에 처했다. 조세수입은 줄었는데 실업률은 상승하면서 복지관련 지출이 늘어나고 인플레이션 때문에 서민들 생활수준은 갈수록 나빠졌다.

게다가 1971년 이후 금 족쇄에서 풀려난 미국은 마치 인쇄소에서 인쇄하듯이 달러화를 찍어낼 수 있게 되었다. 늘어나는 무역적자를 달러화를 찍어 감당했다. 이로써 미국뿐 아니라 세계의 통화량이 크게 늘어났다. 미국 경제는 통화량이 늘어나다 보니 1979년에 연료와 식료품 가격의 급등으로 두 자릿수 인플레이션이 일어났다.

그러자 미국 정부와 연준이 종합적인 인플레이션 대책을 실시하며 긴축정책을 펼쳤다. 긴축으로 1980년 초 미국은 전후 일곱 번째의 경기후퇴를 맞았다.

신자유주의의 등장

이때 등장한 레이건 정부는 경제정책뿐 아니라 사회정책에서도 미국 역사에서 근본적인 전환점이었다. 경기침체에 따른 복지위기를 복지 축소와 결합한 노동시장 유연화, 탈규제 전략으로 대응했다. 이른바 '신자유주의', 쉽게 말해 시장근본주의였다.

1981년 1월에 취임한 레이건은 인플레이션과 실업을 동시에 감소시켜 미국 경제를 회생시키려는 목적에서 세출 삭감과 감세를 기본으로 하는 경제재건계획을 발표했다.

레이건은 평균소득세율을 3년간 25%나 내렸다. 1970년대 14~70%에 달하던 과세 범위가 11~50%로 축소되었다. 다시 말해 최상위 소득계층의 최고세율은 70%에서 50%, 최하위 소득계층의 최고세율은 14%에서 11%로 낮아졌다. 당연한 결과로 미국은 이때부터 거대한 예산 적자에 시달리게 된다. 그

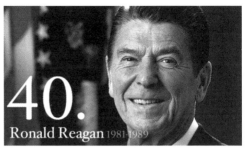

∴ 미국의 40대 대통령 로널드 레이건

런데도 레이건은 1986년 또다시 부자 감세를 단행했다. 소득세 감면 조치를 통해 최상위 소득계층의 소득세율을 28%로 대폭 낮췄다.

미국, 국가부채가 늘어나기 시작하다

이후 레이건 정부는 강한 미국을 회복하기 위해 군사력 증강에도 힘을 쏟았다. 요즘 말하는 국가미사일방어MD 체제와 스타워즈 계획이 그때 도입되었다. 레이건의 정책 가운데 세출 삭감은 군사비 증대로 추진되지 못했다. 그 결과 막대한 쌍둥이 적자 누적으로 미국의 부채가 크게 늘어났다. 또 감세에 의한 경제 자극도 효과를 거두지 못하고, 미국은 1981년 후반부터 다시 경기후퇴에 빠져들었다.

로널드 레이건에 대한 평가는 엇갈린다. 신자유주의 이념의 대표적 인물인 레이건은 석유파동으로 인한 스태그플레이션을 극복하고 인플레이션을 잘 막아내어 미국 경제를 살린 대통령으로 유명하다. 하지만 실제 인플레이션을 잡은 건 연준의 폴 볼커였다. 레이건은 루스벨트 대통령이 애써 가꾼 수정자본주의 울타리를 송두리째 뒤엎어버렸다. 그는 법인세와 소득세 등 세금 축소와 규제완화 등 부유층을 위주로 한 감세 정책으로 빈부격차를 확대했다. 오늘날 자본주의

의 최대 문제점인 '소득 불평등'을 야기시킨 장본인인 셈이다.

게다가 평시임에도 과도한 국방비 지출로 재정적자의 관례를 만들어 오늘날 골칫거리로 지목되는 국가부채를 키운 원조 대통령이었다. 이 같은 정책은 임기 동안 미국의 국가부채 규모를 9000억 달러에서 2조 9000억 달러로 세 배 이상 늘렸다. 전시도 아닌 때에 그 어떤 대통령도 이렇게 부채를 늘린 적은 없었다. 미국의 문제는 그로부터 시작되었으며 자본주의 종주국인 미국의 문제는 전 세계로 퍼져나갔다.

미국 자본수입국으로 전락, 1986년 하루 이자만 4억 달러

1982년 이후 미국의 쌍둥이 적자가 크게 늘어나기 시작했다. 기록적인 경상수지 적자와 재정수지 적자에 미국도 놀랐다. 재정적자 증대는 금융시장을 압박해 고금리를 존속시켰다. 그 때문에 세계 각국은 미국과의 금리 격차를 우려하여 이자율 인하 등 경기부양책을 적극적으로 취하지 못했다. 미국이 세계의 불경기를 지속시키고 있다고 비난받았다.

미국은 1983년에 자본수입국이 되고 만다. 재정적자도 2000억 달러에 이르렀다. 이보다 앞서 6년 동안 고금리정책을 쓴 대가로 나라의 이자 지불액도 곱절로 늘었다. 1982년에는 520억 달러였던 이자액이 1986년에는 1420억 달러가 되었다. 나라 예산의 20%를 이자 지불에 충당하는 비정상적인 재정난에 몰렸다.

게다가 1983년에 일리노이은행의 예금인출 사태를 진정시키기 위해 110억 달러의 구제자금을 투입했다. 이듬해에는 자본시장의 부채액이 전년도 곱절인 1000억 달러 이상으로 불어나더니, 다음 해인

1985년에는 1170억 달러로 늘어났다.

　여기에 최악의 금융사건이 터져 저축신용조합과 농업신용조합이 파산하였다. 그 결과 미국에서 1조 3000억 달러의 자산이 사라졌다. 설상가상으로 불경기로 수요가 줄다 보니 원유값이 연초 배럴당 26달러에서 연말 10달러대로 급격히 떨어지면서 석유회사들이 잇달아 도산했다. 미국은 이러한 혼란스러운 상황에서 '인플레이션과 고금리, 무역수지'를 동시에 호전시켜 꺼져가는 경기를 살려내야 할 필요성을 절실히 느꼈다. 세 마리의 토끼를 동시에 잡기 위한 가장 손쉬운 방법은 '환율 인하'였다.*

❖ 박태견, 뷰스앤뉴스

3차 환율전쟁

미국의 국내 문제를 플라자 합의로 풀다

1985년 9월 22일, 미국은 선진 5개국 대표들을 뉴욕 플라자호텔로 불러 모아 이들에게 '달러 가치를 하락시키고 엔화 가치를 높이는' 공동전선을 펴도록 압력을 넣었다. 주 대상은 미국에 대해 무역 흑자를 많이 내고 있는 일본과 독일이었다. 특히 일본이 주 타깃이었다. 그해 미국은 1190억 달러 경상 수지 적자를 보았는데 이 가운데 429억 달러가 일본에 대한 적자였다.

이렇게 미국은 시장원리에 맡겨야 할 외환시장

∴ 뉴욕 플라자호텔

에 각국 정부의 개입을 요청했다. 엔화의 경우, 닉슨 쇼크 때 1달러 360엔에서 시작한 환율이 250엔으로 절상되었다. 플라자 합의 이후 일주일 만에 엔화는 또 8.3% 상승했으며, 마르크화는 달러에 대해 약 7% 올랐다.

그 뒤 달러화 가치는 1985년 9월 1일 달러당 237엔에서 1988년 1월 127엔까지 하락했다. 2년여 사이에 엔화 가치는 2배 가까이 올랐다. 이를 현재 상황에 비추어 생각하면 얼마나 큰 변화였는지 이해할 수 있을 것이다. 사실 일본의 비극은 여기에서 싹텄다.

이로써 그동안 일본이 사들인 미국 국채의 실질가치는 반 토막이 났다. 곧 미국은 일본에 대한 부채를 반으로 탕감시킨 효과를 보았다. 이로 인해 일본의 외환보유고 총액의 실질가치도 3분의 2로 줄어들었다.✢

단위: 달러당 엔화

플라자 합의(1985년) 직후
엔·달러 환율 추이

✢ 박태견, 뷰스앤뉴스

어떤 까닭에서 이런 일이 발생했는지 그 배경과 일련의 전개 과정을 되짚어 살펴보자.

일본, 한국전쟁 덕을 보다

1950년 한국전쟁으로 덕을 본 나라는 일본이었다. 전쟁이 발발하자 주한 미군은 전쟁 보급품과 화물차 등을 일본으로부터 구입했다. 이 때문에 일본에서는 전쟁특수가 일어났다. 게다가 1951년 미일상호방위조약에 의해 미국은 일본의 군수산업에 엄청난 투자를 했다. 이것은 일본 내 다른 산업에도 영향을 미쳐 1950년대 일본은 연평균 10%를 웃도는 경제성장률을 보였다.

또한 일본 정부의 저축장려정책은 높은 투자증가율로 이어졌다. 일본 자동차가 다른 나라 자동차보다 연비가 뛰어나다는 것이 알려지면서 자동차 산업을 중심으로 수출이 가파르게 성장했다.

1970년대까지만 해도 일본이 세계 제2의 경제대국이 될 줄은 아무도 몰랐다. 일본은 카메라, 오디오, TV 등을 앞세워 놀라운 속도로 미국 시장을 장악하기 시작했다. 오일 파동이 터지자 기름 많이 잡아먹는 미국 차 대신 일본의 작은 자동차들이 불티나게 팔려 도요타는 메이저 자동차 메이커로 성장했다.

일본은 1980년대부터 본격적으로 세계 경제대국으로 부상했다. 일본의 경영기술을 배우기 위한 프로그램이 미국 내에서도 유행했고 기업체들은 물론 관공서까지 이 프로그램에 참가해 세미나를 열었다. 일본 상품이 진출하지 않은 나라가 거의 없었다. 일본은 나라 자체가 무역회사 역할을 하기에 미국에선 일본을 '일본 주식회사'라고 불렀다.

일본의 '자이테크(재테크)', 일석삼조 수익

1980년대 초반 일본 기업들은 '자이테크(재테크)'라는 다양한 자산운용으로 엄청난 영업외 수익을 벌어들였다. 자이테크 투기가 본격화된 것은 일본 기업들이 역외시장인 런던의 유러본드 시장에 접근하면서부터였다. 역외시장이란 자국의 각종 규제로부터 벗어나 자유롭게 자금을 운용하거나 조달할 수 있는 금융시장을 가리키는 말이다. 대표적인 역외시장으로는 유로통화시장Euro Currency Market과 유로채권시장Euro Bond Market이 있다.

1981년 일본 대장성은 금융자유화조치의 하나로 일본 기업들이 유리본드 시장에서 신주인수권부사채BW를 발행할 수 있도록 허용했다. 신주인수권부사채란 채권을 산 사람이 일정 기간 경과 후 일정 가격으로 발행 회사의 신주를 인수할 수 있는 권리가 부여된 채권을 말한다.

당시 일본 기업들은 자사 주가가 오를수록 BW 값이 따라 올랐기 때문에 아주 낮은 이자율로 채권을 발행할 수 있었다. 게다가 엔화 상승이 지속되는 점을 이용해 달러 표시 BW를 발행한 뒤, 스왑 시장에서 엔화 표시 채무로 바꾸어 엔화 자금을 일본 내로 끌어들였다.

통화스왑Currency Swap은 만기에 계약 당시 환율로 원금을 다시 반대 방향으로 매매하는 거래를 말한다. 이에 따라 가치가 떨어지는 달러 대신 가치가 올라가는 엔화를 조달해 만기 시점에 환차익까지 덤으로 얻었다.

그리고 통화스왑은 통화의 교환 외에 금리의 교환도 수반되어 양국 간의 금리 차이를 계산했기 때문에 일본 기업들은 자금조달 과정에서 오히려 마이너스 이자를 지급했다. 곧 돈은 돈대로 빌리면서 오히려 이자를 받았던 것이다.

더 나아가 조달한 자금을 곧바로 주식시장에 쏟아붓거나 연 8%를 보장하는 증권사 투금 계정에 투자해 막대한 차익을 남겼다. 돈을 빌리면서 되레 이자까지 받고 또 빌린 돈을 예치하고 이자를 받으니 꿩 먹고 알 먹는 셈이었다. 더구나 나중에 만기가 되면 엔화를 달러로 바꾸어 갚으니 환차익까지 남았다. 일석삼조였다.

게다가 당시 미국은 두 자릿수의 인플레이션을 잡기 위해 폴 볼커 연준 의장이 19%대의 고금리를 운영하고 있었다. 이는 일본 우대금리 6%보다 3배나 높았다. 일본 투자자 입장에서는 미국 채권에 투자하면 일본에서보다 300% 이상의 높은 투자수익률을 올릴 수 있었다.

이로써 일본 기업가들 사이에선 돈 놓고 돈 먹는 일명 '자이테그(재테크)' 열풍이 불었다. 재테크 수익은 다시 주식시장과 부동산으로 환류되어 활황 장세를 이루었다.

미국, 일본을 손보다

미국의 경제패권, 일본 때문에 위협받다

1970년대 두 차례의 석유파동은 미국 경제에 심각한 타격을 주어 깊은 경제불황에 빠지게 했다. 1980년대 초 레이건 대통령은 수요를 자극하기 위해 개인소득세를 대폭 감면하는 레이거노믹스 경제정책을 시행했다. 초기에 큰 성공을 거두어 물가상승률과 실업률이 대폭 감소했으며 무역적자도 해소되었다. 하지만 경기가 회복되자 무역적자 규모는 다시 늘어났다.

1980년대 중반, 제1차 세계대전 이후 70여 년 동안 유지해온 미국의 경제패권이 일본의 경제력 때문에 위협받기 시작했다. 1960년대와 1970년대를 거치며 일본은 고도성장을 계속해 세계 2위의 경제대국이 되었다. 당시 일본의 자동차와 전자제품은 전 세계에서 선풍적 인기를 끌며 미국 상품을 시장에서 몰아내기 시작했다. 일본 상품의 세계 시장점유율이 10%를 넘었다. 무역수지 흑자 역시 대규모로 늘어났다.

일본의 자본수출은 19세기 영국에 비견될 만큼 활발했다. 전자제품 등 일본 상품은 세계 시장을 석권했으며, 은행들은 자산규모와 시장가치 면에서 세계 정상급으로 성장했다. 1985년 미국의 1인당 국민소득이 1만 5000달러 정도였는데, 일본은 1만 8000달러를 넘어섰다. 일본의 1인당 국민소득이 미국을 앞지른 것이다.

제조업 강국 일본은 철강뿐 아니라 자동차, 반도체에 이르기까지 미국보다 훨씬 나은 경쟁력을 보였다. 미국의 대일본 무역적자가 극심해지고, 일본과 서독의 경제력이 더욱 강해져서 미국의 무역적자가 급속히 늘어났다. 달러화는 또다시 위기에 직면했다.

미국, 일본의 상승세에 멍들다

당시 미국은 두 자릿수 인플레이션을 잡기 위해 연 19%라는 고금리정책을 쓸 수밖에 없었다. 이러한 고금리로 달러 강세 현상이 계속되자 미국의 경상수지가 적자로 돌아섰다. 1981년에 48억 달러 흑자에서 1985년에는 1245억 달러 적자로 반전된 것이다. 1982~1986년 사이의 누적 적자만 4217억 달러였다.

반면 일본은 세계적인 경기 부진 속에서도 크게 성장하고 있었다. 무역흑자로 인한 경상수지 흑자가 해를 거듭할수록 많아졌다. 1981년 48억 달러 흑자에서 이듬해 69억 달러, 1983년 208억 달러, 1984년 350억 달러로 늘어났다. 1985년 들어서는 더욱 기세를 올리고 있었다. 주로 미국으로부터 얻는 무역흑자 덕분이었다. 이러한 일본의 상승세에 멍드는 나라가 미국이었다. 미국은 무역적자와 재정적자, 곧 쌍둥이 적자에 시달리고 있었다.

미국, 플라자 합의로 일본을 압박하다

1980년대 들어 미국은 쌍둥이 적자가 심각해지자 이를 환율로 해결하기 위해 또 한 번의 우격다짐을 과시한다. 1985년 9월, 미국의 재무장관 제임스 베이커는 뉴욕 플라자호텔로 각국 재무장관을 소집했다. 베이커는 일본에 엔화가 너무 저평가되어 미국의 무역적자가 심화되고 있으니 엔화 강세를 유도해달라고 강력히 요청했다. 베이커의 압박에 각국 재무장관들은 달러 가치, 특히 엔화에 대한 달러 가치를 떨어뜨리기로 합의했다. 이른바 '플라자 합의'다.

이 합의로 미국은 엔화와 마르크화를 평가절상시킴으로써 달러를 대폭 평가절하하여 위기를 넘겼다. 달러는 세계 기축통화이기 때문에 스스로 평가절하할 방법이 없다. 곧 상대방 통화를 절상시켜야 달러의 평가절하를 달성할 수 있다. 닉슨 쇼크와 마찬가지로 이번에도 달러 본위의 변동환율제 아래서 인위적인 달러의 대폭 평가절하를 유도했다. 닉슨의 일방적인 금본위제 폐기 선언 뒤 14년 만의 일이었다.

이 합의에 따라 각국 정부가 외환시장 개입에 나선 다섯 달 뒤인

1986년 1월, 달러당 엔화 환율이 259엔에서 150엔으로 떨어졌다. 단기간에 일본 엔화의 구매력은 40%까지 오르고, 달러로 표시되는 상품 가격은 그만큼 하락했다. 1987년까지 달러 가치는 엔화 대비 42%, 마르크화 대비 38% 절하되었다.

플라자 합의 이후 미국의 생명선, 금융

미국은 엔화 환율을 인위적으로 두 배나 절상시키고 미국 국채를 강제 매입하도록 하는 등 일본을 전방위로 압박했다. 당시 미국 무역적자의 38%를 차지하는 일본의 엔화를 달러당 240엔에서 130엔대까지 끌어내림으로써 미국 무역수지는 일단 개선되는 듯했다. 하지만 일본은 엔고를 이겨내고 세계 최강의 제조업 국가로 자리매김했다.

미국은 이제 제조업으로서는 설 땅이 없어졌다. 그래서 어차피 평가절하로 수출경쟁력을 되찾을 수 없을 바에는 달러 가치나 되찾자는 게 바로 루브르 합의였다.

루브르 합의, 달러화 하락에 브레이크를 걸다

플라자 합의 뒤 네 차례나 더 환율조정 협의가 있었다. 그러다 보니 이제는 환율 하락 속도가 너무 지나치다고 느껴졌다. 당시 달러당 엔화는 150엔 전후였다. 그러나 이러한 달러화 가치 폭락에도 미국의 적자가 개선되지 않았다.

그러자 미국은 생각을 고쳐먹기로 했다. 그간 지나쳤던 달러화 하락 현상에 브레이크를 걸고 환율 안정화를 꾀하기로 했다. 곧 달러 가치를 올리기로 한 것이었다. 이로써 다시금 각국이 달러 안정화에 협조하는 '루브르 합의'가 이루어졌다. 파리 루브르궁에 있는 프랑스 재무성이 회의 장소였기 때문에 '루브르 합의'라 명명되었다.

1987년 2월에 열린 선진 7개국 재무장관회담에서 "이 이상의 달러 가치 하락은 각국의 경제성장을 저해한다" 하여 통화안정에 관해 정리한 합의다. 루브르 회의에서 미국은 일본에 내수 부양 강화를 강력히 주문했다. 결국 미국은 금리를 인상하여 달러 약세를 막고 다른 나라는 내수 부양을 지속하는 협약인 루브르 합의가 만들어졌다. 플라자 합의가 환율 조정을 통한 미국의 적자 축소 노력이었다면, 루브르 합의는 각국 간의 상대적인 소득 조정을 통해 적자를 줄이려 한 것이었다.

루브르 합의 직후 일본은 내수 부양을 위해 5조 엔에 이르는 재정 투자와 1조 엔에 이르는 감세를 발표했다. 이미 양적완화정책으로 과열 조짐마저 보이고 있는 일본 경제는 이러한 정책 시행으로 그 뒤 폭발적으로 팽창했다.

그러나 이 합의에도 달러 하락 추세를 막지는 못했다. 다시 미국은 급격한 금리 인상을 했고, 이는 1987년 10월의 미국 증시 폭락인 '블랙 먼데이'의 불씨가 되었다.

블랙 먼데이, 하루에 22.6% 폭락하다

루브르 합의가 있었지만 엔화 가치는 떨어지지 않았고, 미국의 쌍둥이 적자는 갈수록 늘어갔다. 이로 인한 달러 가치 하락은 인플레이션을 불러와 금리 인상 우려가 커졌다. 단기이자율이 급등하자 결

국 미국 주식시장에 투자하던 외국
인 투자자들은 추가적인 달러 약세
를 걱정해 주식을 팔아치우기 시작
했다. 여기에 펀드매니저들이 주가
하락을 대비해 선물을 처분하자 순
식간에 대폭락이 발생했다.

블랙 먼데이 전후 다우지수

1987년 10월 19일 월요일, 뉴욕
증권시장은 개장 초부터 대량의 팔

자 주문이 쏟아졌다. 주가는 그날 하루 508포인트, 전일 대비 22.6%
가 폭락했다. '블랙 먼데이'라는 명칭은 대공황이 일어났던 1929년
10월 24일의 대폭락을 웃도는 폭락이라고 해서 붙여진 이름이다. 이
주식 파동은 며칠 사이 일본·영국·싱가포르·홍콩 시장에서 큰 폭
의 주가 폭락을 몰고 와 전 세계적으로 1조 7000억 달러에 이르는 투
자 손실을 입혔다.

한편 당시 레이건 대통령의 특명으로 조직된 브래디특별조사위원
회는 주가 하락의 배경에는 이런 구조적인 문제 말고도 '프로그램 트
레이딩'이라 불리는 일종의 자동주식거래장치에 문제가 있다고 밝혔
다. 현물과 연계된 주가지수 선물거래가 서로 투매를 불러 걷잡을 수
없는 폭락으로 치달았다고 보고했다. 또한 시중에는 어차피 하락을
감지한 유대계 자금이 주가가 떨어지면 이익을 보는 풋옵션을 잔뜩
사놓고 선물을 대량 매도해 인위적으로 발생시킨 폭락이라는 루머
가 돌았다.

'워싱턴 컨센서스'의 등장

미국이 그 무렵 제조업 대안으로 찾은 것이 '금융'이었다. 그런데 미국이 금융으로 먹고살기 위해서는 세계 곳곳에 미국의 금융 밭을 가꾸어야 하는데 그러려면 각국 외환시장과 금융시장의 빗장을 벗겨야 했다. 워싱턴의 브레인들은 새로운 궁리를 짜내야 했다. 그들은 신자유주의를 집약한 이른바 '워싱턴 컨센서스'를 입안하고 그 전파를 주도했다.

미국과 IMF, 그리고 남미 국가들의 금융 당국자들이 1989년 워싱턴에 모여 남미 국가들이 따라야 할 10가지 주요 경제정책에 대한 합의를 도출했다. 그 주요 내용은 물가 불안을 잡고 국가 개입을 축소하며 시장을 개방해야 한다는 IMF의 구조조정 정책을 그대로 따르는 것이었다. 기실 IMF의 내용 역시 이미 워싱턴에서 기획한 내용이었다.

한 몸이 된 미국 재무부, 연준, 월스트리트, IMF

월스트리트는 그때부터 미국의 해외시장 개척의 전진기지가 되었다. 특히 헤지펀드가 그 선봉장 노릇을 했다. 소로스 등 헤지펀드가 1992~1993년 유럽통화 위기 때 유럽 중앙은행들을 유린하고, 1997년 아시아 외환위기 때 태국과 한국 등을 초토화시키자 '토빈세 도입' 등 핫머니를 규제하자는 국제여론이 빗발쳤다. 그러나 미국 정부와 연준은 월스트리트를 철저히 감쌌다. 그도 그럴 것이 클린턴 정권의 재무장관 로버트 루빈이나 부시 정권의 재무장관 헨리 폴슨 모두가 월스트리트 출신이었다. 그들 사이엔 눈에 안 보이는 '재무부-월스트리트 동맹'이 체결되어 있었다.

　플라자 합의 이후, 엔화절상으로 일본의 GDP 성장률은 1985년 6.3%에서 이듬해 2.8%로 하락했다. 엔고에 의한 불황 발생이 우려되어 일본 정부는 저금리정책을 쓸 수밖에 없었다. 금리가 낮으니 시중에 유동성이 불어났다. 이때부터 일본은 잃어버린 10년의 단초가 되는 버블을 키우기 시작한다.

엔화가치주기

단위: 달러당 엔화

일억총중류

　엔고로 일본 경제의 규모는 외형상으로는 급속히 커졌다. 엔화 가치가 올라 반액 세일이라고까지 일컬어지는 미국 자산 사들이기, 해외여행 붐, 임금이 싼 나라로 공장 이전 등이 계속되었다. 더불어 자산의 거품 현상과 제조업 공동화 현상이 급속히 진행되었다. 그러나 당시 일본인들은 이러한 버블과 공동화가 일본의 장기불황으로 연결될 줄은 꿈에도 생각 못 한 채 사회적으로 '일억총중류—億総中流'라는 인식을 가지고 있었다.

'일억총중류' 사고는 일본에서 1970년대와 1980년대에 걸쳐 나타난 국민의식 내지는 사회적 현상이다. 한마디로 1억의 일본인 모두가 중류 이상이라는 의미다. 곧 종신고용에 의해 국민의 90% 이상이 자신을 중류층이라고 생각하여, 약간 무리를 해서라도 자기 집, 자가용, 가전제품 등 내구소비재를 구매하던 시기의 현상이었다. 당시 일본의 경제는 지속적 호황으로 '소비는 미덕' 또는 '금으로 가득 찬 일본金満日本'이라는 표어들이 나올 정도였다. 그러나 1991년에 거품경제는 종말을 맞이하여 일억총중류의 분위기도 같이 끝났다.

일본 거품경제의 발생과 붕괴

불과 2008년 초만 하더라도 '잃어버린 10년'이라는 표현은 일본에만 해당되었다. 하지만 지금은 세계의 많은 국가가 똑같은 두려움으로 전전긍긍하고 있다. 일본의 잃어버린 10년은 이제 남의 이야기가 아니다. 우리도 잃어버린 10년을 겪지 않으려면 일본 거품경제의 내막을 좀 더 자세히 살펴볼 필요가 있다.

플라자 합의 당시 일본은 수출로 먹고사는 나라였다. 일본 정부는 급격한 엔고로 인한 기업의 어려움을 덜어주기 위해 저금리정책으로 전환하였다. 일본은행BOJ은 수출경쟁력 저하와 불황이 우려되자 1986년부터 1987년 초까지 1년여 만에 정책금리를 5차례에 걸쳐

5%에서 절반인 2.5%로 떨어뜨렸다.

여기서 문제가 생겼다. 금리를 내렸으면 엔화는 당연히 약세로 돌아서야 했다. 그러나 오히려 엔화 강세로 수입품 가격이 떨어지고 물가가 안정되면서 니케이지수를 강하게 끌어올리는 요인으로 작용하였다. 도쿄 증시는 3년 새 300%나 뛰었다.

이뿐만이 아니다. 부동산이 뛰기 시작했다. 그렇지 않아도 1956년부터 1986년까지 30년 사이에 일본 땅값은 50배 이상 뛰었다. 반면이 시기 소비자물가는 2배 올랐다. 따라서 일본인들은 땅값은 절대떨어지지 않는다는 신념을 갖게 되었다. 부동산 폭등이 시작되자 한해 70%씩 뛰기도 했다.

일본의 엄청난 무역수지 흑자, 플라자 합의에 따른 엔화의 평가절상, 대장성의 재할인율 인하로 대규모 유동성이 발생했다. 이 돈들이주식과 부동산 시장으로 흘러들어 거품을 키웠다.

게다가 플라자 합의 이후 엔화 강세가 장기 추세로 접어들 모양새

1980년대 후반 피크를 찍은 일본 니케이지수

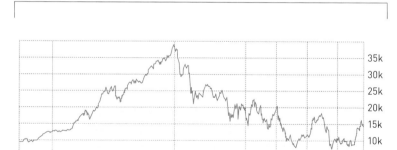

를 보이자 대량의 핫머니가 일본으로 몰려들었다. 이 때문에 가뜩이나 많은 유동성이 폭증하면서 부동산값이 천정부지로 치솟았다. 그러자 일본은 자만에 빠졌다. 엔화 가치가 2배로 뛰자 일본 기업과 개인들도 저금리로 대출을 받아 국내외의 부동산을 사들였다. 외국 부동산을 반값에 사들이는 셈이었다.

1987년 10월 19일의 블랙 먼데이 사태로 인한 세계적인 주가 하락에 제동을 걸기 위해 일본은 금리를 낮은 수준에서 억제하는 정책을 취하였다. 이 금융완화정책은 일본의 주가와 지가를 또다시 끌어올리는 요인으로 작용했다.

블랙 먼데이 대폭락에도 일본 증시가 비교적 양호하게 지지될 수 있었던 것은 대장성의 명령을 받은 증권사들이 수단과 방법을 가리지 않고 주가 부양에 나섰기 때문이다. 당시 제일 큰 증권사인 노무라증권의 아줌마 부대는, 노무라가 제공하는 정보에 따라 충실히 투자하는 경향을 보임으로써 증권사의 작전에 쉽게 이용되었다. 증권사들은 언론사에 대한 보유지분을 무기로 언론사를 이용한 주가조작에도 열을 올렸다. 이렇게 사회 전체가 멍들어갔다.

게다가 1987년 12월에는 국제결제은행BIS의 바젤 회의에서 일본은행의 보유지분 가운데 미실현이익을 자본으로 인정해주자는 예외조항이 마련되었다. 그러자 일본 은행들은

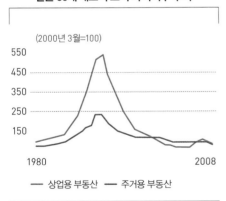

일본 65개 대도시 토지 가격지수 추이

(2000년 3월=100)

550
450
350
250
150

1980　　　　　　　2008

— 상업용 부동산　— 주거용 부동산

자료: 일본 부동산 연구소(JREI)

대출규모를 늘려 땅값과 주가를 동시에 부양하는 전략을 채택하였다. 일본의 본격적인 거품경제는 이렇게 해서 생겨났다.

일본 주식시장 시가총액이 미국을 앞서다

이 때문에 유동성이 폭증하여 일본 주가는 6000포인트에서 시작해 1980년대 후반에 약 3만 8900포인트까지 6배 넘게 상승하였다. 그 짧은 기간에 말이다. 일본 은행의 단기대출시장은 세계에서 가장 큰 규모가 되었다. 그만큼 투기가 극성을 부렸다.

1987년 일본의 주식시장 시가총액이 미국을 앞섰다. 일본 주식시장의 버블은 일본전신전화주식회사인 NTT의 주가만 보더라도 극명하게 알 수 있다. 1987년 2월 말 NTT의 시가총액은 세계 1위로 독일과 홍콩 전체 상장기업 시가총액을 합한 것보다 큰 50조 엔 수준까지 솟구쳤다. 도저히 상식으로는 있을 수 없는 일이었다. 땅값 역시 마찬가지였다. 당시 도쿄 땅을 팔면 미국 땅 전체를 살 수 있었다. 그러나 버블의 한가운데에 있을 때에는 누구도 이를 알아채지 못했다. 1988년이 되자 세계 10위권 안에 드는 은행은 모두 일본 차지가 되었다.

돈놀이에 망가진 일본 기업

1980년대 후반 일본 기업들의 돈놀이 규모는 도쿄 증시의 활황과 맞물려 기하급수적으로 늘어났다. 유로본드에서 스왑거래를 통해 돈을 빌리면서 되레 이자까지 받고 또 빌린 돈을 이용해 주식시장에서 수익을 올렸다. 더구나 나중에 스왑 만기가 되면 환차익까지 남았다. 그러니 누구도 이 자이테크에서 자유로울 수 없었다.

이 때문에 도쿄 증시에서는 선순환이 일어났다. 자이테크(재테크)는 수익을 창출했고, 이는 주가상승으로 이어졌다. 이로 인해 다시 자이테크의 수익성이 높아진 것이다. 1980년대 말 도쿄 증시의 상장기업 가운데 대부분이 자이테크를 벌인 것으로 나타났다. 도요타와 닛산, 마쓰시타, 샤프 등 국제적인 지명도가 있는 기업들이 낸 순이익의 절반 이상이 자이테크로 이룬 것이었다.

대부분의 사람은 이 기간에 일본 기업들의 영업이익이 감소하였다는 사실에는 전혀 관심을 두지 않았다. 심지어 어떤 기업은 기존의 비즈니스를 포기하고 자산운용에만 전력을 다한 경우도 있었다. 철강회사 한와는 자이테크로 4조 엔(300억 달러)에 이르는 돈을 굴렸다. 여기서 얻은 수익이 본업으로 얻은 이익의 20배를 넘기도 했다.

1980년대 후반 일본 기업들이 조달한 자금이 모두 투기에 사용된 것은 아니었다. 신주인수권부사채 발행으로 조달된 자금이 생산설비 투자에도 흘러들어 가 세계 역사상 유례없는 투자 붐이 불었다. 이 시기 일본 기업들은 3조 5000억 달러에 이르는 설비투자를 하였다. 그리고 이때 일본이 달성한 경제성장의 3분의 2가 이 설비투자 덕분이었다.

이렇게 외부로부터 유동성을 끌어들이자 버블은 한층 더해졌다. 주식시장이 과열되고 부동산 가격이 뛰었다. 붐이 일었던 설비투자도 훗날 버블이 꺼지자 과잉투자로 드러나면서 극도로 위축되어 일본 경제의 발목을 잡았다.

미국 부동산 구입에 열 올리다
산이 높으면 골이 깊은 법이다. 일반적으로 거품이 클수록 후유증도 크게 마련이다. 1980년대에 형성된 일본 경제의 거품은 제2차 세계대전 뒤 발생한 강대국의 거품 사례 가운데 가장 컸다.

1980년대 후반 도쿄 증시가 더 이상 합리주의 방식으로는 평가할 수 없는 상황으로 치닫자, 서방 투자자들은 보유주식을 처분하고 시장에서 빠져나갔다. 그럼에도 일본의 애널리스트들은 일본 경제가 세계 경제성장의 견인차 역할을 할 것이고, 증시 주변의 풍부한 자금 때문에 주가는 더 오를 수 있다는 논리로 투자자들의 판단을 흐려놓았다.

플라자 합의가 있던 1985년도부터 부동산 버블이 최고조에 이르렀던 1990년까지 총대출 증가액은 155조 엔이나 되었다. 이들의 절반 이상이 주택대출이었다. 얼마나 많은 돈이 주택시장에서 버블을 만들고 있었는지 알 수 있다. 1990년 일본 전체 부동산 가치는 2000조 엔이 넘는 것으로 평가되었다. 이는 미국 전체 땅값의 4배에 이르는 것으로, 도쿄 땅만 팔아도 미국 땅을 모조리 살 수 있을 만큼의 수준이었다.

그 사이 일본인들은 미국 부동산도 무차별적으로 사 모았다. 뉴욕의 상징인 록펠러 센터 등 미국의 자존심이 서린 건물들도 비싸게 사들였다. 미국인과 공동으로 엠파이어스테이트 빌딩도 구매했다. 로스앤젤레스에서 가장 유명한 역사적 건물인 빌트모어 호텔, 전통적으로 할리우드 배우들이 주로 출몰하는 리비에라 컨트리클럽, 세계적으로 유명한 페블 비치도 시가보다 훨씬 비싼 가격에 구입했다. 이러다 보니 미국인들의 일본에 대한 반감은 커져갈 수밖에 없었다.

미 의회에선 이 때문에 연방준비제도위원회FRB의 폴 볼커 이사장을 불러 청문회까지 열었다. "일본이 부동산을 마구 매입해 미국의 자존심을 자극하는 것을 대책 없이 바라만 보고 있을 것인가. 자유시장 원리상 법으로 어떻게 할 수는 없지만, 금융경제정책을 통해 국제법에 어긋나지 않는 범위 안에서 견제할 방법은 없는가?"라는 질문들이 쏟아졌다. 볼커 이사장의 대답은 "좀 시간을 두고 지켜봐달라"는 것이었다.

거품이 터지다

항상 급선회 정책이 문제다

여기에 결정타를 먹인 것이 국제결제은행의 지급준비율이었다. 1988년에 BIS는 전 세계 은행들이 1992년까지 자본금을 늘려 전체 융자액의 최소 8%를 지급준비금으로 유지해야 한다는 규칙을 만들었다. 이 결과 지급준비금이 세계에서 가장 낮았던 일본이 가장 먼저 큰 시련을 겪었다.

그러자 일본은행은 과열을 해소하고 지급준비율을 맞추기 위해 대출을 억제할 필요를 느꼈다. 서둘러 금리를 올렸다. 1989년 5월 한 번에 0.75%의 금리를 인상한 것을 시작으로 1990년 8월까지 1년여 동안 다섯 차례에 걸쳐 무려 3.5%나 인상한다. 금리가 단기간에 두 배 이상 올라간 것이다.

짧은 기간의 급격한 금리 조정이 늘 문제다. 그리고 일본 정부는 각종 부동산 규제와 더불어 부동산 세금을 강화하고, '부동산융자 총량 제한' 도입으로 부동산 대출을 금지시켰다. 경제사에서 보면 언제나 이러한 급선회 정책이 문제다. 이것이 일본 장기불황의 서곡이었다.

미국 부동산을 헐값에 토해내다

이러한 금리 인상은 미국도 마찬가지였다. FRB는 인플레이션을 잡기 위해 연방 이자율을 0.25% 인상한 데 이어 이후 여섯 번 잇달아 올렸다. 그 바람에 부동산시장이 침체해 일본인 부동산 투자가들이 제일 먼저 직격탄을 맞았다. 대부분 70%를 미국 은행에서 융자받고, 나머지 30%는 일본 은행이 보증한 투자여서 별안간 닥친 높은 이자율 때문에 부동산 가격이 20%나 급락했다. 미국 은행은 20%의 차이를 보전하라며 일본 투자가들에게 현금을 요구했다.

한 부동산을 담보로 다른 부동산 2~3개를 문어발식으로 매입한 일본인들은 이 현금 요구를 이행하지 못했다. 결국 일본인들은 미국 내 부동산을 구입 가격의 3분의 2라는 헐값에 되팔아야 했다.

환율전쟁에서 비롯된 일본의 운명

지금까지 저금리에 푹 빠져 있던 개인투자자들은 돌연한 고금리를 감당할 수 없었다. 개인들은 단기간에 6%까지 치솟은 금리 때문에 부동산을 내다 팔기 시작했다. 기업들도 조달금리가 높아지자 투자를 중단하였다. 증시에는 몰락의 서곡이 울렸다.

지나친 버블을 우려해 이렇게 재할인이자율을 급격히 인상시키자 주식수익률이 장기국채수익률을 밑돌면서 투자자들이 주식시장에서 대거 이탈하기 시작하였다. 이후 부동산 가격이 꺾이자 부동산 담보대출을 시작으로 부도 도미노가 이어졌다.

1990년 들어 일본 경제의 버블이 빠지기 시작하자 일본 경제는 버블 전보다 더 악화되었다. 1990년 여름에는 주가 하락으로 부패 금융 스캔들이 모습을 드러냈고, 수많은 투기꾼이 파산하였다. 일본 기업들이 사들였던 해외 자산들은 다시 헐값에 되팔려 나갔다. 또한 버블 기간 동안 일본 기업의 설비투자가 과잉투자로 드러나면서 일본 경제는 침체의 늪으로 빠져들었다.

일본 정부는 경제와 증시 부양을 위해 1995년 9월 재할인이자율을 사상 최저 수준인 0.5%까지 낮추었지만 이미 기차는 떠난 뒤였다. 결국 경기부양에 실패하고, 은행 및 증권사의 도산사태가 이어졌다.

이 모든 것이 환율에서 시작되었다. 환율전쟁은 어떤 의미에선 영토전쟁보다 더 격렬하다. 결과도 더 참혹하다. 이유도 없이 지는 건 물론, 지고도 진 줄 모른다. 일본 가나가와대학 요시카와 모토타다 교수는 자신의 저서《머니패전》에서 "무형의 전쟁에서 패배하고 기꺼이 자기 강산을 적의 손에 공손히 넘기고도 전혀 모르는 경우가 있다. 이런 패배야말로 더 비참하고 고통스럽다"고 썼다. 그는 1990년 일본 버블 붕괴를 '약한 달러'의 공격에 '강한 엔'이 패배한 것으로 보았다. 그러면서 "제2차 세계대전 패배와 맞먹을 만큼 충격적"이었다고 적고 있다.

일본 경제의 본격적인 침체

1991년부터 일본 경제는 본격적으로 하강하기 시작했다. 1990년 5.2%였던 성장률이 이듬해에는 3.3%로 낮아졌다. 1992년에는 1%, 1993년에는 0.2%로 뚝 떨어졌다. 이후 경기가 잠시 상승하였으나 1997년부터 다시 하강으로 돌아서 1998년부터 2년 동안은 마이너스 성장률을 기록했다.

그 반작용으로 2000년에는 3%에 가까운 성장을 했지만 2001년부터 다시 0%대 성장률로 돌아갔다. 2003년부터 조금 나아지긴 했지만 그래도 2007년까지 2%대의 저성장에 시달려야 했다. 2008년부터 다시 경기가 급강하하여 2010년 깜짝 성장을 제외하고는 부진한 상태로 오늘에 이르고 있다. 한마디로 일본 경제는 1991년부터 하강을 시작한 이후 20년이 넘도록 오랜 세월 동안 경기 부진에 시달리고 있는 셈이다.✣

위안화 평가절하에 멍든 일본

덩샤오핑의 국가적 작전, 위안화 10년 만에 300% 평가절하

게다가 일본은 중국 위안화에도 심하게 당했다. 중국의 덩샤오핑鄧小平은 1978년에 유명한 흑묘백묘론黑猫白猫论을 내세우며 중국의 개방화와 세계화를 선언했다. 흑묘백묘론이란 '고양이 색깔이 검든 희든, 쥐를 잘 잡으면 좋은 고양이다'라는 뜻이다. 실사구시의 의미다. 실사구시란 '실질적인 것에 의거하여 사물의 진리를 찾는다'는 뜻이다. 중국의 환율정책이 바로 그랬다.

중국은 1980년 개방 초기에 이중환율제도를 실시했다. 수출기업에는 달러당 2.8위안, 외국인 직접투자나 관광객 그리고 민간에게는 달러당 1.5위안으로 환전해주었다. 일종의 수출보조금제도 성격이었다.

✣ 최용식 지음,《환율전쟁》, 새빛에듀넷, 2010

당시 암시장 환율 등 3개의 환율이 동시에 존재해 외국인들을 힘들게 했다. 그 뒤 이중환율제도가 수출보조금 역할을 한다는 교역 상대국들의 주장과 공정 환율의 상승으로 1984년 이중환율제도를 통합하여 달러당 2.8위안으로 통일했다.

그 뒤 덩샤오핑을 위시한 중국 지도부는 중국이 수출로 일어나기 위해서는 위안화의 평가절하가 긴요하다고 보았다. 위안화의 가치가 쌀수록 수출품의 가격경쟁력은 강해지기 때문이다. 더구나 기술과 자본이 없는 후진국의 경제발전이 대부분 그렇듯 중국은 값싼 인력을 무기로 세계의 공장을 자임하는 전략을 추구했다. 이 전략의 핵심 요소가 환율이었다.

위안화의 가치가 낮을수록 임금이 저렴해져 외국 기업의 중국 투자가 늘어났다. 그 뒤 1986년에 달러당 3.2위안, 1989년에는 4.7위안, 1990년 5.2위안으로 연속적으로 평가절하했다. 이때부터 중국은 경

중국 위안화와 미국 달러화의 환율변동

단위: 달러당 엔화

위안화 평가절하
→ 아시아 외환위기
→ 저임금 중국 세계 공장화
→ 각국 고임금 고비용 제조업 몰락
→ 각국의 임금상승률 둔화
→ 세계 저물가 시대
1990년대 후반~2000년대 전반
고성장 저물가의 미국 신경제 현상의 원인

자료: FRB

상수지 흑자국으로 돌아섰다.

이렇게 위안화는 계속 계단식으로 평가절하되다가 1994년 한꺼번에 무려 40%의 평가절하가 단행되었다. 달러당 8.8위안이 되었다. 1984년 달러당 2.8위안이 10년 만에 8.8위안이 되어 무려 300%나 평가절하된 것이었다. 제조업 경쟁력을 확보하고 외국 자본을 유치하기 위한 덩샤오핑의 국가적 작전이었다.

일본, 직격탄을 맞다

그 뒤 평가절하된 위안화는 전 세계에 '골디락스'를 선물했다. 골디락스란 '중국의 값싼 상품이 인플레이션을 상쇄시켜 세계 경제는 차지도 덥지도 않은 알맞은 성장을 유지할 수 있었다'는 뜻이다.

중국은 세계의 제조업을 낮은 가격으로 무력화시켰다. 중국 저가 제품은 마치 전염병처럼 주변국의 제조업을 비롯한 1차 산업을 무너뜨렸다. 특히 일본이 직격탄을 맞았다.

1889년부터 1995년까지 위안화당 엔화 환율은 200엔에서 50엔으로 무려 4분의 1로 추락했다. 이 때문에 세계에서 가장 제조업 경쟁력이 높았던 일본의 경쟁력은 중국으로 넘어가기 시작했다. 일본의 공장들이 속속 중국으로 옮겨 가 일본의 산업 공동화가 본격화되었다.

그 뒤 위안화가 너무 저평가되어 있다는 인식이 팽배해지자 조금씩 절상 움직임을 보였다. 그러자 이번에는 외국인 자본이 일본과 아시아의 신흥국을 빠져나와 중국으로 급속히 이동했다. 이런 유동성의 이동은 일본에 치명타였다.

그뿐만 아니라 이후 이러한 외국인 자본의 급속한 중국 이전은 우리나라를 포함한 아시아 외환위기의 직접적인 원인이 되었다. 달러가 중국으로 빨려들어 가 1997년 아시아 금융위기가 발발하자 마하티르 전 말레이시아 총리 등 일부에서는 "아시아 금융위기는 위안화가 대폭 평가절하되어 발생했다"고 말했다.

많은 경제학자는 일본의 잃어버린 20년을 말하면서 한국도 비슷한 과정을 따를 수 있다고 이야기한다. 그러나 그들이 간과하는 것의 하나가 일본이 미국과 중국 양쪽으로부터 받은 심한 환율 공격이었다. 일본의 20년 성장 둔화는 기본적으로 환율 공격으로부터 기인한 바가 컸다.

중국, 변형된 달러 페그제를 도입하다

그 뒤 중국은 2005년 7월 통화바스켓제도에 근거한 관리변동환율제를 도입했다. 그러나 기실 이것은 달러 페그제나 다름없었다. 그간의 달러에 고정했던 고정환율제에 약간의 융통성을 두어 달러와 위안화의 교환비율을 일정 밴드 내에 묶어둔 것이다. 이후 위안화는 3년에 걸쳐 서서히 달러당 6위안대로 절상되었다.

중국 위안화의 달러 페그제는 이때가 처음이 아니었다. 위안화는 그 이전에도 두 차례에 걸쳐 미 달러화에 아예 가치를 고정하였다. 일명 고정환율제였다. 먼저 1955년부터 1970년까지 15년 동안 위안화 환율은 달러당 4.618위안에서 조금도 변동이 없었다. 그다음은 1998년부터 2005년까지 달러당 8.27위안을 7년 동안 유지했다.

중국이 이렇게 달러 페그제에 집착하는 이유는 인플레이션에 혼났기 때문이다. 장개석 국민당 시절 물가가 매월 50% 이상 치솟던 악성 인플레이션은 결국 전 국민을 국민당 정부의 반대편에 서게 만들었다.

또 한 번 혼난 적이 있었다. 1993년 중국의 물가상승률은 16%를 넘었고, 다음 해에는 24%까지 솟구쳤다. 다양한 분야에서 물가를 통제했던 것을 감안하면 실제로는 더 높았을 것이다. 당시 중국 경제의 앞날을 장담할 수 없었다. 다행히 덩샤오핑은 주룽지 전 총리가 뼈를 깎는 고통을 감내하며 인플레이션을 통제하도록 지원했다. 그 결과 3년 만에 물가상승률은 2.8%까지 떨어졌다. 이는 금리 인상에만 의존하지 않고 직접 화폐공급량을 줄였기 때문이다.

2000년 이후 중국의 경상수지 흑자가 급증했다. 한국 등 외국 기업들이 중국에 생산기지를 옮겨 수출이 급증한 것이 중요한 원인이었다. 중국 상무부에 의하면 2009년 기준으로 전체 수출액 중에서 56%가 중국에 진출한 외국 기업들이 미국 등지에 수출한 금액이었다.

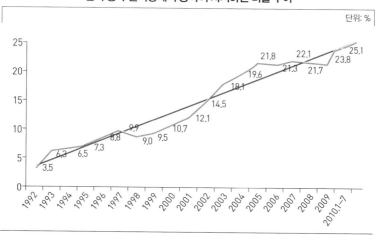

한국 총 수출시장에서 중국이 차지하는 비율 추이

단위: %

미국은 중국과 교역에서 막대한 무역적자가 발생하고 있어 중국에 환율 조정을 요구하고 있다. 하지만 중국은 자국 경제에 이상이 없는 한 조정을 가능한 한 뒤로 미루려 하면서 양국 간 갈등이 깊어지고 있다.

중국과 미국의 환율전쟁이 근심스러운 이유

중국은 이렇게 세계의 공장으로서 역할을 하고 있다. 일본이 한국이나 대만에 부품소재를 수출하고 한국과 대만은 이를 기반으로 중간재를 만들어 중국에 수출한다. 중국은 수입한 중간재를 갖고 조립생산을 통해 미국 등 서방 국가에 수출한다. 곧 '일본⇒한국, 대만⇒중국'으로 이어지는 공급 채널이 가동하는 것이다.

중국은 우리의 가장 큰 수출시장이다. 미국과 일본을 합친 시장보다도 더 크다. 우리 전체 수출 중 4분의 1 이상이 대중국 수출이다. 만일 중국의 수출이 타격을 입을 경우 중국에 수출해서 먹고사는 한국의 경기침체는 불 보듯 뻔하다.

특히 우리나라는 무역의존도가 G20 국가 중에서 가장 높다. 80%가 넘는 무역의존도에서 알 수 있듯이 우리 경제는 대외환경 변화에 취약할 수밖에 없다. 만일 중국과 미국 간 무역전쟁이 발발하여 교역이 축소될 경우 우리 경제는 그야말로 직격탄을 맞을 가능성이 높다. 중국과 미국의 환율전쟁이 근심스러운 이유이다.✣

✣ 이강연 포카라 블로그, http://blog.naver.com/pokara61, 2010년 6월 28일

1995년 역플라자 합의

필자가 뉴욕무역관에서 근무할 때 역플라자 합의가 나왔다. 그러나 당시는 그것이 정확히 무얼 의미하는지 몰랐다. 그런데 바로 이 시점부터 미국 금융자본의 해외시장 개척과 대외 공략방법이 거칠어진다.

그 무렵 필자는 제조업 비중이 10% 남짓한 미국이 세계 경제를 리드하는 것이 서비스산업의 힘이라 보았다. 그 가운데서도 금융산업이 가장 두드러지게 강함을 느꼈다. 월스트리트에 해답이 있는 듯 보였지만 그 속내를 도저히 알 수 없었다. 지금도 그 속내를 모르기는 마찬가지다. 다만 헤아려볼 뿐이다. 게다가 대부분 헤지펀드의 금융 기법은 철저한 영업기밀 속에 진행되어 외부에서는 그 돌아가는 내용을 도저히 가늠조차 할 수 없는 실정이다. 어떻게 재무부와 연준, 월스트리트 그리고 IMF가 한통속 한 몸이 되어 단합의 서막을 여는지 살펴보자.

역플라자 합의 후, 상품 수출보다는 달러 수출

1985년 플라자 합의 이후 미국의 달러는 10년 동안 약달러를 지향했지만 도저히 무역적자 수렁에서 헤어 나오지 못했다. 미국의 제조업은 점점 더 경쟁력을 상실해갔다. 일본의 엔화가 80엔까지 떨어지고, 미국의 저성장이 지속되자 미국은 작전을 바꾸기로 했다.

어차피 제조업 무역경쟁에서 밀릴 바에는 금융자본으로 금융산업에서 승부를 보기로 했다. 달러가 기축통화라는 것을 무기로 하여 무역수지 적자를 자본수지 흑자로 메워보기로 한 것이다. 제조업 수출보다는 달러를 수출하는 것이 미국의 이익에 도움이 될 것으로 판단했다. 당시 이를 주도한 사람이 로버트 루빈 재무장관이다. 루빈은 골드만삭스 회장 출신으로 월스트리트 유대 금융계의 대부다.

미국은 경기부양을 위해 다시 한 번 플라자호텔에서 선진 7개국 대표 모임을 갖는다. 이른바 1995년의 2차 플라자 합의다. 1차와는 정반대로 달러 강세를 만드는 데 합의했다. 시장에서는 이를 '역플라자 합의'라고 부른다.

1차 플라자 합의 때는 약달러를 통한 재정적자 탕감을 목표로 했지만, 2차에서는 강달러를 통한 경기부양을 목표로 했다. 겉으로는 미국의 경기부양을 내세웠지만 실상은 세계 자본시장 장악이 목표였다.

월스트리트는 그때부터 행동대원으로 해외 공략의 전진기지가 되었다. 조지 소로스 등 헤지펀드가 1992년 유럽 통화위기 때 영란은행 등 유럽 중앙은행들을 유린했듯이 1997년 아시아 외환위기 때 태국과 한국 등을 초토화시켰다. 환란은 IMF 체제로 이어졌다. 이렇게 강제로 외국 외환시장과 금융시장의 빗장을 풀고 해외에 투하한 미국 자본이 전 세계 외국인 투자자본의 3분의 2가 되었다.

한 몸이 된 미국과 IMF

그러자 '토빈세 도입' 등 핫머니를 규제하자는 국제여론이 빗발쳤다. 그러나 미국 정부와 연준은 월스트리트를 철저히 감쌌다. 그도 그럴 것이 클린턴 정권의 재무장관 로버트 루빈이나 부시 정권의 재무장관 헨리 폴슨 모두가 월스트리트 출신 유대인이다. 정부와 월스트리트 사이엔 눈에 안 보이는 '재무부-월스트리트 동맹'이 체결되어 있었다. 이때부터 재무부, 연준, 월스트리트의 삼각편대는 유대인의 아성이 되었다.

여기에 IMF가 가세하여 '월스트리트-재무부-IMF 복합체Wall Street-Treasury-IMF complex'라 불리는 금융자본과 미 정부 그리고 IMF 사이의 인적·물적 네트워크

∴ 로버트 루빈(왼쪽)과 헨리 폴슨(오른쪽)

를 통한 유착은 더욱 강화되었다.

미국, 금융 중심의 성장 패러다임 채택

역플라자 합의로 구축된 일련의 프로세스가 있다. 곧 '강한 달러 ⇒미국으로 자본 유입⇒주가 상승·금리 하락⇒소비 증가·투자 증가⇒수입 증대⇒경상수지 적자 확대⇒전 세계 동반성장'이라는 금융 중심의 글로벌 성장 패러다임을 미국이 선진국들의 협조를 얻어 마침내 공식적으로 채택했다. 미국은 이를 실현하기 위해 주식시장을 타깃으로 정했다.

역플라자 합의 이후 엔·달러 환율이 79엔에서 148엔까지 올랐다. 이는 미국 달러 가치가 50% 이상 올랐음을 뜻했다. 강세 통화로 돈이 몰리는 법이다. 그러자 미국으로 달러 유입이 급증하면서 미국 주식시장이 호황을 맞았다. 나스닥이 5000포인트까지 상승하면서 금융시장이 성장을 구가했다.

그러나 달러 강세는 몇 년 가지 못했다. 기본적으로 미국 경제에 대한 의구심과 폭발적인 달러 유동성 증가가 달러 가치를 하락시켰다. 금융장세의 호황으로 소비와 인플레이션이 가속화되자 그린스펀

1~2차 플라자 합의

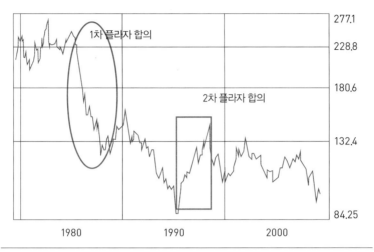

단위: 달러당 엔화

자료: http://stooq.com

은 금리를 순차적으로 빠르게 올렸다. 예나 제나 이런 급브레이크가 문제였다. 이후 금리 폭등과 IT 버블 붕괴로 나스닥은 수직 낙하했다. 무려 5000포인트에서 1000포인트로.

관리·감독해야 할 기관들이 월스트리트와 한통속이 되다

미국의 금융산업은 월스트리트와 연준 그리고 재무부의 삼각편대가 주도하고 있다. 하지만 이들은 서로 자기의 분야에서 맡은 바 일을 함으로써 서로 견제와 균형을 이루어야 하는 섹터들이다. 그런데 서로 한통속이 되다 보니 관리나 감독 기능이 현저히 약화되었다. 그 한 예가 바로 파생상품의 남발이었다.

그때는 중국의 저렴한 공산품 생산 덕분에 전 세계가 골디락스에 취해 있었다. 춥지도 덥지도 않은 알맞은 온기의 경기가 오랫동안 계속되었다. 세상은 그린스펀의 연준과 루빈과 서머스의 재무부 그리고 월스트리트의 삼각편대가 세상을 구했다고 칭송이 자자했다.

* 〈타임〉지 표지를 장식한 그린스펀(가운데)과 재무부 장관들

2008년의 신용위기는 미국 재무부와 연준 의장 그린스펀이 모두 파생상품에 대해 지나치게 관대한 바람에 터진 것이다. 이는 결국 금융 시스템의 파국을 초래했다. 그린스펀은 2003년 상원 금융위원회에서 "파생상품은 시장에서 위험을 떠안지 말아야 할 사람으로부터 떠안을 능력과 의사가 있는 사람에게 이전시키는 뛰어난 수단이다"라고 말했을 정도로 파생상품 예찬론자였다. 그 무렵 역대 재무부장관들도 모두 파생상품 규제에 반대했다.

금융은 흔히 '승수효과' 산업이라 불린다. 잘나갈 때는 돈이 돈을 벌면서 2의 2배식으로 엄청나게 불어나간다. 보통 화폐발행액이 신용창조 과정의 신용승수와 유통 과정의 통화승수 효과로 약 70배 이상의 광의 유동성으로 커진다. 그러다 반대의 경우에는 말 그대로 초토화가 된다. 역방향으로 신용수렴이 일어나기 때문이다. 그 많던 돈이 순식간에 시장에서 사라지는 것이다. 2008년 10월 월스트리트 상황이 그랬다.*

---

* 박태견, 뷰스앤뉴스

헤지펀드의 놀이터가 된 일본

잃어버린 10년

1990년대 일본은 잃어버린 10년을 혹독하게 경험해야 했다. 경기 침체는 물론, 부동산값이 폭락하고 주식시장이 곤두박질쳤다. 일본은 1980년대 말부터 1990년대 말까지 10년 사이에 주가지수가 3만 8000대에서 6000대로 떨어졌다. 반에 반 토막을 넘어 80% 이상 폭락했다.

주택 가격도 고점 대비 70% 이상 떨어졌다. 당시 291을 기록하면서 최고점을 만들었던 부동산지수는 2009년에도 80대 중반까지 떨어진 상태에서 단 한 번도 회복하지 못하였다. 쉽게 말하면 1989년 당시에 1억 엔짜리 부동산을 샀다면 2009년에는 2800만 엔까지 떨어졌다. 참으로 엄청난 디레버리지가 무섭도록 오랜 시간 진행되었다. 당시 일본의 경우 부동산 버블이 터지는 순간 3년에 걸쳐 반 토막 났고, 이후 부동산은 완만한 하락세를 이어갔다.

대출로 부동산과 주식에 투자하였던 서민들이 갚아야 할 부채는 쓰나미처럼 삶을 황폐하게 만드는 충격으로 다가왔다. 대출받은 사람들은 빚부터 갚으려 하였고, 이것이 1990년대 일본의 소비침체로 이어졌다. 소비침체는 '잃어버린 10년'으로 나타났다. 그 때문에 일본은 1991년부터 10년 넘게 0% 성장률을 기록하여 아예 성장을 못 했다. 잃어버린 10년은 거품경제 후유증의 대표적인 예로 거론된다.

일본을 희생시킨 플라자 합의는 미국이 지향하는 강한 미국과 쌍둥이 적자의 차이를 메우기 위한 조정이었다. 그것도 고통을 외부로

일본 니케이지수 추이

1989. 12
니케이 최고점 38,916

1999. 9
98년 최저점 금융위기
해결 위한 미일 회의 후

2003. 3
니케이 최저점 7,837

전후 최대 경기 부양

떠넘기면서. 한편 미국의 제조업은 이러한 달러 평가절하 속에서도 경쟁력을 회복하기는커녕 쇠퇴해갔다. 미국의 달러정책 역사를 들여다보면, 경제 및 통화정책에도 힘의 논리가 적용되고 있음을 알 수 있다. 패권국의 횡포인 것이다.

헤지펀드에 당한 일본

한편 일본 정부는 경기를 살리기 위해 1990년대에 다시 금리를 계속적으로 내려 1996년에 콜금리를 0.5%로 가져갔다. 사실상 제로금리였다. 이런 저금리 환경을 이용하는 이리떼들이 바로 헤지펀드들이다. 이로써 일본은 또다시 희생양이 되었다.

1990년대에 들어 헤지펀드가 세계 금융시장에서 큰 영향력을 발휘했다. 그들은 저금리 국가의 통화를 활용해 투기를 벌인다. 그 무럼 헤지펀드들은 엔 캐리 트레이드Yen Carry Trade라는 수법을 사용해 자금력 이상의 환換거래를 행했다.

이를 이용해 유대계 헤지펀드들이 일본 엔화의 환율과 주식시장의 주가를 갖고 놀며 큰 수익을 올렸다. 금융기법이 일천한 일본은 뻔히 눈 뜨고도 당할 수밖에 없었다.

엔 캐리 트레이드 수법, 일정 자본으로 거의 무한대 국채 매입

엔 캐리 트레이드 수법은 다양하다. 그 가운데 헤지펀드들이 즐겨 사용하는 수법을 간단히 설명하면, 우선 헤지펀드의 자본금으로 산 미국 국채를 담보로 일본 은행에서 엔을 빌려 일본 국채를 산다. 그 다음 그 일본 국채를 담보로 엔을 빌려 이를 외환시장에서 달러로 바꾼다. 그 자금으로 다시 미국 국채를 사고 이를 다시 엔화로 바꾸는 과정을 반복하는 것이다. 이로써 일정한 자본을 갖고도 무한대로 미국 국채를 사들일 수 있었다. 환리스크는 있지만 저리의 엔을 빌려 금리가 높은 달러 자산을 운용할 수 있는 것이다.

당시 미국 연준 기준금리가 연 5.25%인 데 비해 일본 은행 목표 단기금리는 0.25%였다. 은행 금리 차이만 취해도 연 5%의 수익이었다. 또 헤지펀드들이 사놓은 두 나라 채권은 채권대로 수익을 올려주었다. 이로써 미국의 헤지펀드는 엄청난 수익을 거두었다.

이는 다른 나라에 대해서도 똑같이 응용할 수 있다. 그리하여 선진국 자산뿐 아니라 이머징 마켓에도 엔 캐리 트레이드 자금이 많이 들어왔다. 엔을 빌려 유로나 달러로 바꾸면 외환시장에 방출된 엔화 값은 떨어질 수밖에 없다. 엔을 사자는 주문보다 팔자는 주문이 넘쳐 엔 시세가 뚝 떨어지는 것이다.

1996년부터 2년 동안 월스트리트에서는 엔 캐리 트레이드가 유행하여 엔은 1998년 147.64엔까지 떨어진다. 캐리 트레이드 통화는 이처럼 가치가 떨어져야 헤지펀드들이 나중에 청산할 때 빌릴 때 시세와 견주어 환차익까지 볼 수 있어 일조이석이었다. 1990년대 후반, 미국 헤지펀드의 머니 전략은 뛰어났다. 비록 일본이 골병들었지만 말이다.

문제는 자금이 썰물처럼 빠져나갈 때

그때 러시아의 디폴트 선언이 있었다. 놀란 헤지펀드들은 엔 캐리 트레이드를 청산하고 안전자산으로 회귀했다. 통화시장에서 안전자산이란 엔화와 달러화를 일컫는다. 경제적으로 가장 안전한 나라로 꼽기 때문이다. 이로 인해 엔화는 3일 만에 13%나 치솟았다. 그리고 두 달여 만에 달러당 112엔까지 올랐다. 이때 세계 금융시장은 충격에 휩싸였다. 그 여파로 당시 세계 최대 헤지펀드였던 롱텀캐피털매니저먼트가 결국 문을 닫았다.

지난 2008년 신용위기의 초입에도 엔 캐리 트레이드의 청산이 심하게 일어나 개발도상국들은 자금경색이 극에 달했다. 시장이 불안해지면 캐리 트레이드 자금이 회귀하기 때문이었다. 달러 금리가 초저금리로 떨어지자 엔화 대신 달러 캐리 트레이드가 극성을 부렸다. 문제는 상황이 변하여 이것이 일시에 빠져나갈 때 이머징 마켓은 다시 한 번 골병이 드는 것이다.

백약이 무효

일본, 무제한 통화팽창정책 등 백약이 무효

1999년에는 일본이 정식으로 제로금리를 선언하여 콜금리를 0%로 못 박았다. 하지만 이런 초저율의 이자율정책도 경기를 되살리지는 못하였다. 일본 경제가 케인스가 말한 '유동성 함정'에 빠져든 것이다.

통화정책으로 안 되자 일본 정부는 재정정책을 강화하였다. 경기를 부양하기 위해 공공투자를 확대하는 한편 소비를 부추기기 위해 감세정책을 썼다. 즉 세출은 늘리고 세입은 줄이는 전형적인 재정적자정책을 강행하였다. 재정적자가 눈덩어리처럼 불어났다.

하지만 버블이 터진 지 10년이 넘어도 일본 경제 시스템은 살아나지 못했다. 은행들은 도저히 규모를 파악할 수 없는 부실채권을 짊어지고 신음하고 있고, 기업들은 사상 최고의 손실을 기록했다. 소비자들은 불확실한 앞날을 대비해 허리띠를 과도하게 졸라맸다. 미국의 신용평가회사인 스탠더드앤드푸어스S&P는 일본 은행들의 부실채권이 정부의 지원을 받아 엄청난 규모를 털어내고도 150조 엔 선에 이른다고 밝혔다. 이 여파로 수많은 기업이 운영자금을 조달하지 못해 도산에 직면했다. 또 일본인들 사이에 주식 혐오증이 광범위하게 퍼져 이자율이 연 0.5%도 되지 않는 요구불예금에 돈을 맡기는 사태까지 발생했다.

최후의 수단, 양적완화정책

이제는 마지막 방법을 강구했다. 2001년에 양적완화정책을 발표하며 무제한 통화팽창정책을 썼다. 양적완화란 돈을 찍어서 직접 시장에 푸는 것이다. 방법은 장기국채나 신용등급이 우량한 회사채 등을 매입하는 것이다. 그 결과 시장금리가 낮아져서 기업들이 낮은 금리로 자금을 조달하여 투자를 촉진하게 하는 것이 양적완화의 목적이다.

양적완화정책이란 말은 부드럽지만 실은 아주 극단적인 방법이다. 과거에 사용한 적이 없으므로 그 효과와 부작용이 검증되지 않은 방법이다. 당연히 중앙은행 내부와 외부의 반발도 컸다. 그러나 일본 정부는 시장을 살리기 위한 마지막 방법으로 양적완화정책을 밀어붙였다.

결과는 참혹했다. 백약이 무효였다. 한 번 얼어붙은 시장은 꿈쩍도 하지 않았다. 너무나도 혹독한 결과였다. 일본 주가는 반에 반 토막을 넘어 6분의 1로 쪼그라들었다. 그리고 부동산은 반에 반 토막이 났다. 정확히 버블 이전의 단계로 회귀하였다. 그동안 부풀어 올랐던 버블은 모두 환상이었고 꿈이었다. 오히려 외국의 투자자들이 일본의 싼 엔화를 빌려 고금리 국가에 투자하는 엔 캐리 트레이드를 불러와 다른 나라들의 경기 호황을 지속시켜 주었다.

일본의 반유대 정서

일본 채권시장 흔들리면 메가톤 위기

마이너스 재정정책으로 오늘날 일본의 누적 재정수지 적자분이 GDP의 거의 2배를 넘어섰다. IMF가 추산한 바로는 2012년 일본의 국가부채는 GDP의 230%로 불어났다. 원래 60% 이상이면 위험하다는 수치다. 일본의 총부채 비율이 어느 정도 위험한 수치냐 하면 2위인 이탈리아가 116%, 3위인 미국이 85%인 점을 비교하면 쉽게 알 수 있다.

일본이 경제규모가 크고 해외에서 받을 채권과 해외 자산이 많아 그리 큰 위험이 아니라고 말하는 사람도 있으나 총부채에서 총채권을 뺀 순부채도 이미 GDP의 105%에 이르고 있다. 다른 나라 총부채보다도 많은 편이다.

조그만 나라의 부채가 미국 부채 수준에 버금간다. 문제는 국가예산의 25%가 이자지급에 쓰이고 있는데도 일본 정부는 별다른 손을 쓰지 않고 아베 정부는 오히려 경기부양을 위해 부채를 더 늘리고 있다. 무디스가 일본의 1조 달러 외환보유고가 외채상환 능력 측면에서 볼 때 너무 적다는 지적을 한 이유도 이 때문이다.

세계 3대 신용평가회사 가운데 하나인 피치가 2012년 5월 일본의 엔화표시 국채 신용등급을 AA-에서 A+로 한 단계 내리고, 외화표시 장기국채 등급은 AA에서 A+로 두 단계 내렸다. 신용등급 전망은 모두 '부정적'으로 매겨, 재정 사정에 개선이 없을 경우 추가로 등급을 내릴 수 있음을 내비쳤다. 한 미국 헤지

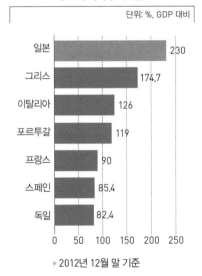

주요국 국가부채비율

단위: %, GDP 대비

국가	비율
일본	230
그리스	174.7
이탈리아	126
포르투갈	119
프랑스	90
스페인	85.4
독일	82.4

* 2012년 12월 말 기준

자료: 유럽통계청

펀드 대표는 "일본 국채시장에 붕괴가 나타날 것"이라며 "그것은 시간문제"라고 말했다.

2009년 미국과 유로존, 영국, 일본이 발행한 국채규모는 3조 9450억 달러로 사상 최대치를 기록했다. 이는 전년에 비해 86%나 급증한 것이며, 2007년 기준으로는 146%에 이르는 증가세다. 특히 일본의 채권시장은 694조 3000억 엔(7조 5000억 달러)에 이르는 막대한 규모다.

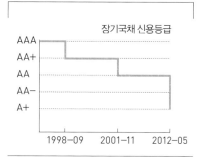

자료: 피치

유럽 재정위기가 가시화되자 일본이 긴장한 이유이다. 오히려 문제가 되고 있는 유럽 나라들의 정부부채 수준은 일본보다 현저히 낮은 수준이다.✥

일본 증시 하락에 베팅한 미국 금융자본

1982년 미국 시카고상업거래소는 '주식선물'이라는 금융무기를 최초로 만들어냈다. '주가지수 풋옵션'도 나왔다. 미국 투자자들은 이 옵션에 투자한 반면 일본의 주가지수가 절대 떨어질 일이 없을 거라 믿은 일본 투자자들은 지수가 오르는 데 걸었다. 당시에는 주식투자에 나섰던 거의 모든 일본인이 큰돈을 벌고 있을 때였다. 그도 그럴 것이 1970년대 초에 2000선을 겨우 넘었던 니케이지수가 근 20년 동안 줄기차게 올라 1989년 말에는 3만 8916을 기록했다.

✥ 〈이데일리〉 오상용 기자

1989년 말 니케이지수가 정점에 오르자, 1990년 1월 12일 미국주식거래소에서는 갑자기 '니케이 풋 워런트'라는 새로운 금융상품이 출현했다. 일본의 지수가 밀리면 대박을 보는 파생상품이었다. 일본 주식시장을 한순간에 날려 보낼 수 있는 핵무기에 비견되는 파생상품이 등장한 것이다. 이 상품은 미국에서 날개 돋친 듯 팔렸다.

곧이어 일본 증시에 매도 광풍이 불었다. 특히 외국인의 공매도가 거셌다. 이 통에 일본 증시는 붕괴되었다. 1989년 말에 거의 4만에 육박하였던 주가지수가 불과 4개월 뒤인 1990년 4월에 2만 9584까지 무려 24%나 폭락했다. '니케이 풋 워런트'에 건 사람들은 부자가 되었다. 이후 하락장이 지속되어 2003년 2월 8,363까지 떨어졌다. 반에 반 토막보다도 더 떨어진 것이다. 이 통에 많은 투자자와 기업들이 파산했다. 버블의 최후는 이토록 끔찍했다.

일본과 한국의 반유대인 정서

이 과정에서 일본에서는 일부 계층에서 반유대인 정서가 불기 시작했다. 급성장한 일본이 국제사회에서 유대인의 경쟁 대상으로 부각되자 유대인들이 일본 증시를 망가뜨렸다고 보았기 때문이다. 그리고 또 그들은 유대인 단체들이 일본을 강력히 견제하는 차원에서 환율 압박과 무역 마찰을 제기한 것이라는 나름대로의 결론을 얻었다. 그 뒤 일본에서는 유대인의 음모론과 같은 반유대 서적이 많이 출간되었다.

그런데 우리나라는 반유대인 정서가 일본이나 중국보다 훨씬 더 높은 것으로 조사되었다. 유대인 차별 반대 단체인 ADLAnti-Defamation League이 2014년 5월 발표한 설문조사 결과를 보면 한국인들이 강한

전 세계 반유대주의 지수

단위: %

19
미국

24
서유럽

34
동유럽

22
아시아

74
중동·북아프리카

23
사하라 이남
아프리카

14
오세아니아

자료: ADL

반유대 정서를 가지고 있는 것으로 조사됐다. 한국의 반유대주의 지수는 53%로 세계 평균인 26%보다 두 배나 높다. 한국은 아시아에서 말레이시아와 아르메니아 다음으로 강한 반유대주의적 정서를 보인 국가로 분류됐다. 일본과 중국은 각각 23%와 20%를 기록했다.

시뇨리지 효과

그러면서도 달러는 세계 기축통화의 위치를 계속 유지하여 시뇨리지 효과가 지속되었다. 원래 시뇨리지는 군주라는 뜻의 라틴어 '시뇨르'에서 온 말이다. 군주의 특권을 나타낸다.

다른 말로 주조이득이라고도 한다. 화폐의 액면 가치와 실제로 만드는 데 든 비용의 차액을 가리킨다. 예를 들어 10원짜리 동전을 만드는 데 들어간 원료인 구리 가치 및 기타 제조비용이 8원이라면, 주조이득은 액면 가치 10원에서 8원을 뺀 2원이 되는 것이다. 동전과 달리 화폐를 발행하는 경우에는 제조비용이 거의 들지 않으므로 정부는 지폐 발행액 대부분을 주조이득으로 얻게 된다.

국제사회에서도 시뇨리지는 존재한다. 국제결제에서는 달러가 국제통화로 통용되고 있다. 따라서 국제통화 발행국인 미국은 막대한 시뇨리지를 얻고 있다. 즉 달러를 발행해 타국에 빌려주고 이자를 받을 수 있기 때문이다. 미 연준은 미국이 누리는 시뇨리지 효과가 연간 110억에서 150억 달러에 이르는 것으로 추정했다. 그러나 실제로는 그 이상으로 정확한 추정 자체가 불가능하다.

화폐의 발권이 금 보유란 속박을 벗어나면서 '지폐의 시대'가 왔고, 국제교역의 불균형을 간단히 달러를 찍어 벌충하는 도덕적 해이가 도를 더해가며 미국의 경상적자가 부풀기 시작하였다. 경영학자 피터 드러커는 "미국은 인쇄라는 '굉장한 기술'을 갖고 있는데, 이 기술로 돈 들이지 않고도 원하는 대로 달러를 찍어낼 수 있다"고 비꼬았다.

미국으로선 밑질 게 없는 장사 정도가 아니라 달러를 발행하면 발행할수록 이득이 더욱 커지는 것이다. 녹색 종이쪽지 말고는 미국에서 빠져나간 건 아무것도 없으니 사실상 갈취다.

세계 경제의 패러다임 변화와 유동성 물결

달러의 변동환율제로의 이행은 세계 경제에 커다란 패러다임 전환을 가져왔다. 통화 가치가 싼 나라, 곧 인건비가 저렴한 나라로 제조업이 이동하였다. 그리고 선진국은 제조업의 가격경쟁력이 떨어지자 산업 경제에서 서비스산업 경제로 그 축이 급격히 바뀌어가고 있다. 특히 금융경제로 급속히 이동하고 있다. 이 때문에 산업자본주의가 급격히 금융자본주의로 이동하고 있다.

그 뒤 인터넷이 발달하여 컴퓨터 네트워크상에 거대한 통화거래시장이 탄생하였다. 시시각각 변하는 국가 간의 환율 차이에 따라 상품은 물론 통화 자체가 투기 대상이 되었다.

하루 2000억 달러의 통화거래가 이루어지던 1980년대를 지나 1990년대 말에는 하루 무려 1조 달러대에 이르렀다. 그 뒤 불과 6년여 만인 2004년에는 놀랍게도 3조 달러에 이르렀다. 금융위기 와중임에도 2009년 9월 현재 하루 평균 약 4조 2억 달러의 핫머니가 거래되고 있는 것으로 국제결제은행BIS은 추정하고 있다.

핫머니의 준동이 상상 이상으로 거세어졌다. 더구나 금융위기를 해소하기 위한 달러를 포함한 세계 각국 정부의 통화량 증가 및 유통 속도가 갈수록 빨라지고 있다. 세계 경제가 유동성의 거센 물결에 휩싸이기 일보 직전이다.

유동성 쓰나미를 몰고 다니는 헤지펀드, 국내 채권시장으로

헤지펀드의 놀이터는 비단 일본뿐만이 아니다. 먹잇감이 있는 나라에는 어디든지 출몰한다. 외환시장 규모가 크지 않아 적은 변수에도 환율이 불안정한 우리나라에 들어오는 헤지펀드 자금은 환리스크를 헤지하기 위해 주로 통화스왑이나 외환스왑을 이용한다.

2007년 초까지 5조 원 남짓한 규모에 머무르던 외국인의 국내 채권투자가 2007년 중반 이후 크게 늘어난 데에는 통화안정채권 같은 안전자산과 통화스왑CRS: Currency Swap 등 파생금융상품을 결합한 재정거래의 확대가 큰 기여를 하였다. 그 결과 외국인 보유잔액이

2009년 1월 말 기준 56조 원을 넘어서면서 2007년 초보다 3년 만에 무려 12배 이상 늘어났다.

CRS이란 통화를 교환swap한다는 뜻이다. 두 거래 당사자가 약정된 환율에 따라 일정한 시점에서 통화를 서로 교환하는 외환거래를 가리킨다. 단기적 환헤지보다는 주로 1년 이상의 중장기적 환헤지의 수단으로 이용된다. CRS는 두 거래 당사자 사이에 서로 다른 통화의 이자와 원금이 교환된다. 자국 통화를 맡겨놓고 상대국 통화를 빌려 오는 것이므로 내용상으로는 차입이지만 형식상으로는 통화교환이다.

외국인들은 외화를 통화스왑이나 외환스왑을 통해 원화로 바꾼 뒤 국내 채권에 투자한다. 이렇게 하면 내외 금리차와 스왑레이트의 차이를 무위험 수익으로 챙길 수 있다. 이때 투자 대상은 주로 만기가 짧은 통화안정증권이다.

외환스왑이란 거래 당사자가 현재의 계약환율에 따라 서로 다른 통화를 교환하고 일정 기간 뒤 최초 계약 시점에서 정한 선물환율에 따라 원금을 다시 교환하는 거래다. 이 거래는 일반적으로 일정 외환을 현물환시장에서 매입(또는 매도)하는 동시에 선물환시장에서 매도(또는 매입)하는 형태로 이루어진다. 만기 1년 이내 단기거래여서 통화 간 금리차가 선물환율에 반영되기 때문에 이자를 교환하지 않는다. 두 거래 모두 환리스크의 헤지를 위해 주로 이용된다.

2009년 외국인들은 우리 국내 상장채권을 19조 원어치 순매수했는데, 이 가운데 60%가량인 11조 원이 통화안정증권 구매액이었다. 외환스왑시장을 활용한 외국인들의 단기채권 재정거래가 얼마나 활발하였는지 보여주는 대목이다.

외국인의 국내 투자 열기가 뜨거운 것은 한미 간 금리 격차를 이용한 무위험 재정거래로 차익을 챙기려는 투기성 단기자금이 고수익을 낼 수 있는 국내로 대거 유입되고 있기 때문이다. 외국인의 채권 투자액 중 이러한 재정거래 비중은 70%이른다.

물론 원화가 강세를 보일 것으로 예상되면 통화스왑이나 외환스왑을 통하지 않고 원화에 직접 베팅하는 경우도 있다. 바뀐 원화는 주로 채권에 투자된다. 그리고 이 채권을 담보로 원화를 대출받아 주식시장을 넘나든다. 채권과 주식 양쪽에서 수익을 올리는 것이다. 그러다 주식시장이 불안해지면 회수하여 자금을 안전자산인 채권시장에 묻어둔다. 이러한 일을 반복하다 외환시장마저 불안해질 조짐이 보이면 일시에 대거 빠져나가는 것이다.

국내 금융시장에 외국인 투자자금이 많이 들어오면 달러 공급이 늘어나 자본수지 확충에도 도움이 되며 외환시장이 안정되고 주가를 끌어올리는 효과도 있다. 반면 국내외에 어떤 충격요인이 발생해 일시에 빠져나가면 환율이 급변해 외환시장이 교란되고 외화유동성 부족 사태로까지 불똥이 튈 수 있다. 2008년 금융위기 때 외국인 투자자금이 단기간에 500억 달러나 빠져나감에 따라 주가는 폭락하고 채권금리와 원·달러 환율은 급등하였다. 더구나 우리 경제가 디폴트(채무불이행) 위기에 몰렸다 살아났다.

외국인 투자자금은 이처럼 투자이익에 따라 밀물과 썰물이 되어 거세게 움직인다. 우리가 남유럽 금융위기 가능성 등 국제 금융시장의 움직임에 촉각을 곤두세우는 이유도 실물경제에 미칠 영향보다는 우선 당장 이 같은 사태가 재발하지 않을까 하는 우려 때문이다.

채권투자는 주식투자에 비해 상대적으로 투자기간이 길어 안정적이라고 보는 견해가 많지만 최근의 흐름은 그렇지도 않다. 최근의 채권투자가 만기 1년 이내로 집중되고 있다. 재정위기 확산 등 투자요인의 변동에 따라 빠르게 움직일 가능성이 있다는 얘기다. 자금 원천국의 금리가 올라 양국 간 금리차가 줄어들어도 빠져나가기는 마찬가지다. 유동성 쓰나미를 몰고 다니는 엔 캐리 트레이드나 달러 캐리 트레이드가 무서운 이유다. 그만큼 급격한 유출 가능성에 대비할 필요성도 크다.

2003년 'G7 두바이 합의'

미국 경제는 21세기에 접어들자마자 두 번의 큰 고비를 맞았다. 하나는 2000년 IT 버블의 파열로 나스닥의 붕괴가 우려될 정도로 주가가 폭락했다. 다른 하나는 2001년 9·11 테러인데, 이 또한 미국 경제의 위축은 물론 세계 경기의 부진이 우려되는 사건이었다. 미국은 금리 인하로 경기부양과 달러의 약세를 유도하여 사태의 해결을 꾀했으나 그리 신통치 않았다.

미국은 다시 대외로 눈을 돌려 경쟁국들의 통화를 절상시킬 필요를 느꼈다. 그래서 2003년 G7 재무장관·중앙은행 총재 두바이 회의에서 공식적으로 달러 약세를 위한 다른 통화들의 강세 유도를 제의했다. 이로써 채택된 "환율 유연성이 필요하다"는 선언적 언급 뒤에는 미국의 무시 못 할 압력이 있었다. 2003년 두바이 합의 뒤 주요국 통화는 1985년과는 달리 점진적인 환율조정 양상을 보였다.

강달러 외치는 미국, 속내는 '약달러 정책'

세 차례의 환율전쟁

대공황 이후 지금까지 세계적 규모로 격렬하게 벌어진 환율갈등은 모두 세 차례다. 첫 번째 갈등은 프랭클린 루스벨트 대통령의 국내 금본위제 폐지와 더불어 달러 환율을 단기간에 69%나 절하시킨 점과 '은구매법'을 제정해 국내외 은을 사들여 은의 국제 시세를 올림으로써 중국 등 은본위제 나라들을 곤궁에 몰아넣은 일이다.

두 번째 갈등은 1971년 8월의 '닉슨 쇼크'였다. 미국의 닉슨 대통령은 달러를 금과 바꿔주는 금태환의 정지를 전격 선언해, 전후 새로운 국제통화 질서로 잡리 잡았던 '브레턴우즈 체제'를 무너뜨렸다.

세 번째 갈등의 산물은 1985년 9월의 '플라자 합의'였다. 주요 선진 5개국(G5) 재무장관과 중앙은행 총재들은 뉴욕의 플라자호텔에 모여 달러화 약세 유도를 결정했다. 세 번의 환율전쟁 직후 달러화는 일본의 엔화와 독일 마르크화 등 주요 통화에 대해 공통적으로 큰 폭의 약세를 보였다.

루스벨트 취임 다음 해인 1934년부터 1944년까지 10년간 계속된 제1차 달러약세기에 금본위제 국가들에는 달러 가치가 69% 떨어졌으며 은본위제 국가들에는 더 큰 충격을 주어 결국 은본위제를 포기하게 만들었다. 그리고 1971년 닉슨 쇼크 시점부터 7년 2개월간 지속된 제2차 달러약세기(1971년 8월~1978년 10월)에는 달러화의 가치가 엔화와 마르크화에 대해 각각 절반 수준으로 떨어졌다. 플라자 합의부터 9년 7개월간 지속된 제3차 달러약세기(1985년 9월~1995년 4월)에도 달러화의 가치는 엔화에 대해 3분의 1 수준으로, 마르크화에 대해서는 절반 수준으로 각각 급락했다.

국제 환율갈등에서 루스벨트의 평가절하, 닉슨 쇼크와 플라자 합의를 3개의 큰 폭발이었다고 한다면, '미니 플라자 합의'라고도 부르는 2003년 7월의 'G7 두바이 합의'는 하나의 작은 폭발이라 할 수 있다. 주요 선진 7개국(G7)은 당시 환율의 유연성이 필요하다는 데 합의하고 달러 대비 엔화와 유로화의 강세를 유도했다.

앞서 벌어진 1, 2, 3차 환율전쟁은 달러 가치 약세 외에도 공통점이 있다. 먼저 주도자가 전후 세계 경제 패권국인 미국 자신이었다는 점이다. 세 번 모두 미국의 경제위기가 갈등의 주요 배경이었다는 점이다.

첫 번째는 대공황을 탈출하기 위한 인근 궁핍화 정책이었고, 닉슨 쇼크의 경우 베트남전쟁으로 미국의 재정수지와 경상수지가 악화되면서 금태환 요구에 응하지 못하게 된 급박한 상황에서 촉발됐다. 플라자 합의는 제2차 오일 쇼크로 인한 세계 경제위기가 직접적인 도화선이었지만, 당시 미국 경제는 막대한 재정적자와 산업경쟁력 약화에 따른 무역수지 적자, 곧 '쌍둥이 적자'에 허덕이고 있었다.

2003년 두바이 합의

2003년 두바이 합의 이후 시작된 달러약세기의 경우도 미국이 2001년 'IT 버블 붕괴'와 9·11 테러로 위기에 몰리면서 촉발됐다. 이는 사실 미국 무역적자 확대로 중국과 일본을 겨냥한 것이었다.

2002년 기준으로 미국 무역적자의 47.5%가 아시아 4개국(중국, 일본, 한국, 대만)에 집중됨에 따라 미국은 아시아 통화에 대한 절상 압박을 강화했다. 그 뒤 비록 위안화와 엔화의 절상 폭은 적었으나 중국이 관리변동환율제를 도입했고 일본이 외환시장 개입을 중단했다.

선언적 언급에 그쳤음에도 그 뒤 2년간 위안화, 엔화와 유로화, 원화는 달러화 대비 각각 2.3%, 3.5%, 9.2%, 13.1% 절상됐다. 원화의 충성이 돋보였다. 원화의 경우는 위안화·달러, 엔·달러 환율이 크게 하락하지 않는 가운데 원·달러 환율 하락이 급격하게 이루어져 위안화와 엔화 대비 원화 강세가 나타났다. 이 때문에 국내 주력상품의 수출경쟁력 하락이 불가피했고, 경제성장률이 둔화되는 양상을 보였다.

2008년 글로벌 금융위기가 최악의 국면을 벗어난 직후인 2009년 3월부터 시작된 달러 약세가 앞으로 더욱 본격화해서 장기간 지속된다면 제4차 달러약세기가 되는 셈이다. 미국의 1, 2, 3차 양적완화 정책의 시행으로 달러가 많이 풀리면서 향후 경기가 회복되면 거대한 인플레이션 후폭풍이 우려되기도 한다. 최근 미-중 간 환율갈등을 시발로 일본·브라질·타이 등 세계 각국이 수출경쟁력 유지를 위해 경쟁적으로 자국 통화가치 낮추기에 가세하면서, 환율갈등이 전 세계적으로 확산될지도 모른다는 우려가 높아지고 있다.[*]

강달러를 외치는 미국, 깊숙한 속내는 '약달러 정책'

기본적으로 모든 재화의 가격은 시장에서 결정된다. 달러 역시 마찬가지다. 달러는 외환시장에서의 수급 결과와 금리 기조에 따라 가격이 결정되는 것처럼 보인다. 단기적으로 볼 때는 일견 맞는 말이다. 또한 유럽의 재정위기와 일본의 경기침체로 유로화와 엔화가 힘을 못 쓰고 있다. 상대적으로 달러화가 강세를 보이면서 약달러 시대가 막을 내리고 있다고 전망할 수도 있다. 중기적으로는 그럴 수도 있다.

그러나 달러의 역사를 되짚어보면 미국의 저 깊숙한 속내는 시종일관 '약달러 정책'이었다. 그간 미국 환율정책의 역사가 그것을 말

❖ 곽정수, "승자 없는 게임, 더러운 환율전쟁", 〈한겨레21〉, 2010년 10월 15일, 제831호 등

해주고 있다. 미국이 달러를 시장에 맡기지 않고 필요할 때 우격다짐
식으로 개입한 사례가 많기 때문이다.

미국은 전통적으로 채무국가다. 그들은 호황기에는 빚을 내서 소
비하고 수입해 즐긴다. 그리고 빚이 턱밑에 차오르면 달러 가치를 인
위적으로 떨어뜨려 누적된 외상값, 즉 국제 채무의 대대적 탕감으로
덕을 본다. 이렇듯 남의 빚으로 살아가는 국가는 약달러를 지향할
수밖에 없다. 그래야 빚 탕감 효과가 있기 때문이다.

교묘한 달러 곡예의 역사

그러나 여기에도 미국의 고민은 있다. 다른 한편으로는 세계 기축
통화로서의 위상을 지키기 위해 동시에 강달러를 지향한다. 여기서
강달러란 돈의 실질가치가 높아서가 아니라 국제 결재통화로서 강
한 지배력을 뜻한다. 그러기 위해서는 시장이 달러를 요구하게 만들
어야 한다. 방법은 여러 가지다. 특히 위기의 징후가 보이면 세계의 투
자자들은 안전자산인 달러로 회귀한다. 유럽 재정위기가 좋은 예이
다. 미국, 곧 세계 기축통화국의 입장에선 세계 경기위축과 통화경색
을 막기 위해 우선 달러를 많이 풀어야 한다. 그래야 기축통화의 장

악력이 유지된다. 미국이 유럽의
재정위기 해결에 적극적으로 나
서지 않는 이유이다. 미국은 기축
통화의 권력이 주는 엄청난 시뇨
리지seigniorage 효과를 양보할 수 없
는 입장이다.

따라서 미국은 국내 재정정책

상의 약달러 정책과 국제 기축통화로서의 강달러 정책을 동시에 유지해야 하는 모순을 안고 있다. 어느 나라가 약한 통화를 외환보유고로 보유코자 하겠는가? 이 모순된 딜레마를 가능한 눈치채지 못하도록 끌고 나가는 과정이 '교묘한 달러 곡예의 역사'이다.

미국은 틈날 때마다 강달러를 지지한다고 외친다. 하지만 1913년의 1달러는 글로벌 금융위기 이전인 2007년의 21.6달러와 같다. 연방준비제도가 생긴 이후 96% 평가절하된 것이다. 그럼에도 달러의 장악력은 더 커져 왔다. 지금도 달러 곡예는 현재진행형이며 앞으로도 그럴 것이다.

4차 환율전쟁

미국이 촉발한 4차례 환율전쟁

1929년 대공황 이래 세계는 미국이 주도한 세 차례의 환율전쟁을 경험했다. 지금은 4차 환율전쟁이 진행 중이다. 미국은 자기들의 경제 상황이 힘들 때마다 평가절하를 시도해 환율전쟁을 촉발했다. 큰 것만으로도 벌써 네 번째다. 이 때문에 달러의 가치는 1934년 이래 80년 동안 의도적으로 93%나 절하되었다. 그 과정을 다시 한 번 살펴보자.

- 1930년 대공황 즈음의 1차 환율전쟁(1921~1936)
- 브레턴우즈 체제를 붕괴시킨 2차 환율전쟁(1967~1987)
- 플라자 합의로 촉발된 3차 환율전쟁(1985~1995)
- 글로벌 금융위기로 촉발된 4차 환율전쟁(2008~)

1차 환율전쟁(1921~1936)

1930년대 대공황 즈음해서 터진 환율전쟁(1921~1936년)이 있었다. 당시 영국, 프랑스, 미국 등 주요 강대국들이 수출경쟁력 확보를 위해 자국의 화폐가치를 경쟁적으로 떨어뜨리고 무역장벽을 높게 쌓았다. 이 두 가지, 곧 환율전쟁과 보호무역이 세계를 더 힘들게 만들었다.

미국의 루스벨트는 경기를 살려내기 위해 유대 자본과 유대인들을 끌어들였다. 당시 루스벨트 정부의 초대 재무차관이 유대인 모겐소 2세였다. 대통령과 모겐소 2세는 시중에 돈이 돌게 하고 미국 상품의 수출경쟁력을 높이기 위해서는 달러의 평가절하가 시급하다고 판단했다.

1933년 4월 미국은 통화량 확대를 위해 금본위제를 이탈하였고 모겐소가 재무장관에 취임한 1934년 1월 달러의 평가절하를 공식적으로 단행해 온스당 20.67달러였던 금값을 35달러로 끌어올렸다. 이로써 달러 가치는 69%가량 떨어졌고 미국의 산업생산이 연간 10%씩 늘어났다. 대공황 연구의 대가로 알려진 버냉키가 이끄는 연준이 금세기 초 글로벌 금융위기 시 추진했던 대책이 바로 대공황 시의 성공을 참고로 한 것이었다.

2차 환율전쟁(1967~1987)

그 뒤 갈등의 정점은 1971년 8월의 '닉슨 쇼크'였다. 닉슨 대통령은 달러를 금과 바꿔주는 금태환의 정지를 전격 선언해 '브레턴우즈 체제'를 무너뜨렸다. 미국은 당시 변동환율제로 이행하면서 엔화 가치를 달러당 360엔에서 250엔으로 절상시킴으로써 상대적으로 달러 가치를 그만큼 절하시켰다. 그 결과 충격과 혼란으로 세계 외환시장이 폐쇄되었다. 위기가 점증하면서 2년 동안이나 심한 혼란이 지속되었고, 이러한 혼란을 거쳐 금본위제는 결국 달러본위제로 바뀌었다. 이 때문에 달러의 신뢰도가 추락하면서 금값이 천정부지로 올랐다. 이는 OPEC이 국제 원유가를 2달러에서 10달러로 올리는 계기가 되었다. 일명 '오일 쇼크'였다.

닉슨 쇼크 시점 4개월 전부터 7년 7개월간 지속된 달러약세기(1971년 4월~1978년 10월)에 달러화의 가치가 엔화와 마르크화에 대해 각각 39%와 절반 수준으로 떨어졌다.

3차 환율전쟁(1985~1995)

이후 갈등의 산물은 1985년 9월의 '플라자 합의'였다. 주요 선진 5개국(G5) 재무장관과 중앙은행 총재들은 뉴욕의 플라자호텔에 모여 달러화 약세 유도를 결정했다. 환율전쟁 이후 달러화는 일본의 엔화와 독일 마르크화 등 주요 통화에 대해 큰 폭의 약세를 보였다.

플라자 합의 7개월 전인 1985년 2월부터 10년 3개월간 지속된 달러약세기(1985년 2월~1995년 4월)에도 달러화의 가치는 엔화에 대해 3분의 1 수준으로, 마르크화에 대해서는 절반 수준으로 각각 급락했다.

이후 2003년 G7 간의 두바이 합의 시기를 전후해 6년 2개월 동안 달러 약세가 심하게 진행되었다. 학자에 따라 이를 환율전쟁으로 분류하기도 한다.

4차 환율전쟁(2008~)

2008년 금융위기 이후 미국의 유동성 살포가 시작되었다. '헬리

콥터 버냉키'라는 말이 상징하듯 마치 공중에서 돈을 살포하듯이 미국의 유동성 살포는 무제한, 무대포 식이었다. 금융위기 초기에 유대 자본가들의 반대로 부실채권을 걷어내지 못했다. 그래서 공적자금을 부실 제거에 집중적으로 투입하지 못하고 전방위로 유동성을 뿌려댄 것이다. 그러다 보니 폭넓게 많이 뿌려야 했다.

여기에 대응해 유럽도 유동성 확대에 참가했다. 영국은행은 2009년 3월 5일 기준금리를 연 1.0%에서 0.5%로 낮추고, 시중에 750억 파운드(166조 원)를 풀었다. 인하된 금리수준은 1694년 영국은행 창설 이후 가장 낮은 금리였다. 금리를 더 낮춰 시중 유동성을 늘릴 수 없게 되자, 양적완화정책까지 동원한 것이다. 유럽중앙은행도 이날 기준금리를 연 2.0%에서 1.5%로 내렸다. 이를 학자들은 4차 환율전쟁의 시작으로 보고 있다.

그 뒤 유럽중앙은행은 2010년 10월 재정위기에 빠진 유로존 국가들의 장기국채를 사들이기 시작했다. 2011년 10월에는 유동성 확대를 위해 커버드 본드Covered Bond 매입과 장기대출을 추진했다.

커버드 본드란 주택담보대출(모기지), 국·공채 등 우량자산을 담보로 발행하는 담보부채권이다. 이는 자산유동화증권이나 주택저당증권와 비교해 담보자산뿐 아니라 발행 금융사의 상환 의무까지 부여해 안정성을 높인 게 특징이다. 따라서 발행 은행이 파산하더라도 은행의 담보자산에 대해 우선적으로 변제받을 수 있는 권리가 부여되어 안정적이며 자금조달 비용이 낮다는 장점이 있다. 그래서 이중상환청구권부채권이라고도 한다.

2010년 10월, '더블딥(이중침체)' 우려가 커지자 연준이 2차 양적완화를 발표하고 중국에 대해 환율절상을 촉구하면서 이른바 '환율전쟁'이 시작되었다. 당시 서울 G20 정상회의를 앞두고 있던 시점이었다.

그 무렵 환율전쟁을 두고 미국과 신흥국들 사이에 입장이 엇갈렸다. 미국은 중국, 한국 등 신흥국이 인위적으로 환율을 절하하여 수출경쟁력을 키우고 있다고 비난했다. 반대로 중국이나 브라질 등 신흥국들은 미국의 양적완화로 인해 대규모 유동성이 신흥국으로 유입되어 신흥국의 환율을 절상시키고 있다고 비난했다. 같은 현상을 자기들 입장에서 설명한 것이다.

미국의 양적완화 결과 2012년 8월 말까지 브라질 헤알화가 2002년 말 대비 75% 급등한 것을 비롯해 일본 엔화가 46%, 중국 위안화가 30% 올랐다. 우리 원화도 2012년에만 달러화 대비 8%가량 절상되어 세계 주요 통화 가운데 가장 많이 올랐다.

양적완화는 최후의 수단이다. 통상적으로 정부가 경기를 부양하는 수단은 재정정책과 통화정책이다. 재정확대정책이 정부예산을 공공사업 등에 풀어 수요를 촉진하는 것이라면, 통화팽창정책의 목표는 금리를 낮춰 시중 유동성을 늘리는 것이다. 그만큼 대출이 쉬워져 시중에 돈이 풀린다. 그런데 금리가 거의 제로금리 수준이라 더이상 금리 인하를 할 수 없을 때 쓰는 마지막 수단이 양적완화정책이다. 정부가 발행하는 국채를 중앙은행이 사들여 시중에 돈을 풀고 시중금리가 낮아져 유동성이 늘어나는 것이다.

양적완화는 달러화의 가치를 떨어뜨린다. 실제로 1차 양적완화 때 10%, 2차 때 또 5% 정도 떨어졌다. 미국의 2차 양적완화정책은 마침 그 시점이 G20 정상회의 및 미국과 중국 간의 환율갈등과 맞물렸는데, 중국과 브라질은 물론 일본, 독일, 프랑스 등 대부분의 G20 국가들도 미국을 비판하고 나섰다. 다른 경쟁국 통화에 대한 달러 가치를 인위적으로 내리려는 정책이라 판단했기 때문이다.

미국의 양동작전, 달러의 곡예

그런데 여기서 미묘한 일이 일어난다. 떨어졌던 달러가 슬그머니 제자리로 돌아왔다. 무슨 일인가? 이 일을 알기 위해서는 미국의 양동작전을 이해해야 한다.

앞서 말했듯이 미국은 경기를 살리고 빚 탕감 효과를 내기 위해 시종일관 약달러 정책을 쓰고 있지만, 세계 기축통화로서 달러의 위상을 지키기 위해 동시에 강달러를 지향한다. 동전의 앞뒷면과도 같은 이러한 딜레마를 미국은 수십 년 동안 교묘하게 이끌어가고 있다. 이번 금융위기에서도 미국은 두 마리 토끼를 모두 잡으려 하고 있다.

그 방법의 하나가 유로화 두들겨 패기였다. 유럽의 재정위기를 부풀려 미국 언론들이 대서특필하고 매크로 헤지펀드들이 앞다투어 유로화를 공격했다. 마치 세계 경제가 유럽 재정위기로 큰 위기에 봉착한 듯이 몰아붙였다. 약효는 즉시 살아나 너도나도 할 것 없이 안전자산이라 여기는 달러를 찾게 되었다. 달러가 다시 강세가 된 이유이다. 기실 재정 문제는 유럽보다는 미국이 더 심각한데도 말이다.

'무제한' 양적완화정책

미국은 1차, 2차 양적완화에도 경기가 살아나지 않자 2012년 9월 3차 양적완화정책을 시행했다. 2015년 중반까지는 제로금리를 이어가고, 매달 400억 달러에 달하는 주택담보부증권MBS을 매입하는 조치가 주 내용이었다. 반면 기한은 '고용이 호전되거나 물가가 급등하기 전까지'로 명시해 사실상 무기한임을 시사했다.

세계 경제가 회복이 더딘 이유 중 하나가 금융위기 시 대형 부도 사고를 일으킨 모기지담보부증권MBS 등 파생금융상품들이 잘 거래되지 못하고 있었던 탓이다. 금융기관들은 이 MBS를 대량으로 안고 있는데 팔지도 못하는 상태였다. 그런데 3차 양적완화에서는 중앙은행이 이런 MBS를 높은 가격으로 매입해준다는 것이었다. 중앙은행이 은행이 보유한 MBS를 사주면 그만큼 시중 MBS 양이 줄어들면서 가격이 올라 금융시장과 부동산시장을 동시에 활성화시킬 것이라는 계산이었다. 금융을 통해 부동산시장을 정조준한 것이었다.

3차 '무제한' 양적완화정책으로 다른 나라들도 무역경쟁력 확보를 위해 환율전쟁에 뛰어들었다. 게다가 넘쳐난 자금은 국민에게 대출되기보다 연준에 재예치되거나 투기자본화하여 외국으로 빠져나갔다.

1~2차 양적완화로 풀린 2조 3500억 달러 중 절반가량인 1조 달러가량이 다시 연준에 재예치되어 낮잠을 자고 있었다. 문제는 돈이 없는 게 아니라, 투자할 곳이 마땅치 않은 것이었다. 생산적인 분야로 들어가지 못한 돈은 결국 수익성이 높은 개발도상국 증시와 상품투자로 흘러들어 가 시장의 불안정성을 높이고 투기자본들의 배만 불려줬다.

통화정책의 기본은 뿌린 돈이 물가를 올리면 다시 거두어들이는 것이다. 그런데 양적완화정책은 뿌린 돈을 거두지 않고 시장에 그대로 내버려둔다. 그러면 인플레이션은 필연이다. 미국은 부작용을 알면서도 고용시장 활성화를 위해 사실상 인플레이션을 방치하겠다는 것이었다. 아니, 방치 정도가 아니라 인플레이션을 유도하여 집값을 올려 금융위기로부터 벗어나겠다는 심산이었다. 차마 드러내 놓고 말은 못 하지만 부동산 가격을 올리기 위해서는 인플레이션 외에는 약이 없다는 판단이었다.

게다가 3차 양적완화의 약효가 미미하다고 느낀 연준은 추가 양적완화를 발표해 2013년 1월부터 매월 450억 달러의 국채를 별도로 매입하기 시작했다. 인플레이션을 가속화하여 집값을 끌어올려 금융위기에서 빠져나와 다시 한 번 소비경제를 살려보겠다는 것이었다. 아주 대놓고 인플레이션을 일으키겠다는 심산이었다.

연준은 또한 실업률이 6.5% 이하로 떨어지고 물가상승률이 2.5%를 넘지 않는 선에서 제로에 가까운 초저금리를 계속 유지한다고 발표했다. 이제는 통화정책에 실업률을 연동시키겠다는 것이었다. 이는 고용이 늘어나 실업률이 안정적으로 낮아질 때까지 무제한으로 돈을 풀겠다는 강력한 의지의 표현이었다. 이에 따라 연준은 매월 400억 달러의 모기지담보부증권MBS 매입 이외에 매월 450억 달러의 국채를 더해 매월 850억 달러를 쏟아부었다.

이렇다 보니 대다수 국가는 자국의 통화 강세를 막기 위해 안간힘을 썼다. 누리엘 루비니 미국 뉴욕대학 경영대학원 교수와 스티븐 로치 전 모건스탠리 아시아 회장 같은 석학들은 작금의 4차 환율전쟁이 세계 경제에 암적인 존재라고 경고했다.

특히 문제는 유럽의 재정위기, 일본의 경기침체와 맞물려 이들 국가조차 양적완화에 대대적으로 동참하고 있다는 점이다. 유럽중앙은행은 미국 연준의 3차 양적완화보다 오히려 며칠 앞서 무제한 양적완화를 선언했고, 일본은 디플레이션 탈피를 위해 실물경제의 생산성과는 전혀 상관없이 돈을 대량으로 찍어냈다. 세계 3대 통화가 모두 무제한 양적완화에 시동을 건 것이다.

미묘한 중국의 입장

중국은 환율을 인위적으로 고정시키고 있다. 미국의 30% 절상 요구에도 매년 3%로 맞서고 있는 것이다. 중국은 글로벌 금융위기 이후 자국의 경기회복을 위해 재정지출을 확대해 시장에 많은 돈을 풀었는데, 이 때문에 원자재 및 부동산 가격이 급하게 많이 올랐다.

중국은 자국의 버블을 우려해야 하는 단계로 금리 인상을 해야 하나 고정환율이 걸림돌이다. 딜레마에 빠진 중국 입장은 미국이 요구하지 않아도 자국의 버블을 잡기 위해 위안화를 절상하고 금리도 올려야 할 처지다. 그런데 세계가 초저금리 상황이라 금리를 올릴 경우 해외 자금들이 중국으로 몰릴 수 있어 고민인 것이다.

중국은 미국의 위안화 절상 압력이 커지자 자구책으로 외환보유고 다변화와 엔고를 유도하는 전략에 돌입했다. 2012년 들어 7월까지 중국이 매입한 일본 국채가 총 2조 3100억 엔으로 5월 이후 엔화는 11% 절상되었다. 이에 일본 정부는 9월 15일 G7과의 논의 없이 엔고 저지를 위해 양적완화라는 강수를 세계 환율전쟁의 기폭제로 던졌다.

거품 키우는 미국, 걱정되는 인플레이션 후폭풍

미국은 금융위기를 이용, 연준이 달러를 찍어내어 인플레이션을 유도해 실질 달러 가치를 절하시키려 하고 있다. 또 다른 한편으로는 연준이 찍어낸 달러로 세계 통화시장에 달러 유동성을 확대 공급하여 기축통화로서의 영역 확대를 통해 안전자산으로서의 달러 가치를 한껏 올리고 있다. 서로 상충되는 두 요소를 교묘히 조정하고 있는 것이다.

유동성 장세의 잠재적 문제

넘쳐나는 유동성

미국은 금융위기를 이용해 달러 유동성을 엄청나게 공급하고 있다. 2009년 연초에는 1680억 달러나 되는 세금을 환급해주는가 하면, 미국 GDP의 5.7%에 이르는 7000억 달러 규모의 금융구제안이 통과되어 돈을 풀었다. 유로 지역에 달러스왑을 통해 달러를 무제한 공급하기도 했고, 유로 자체적으로도 2조 5000억 달러 규모의 유료화가 풀려 나왔다. 모기지 업체인 패니메이와 프레디맥의 국유화에 쓴 돈이 4000억 달러나 된다. 연준에서 지금까지 상업은행에만 공급하던 유동성을 직접 시장에 공급하는 양적완화정책으로 2조 5000억 달러의 자금을 시중에 공급했다. 이를 통해 기업어음CP: Commercial Paper도 직접 매입했다.

이후 기업들의 단기 유동성 조달창구인 기업어음 시장에 1조 8000억 달러를 쏟아부었다. 기업어음은 신용도가 높은 우량기업이 자금조달을 목적으로 발행하는 단기의 무담보어음을 일컫는다. 한편 은행채 등의 발행보증으로 1조 9000억 달러를 퍼부었다. 또한 그들의 부실자산들을 매수하는 데 7000억 달러를 썼고, 연준에서는 모기지 채권을 직매입하는 데 6000억 달러를 조성했다.

2009년 초까지만 해도 전 세계 유동성 공급량이 6조 달러라고 했는데, 오바마가 취임하고 단 2~3주 만에 그들이 이미 집행하였거나 투입할 유동성은 본원통화의 증가분을 포함해서 8조 달러를 넘었다. 이 정도의 유동성이라면 유로존 전체와 미국, 일본 총통화의 3분의 1에 해당하며, 미국 GDP의 60%에 이르는 엄청난 양이었다.

연준FRB은 양적완화를 통해 주택담보부증권MBS과 장기국채를 대량 매입해 침체된 주택시장을 부양하고 장기금리를 내려서 실물경제를 회복시키려 했다. 그러나 1차 양적완화 효과가 끝난 직후, 미국 경제는 다시 침체로 빠져들었고 더블딥 우려가 시장에 팽배했다. 이런 시장의 우려를 불식하기 위해 그 뒤 2차 양적완화가 2010년 11월에 시행되어 연준은 6000억 달러 상당의 양적완화를 8개월에 걸쳐 시행했다.

그럼에도 고용이 늘지 않고 경기가 살아나지 않았다. 그러자 2012년 9월에는 3차 양적완화정책을 발표했다. 기준금리를 연 0~0.25%로 유지하는 초저금리 기조를 이어가고, 매달 400억 달러에 달하는 규모의 주택담보부증권을 매입하는 조치가 주 내용이었다. 반면 기한은 '고용이 호전되거나 물가가 급등하기 전까지'로 명시해 사실상 무기한 매입할 것임을 시사했다.

지난 시기에는 양적완화가 시작되면 금융시장에서 과열이 일어나고, 돈 풀기가 끝나면 얼마 안 가 증시가 급락하고 금융시장이 흔들리는 상황이 반복됐다. 이에 연준은 기한을 잡지 않음으로써 과열과 급락을 방지하고 경기부양의 의지를 공표한 것이다. 여기에 단기채권을 판 돈으로 장기채권을 사들여 장기 금리를 낮추는 정책도 연말까지 시행해 2012년 연말까지는 매달 850억 달러를 매입한다.

이는 금액으로만 보면 1차 양적완화는 2009년 1월부터 2010년

3월 말까지 15개월간 총 1.75조 달러 규모로, 2차는 2010년 11월부터 2011년 6월까지 8개월간 6000억 달러 규모로 시행됐다. 월 매입 규모는 1차 양적완화 때의 월평균 960억 달러, 2차 때의 750억 달러보다는 다소 약해 보이나 무엇보다 무제한으로 이 조처를 시행할 계획이고 부족하면 추가 조처를 취해서라도 경기를 부양하겠다고 밝힌 전례 없이 강력한 정책이었다.

문제는 나중에 벌어질 일이다. 당장은 경기부양이 달콤한 꿀이지만 나중에 경기가 본격 회복되면 광의의 유동성은 화폐발행액의 70배, 본원통화의 35배 이상으로 불어나는 게 보통이다. 미래에 불어닥칠 인플레이션 후폭풍이 염려된다.

1~2차 양적완화로 달러가 15% 평가절하되다

양적완화는 달러화의 가치를 떨어뜨려 미국 수출기업이 외국 기업에 비해 유리하도록 하는 효과를 내는데, 실제로 1차 양적완화 이후에 달러 가치는 10% 정도 떨어졌고 2차 이후에는 또 5% 정도 떨어졌다. 미국의 2차 양적완화정책은 그 시점이 G20 정상회의 및 미국과 중국 간의 환율갈등과 맞물려 마치 다른 경쟁국 통화에 대한 미화 가치를 인위적으로 내리려는 것처럼 인식되었다. 특히 기회만 있으면 미국 통화정책을 비판해오던 중국과 브라질은 물론 일본, 독일, 프랑스 등 대부분의 G20 국가들도 미국을 비판하고 나섰다.

3차의 '무제한' 양적완화정책은 주식시장의 호황과 저금리 하의 시장 안정에 이바지할 것이나 그 후유증은 전례 없이 크게 나타날 것이다. 미국은 1985년 플라자 합의 이후 단계적인 달러 약세를 통해 상당한 이익을 챙겨왔다. 당시 아시아 국가 중 일본만이 신축적인 환율제도를 가지고 있어 절상의 부담을 고스란히 안았으며 그 결과 자산 버블과 붕괴를 거치면서 잃어버린 20년을 경험했다.

문제는 무제한 양적완화정책으로 앞으로 경기가 호전되면 달러 가치가 또 얼마나 떨어질지 모른다는 점이다. 이 때문에 양적완화는 국가 간 긴장을 더욱 강화한다. 다른 나라들도 무역경쟁력 확보를 위해 환율전쟁에 뛰어들 것이 빤하다. 미국의 무제한적인 양적완화 효과와 유로존 경제국들의 재정위기, 그리고 일본의 디플레이션 위험 등 환율에 큰 변수가 될 만한 경제문제들이 산재해 있어 외환시장의 긴장감은 어느 때보다 고조될 전망이다. G2로 이야기되는 미국과 중국의 환율 공방을 비롯해 유로화와 엔화 등 외환시장에 환율전쟁의 먹구름이 몰려오고 있다.

무제한 양적완화, 금융투기 초래

게다가 지금까지의 경험으로 볼 때 미국 시중은행에 넘쳐난 자금은 미국 국민에게 대출을 하기보다 연준에 재예치되거나 투기자본화해 자본이득을 극대화할 목적으로 외국으로 유출되어 버린다. 미 연준은 3차 양적완화 조치를 발표하면서, 다시 돈을 찍어 푸는 것이 '고용' 때문임을 강조했다. "지난 금융위기 때 사라진 800만 개의 일자리 가운데 절반도 회복하지 못했고, 2012년 9월 현재 8.1%의 실업률은 2012년 초부터 개선 기미를 보이지 않고 있다"는 것이다.

그러나 이런 조치가 고용과 성장에 도움을 줄 가능성은 그리 높지 않다. 중앙은행이 찍어낸 돈으로 시중의 채권을 매입하면 그 돈은 JP 모건이나 씨티그룹, 골드만삭스 같은 주요 대형은행들에 공급된다. 양적완화가 고용과 성장에 도움이 되려면 이들이 받은 돈으로 가계나 기업에 대출을 해주고, 이들이 투자를 하고, 집을 사는 등 소비를 해서 고용이 늘어나고 소비가 촉진되는 선순환이 일어나야 한다. 그러나 거품이 붕괴되고 경기침체가 지속되면서 가계와 기업들은 부채를 줄이고 자산건전성을 회복하기 위해 안간힘을 쓰고 있는 상황이다. 따라서 중앙은행이 아무리 돈을 찍어 은행에 공급해도 그 돈이 생산적인 부분으로 흘러들어 가 고용과 성장을 촉진하지 못하고 있다.

이런 이유로 지난 1~2차 양적완화로 풀린 2조 3500억 달러 중 절반가량인 1조 달러가량이 다시 연준에 재예치되어 낮잠을 잤다. 문제는 돈이 없는 게 아니라, 투자할 곳이 없다는 것이었다.

생산적인 분야로 들어가지 못한 돈은 결국 금융시장으로 흘러들어 가게 된다. 특히 수익성이 높은 동아시아와 상품투자가 유력한 대상이다. 그리하여 증시와 상품시장은 급등하게 되고, 자산 거품이 늘어나게 된다. 투기자본들의 배만 불리게 되는 것이다. 양적완화는 세계적인 금융투기를 부추겨 동아시아의 금융시장과 상품시장을 더욱 불안정하게 할 것이다.

우려되는 인플레이션 쓰나미

3차 양적완화정책의 골자는 시중에 돈을 '무제한'으로 뿌리겠다는 것이다. 앞서 설명한 것처럼, 통화정책의 기본은 뿌린 돈이 물가를 올리면 다시 걷어 들여야 한다는 점이다. 그런데 뿌린 돈을 걷어 들이지 않고 2015년 중반까지 시장에 그대로 내버려두겠다는 점이 다르다. 인플레이션은 필연적이다. 미국 당국에서는 인플레이션에 대한 부작용을 알면서도 고용시장 활성화라는 목표 달성을 위해 사실상 인플레이션을 방치하겠다는 것이다. 아니, 방치 정도가 아니라 인플레이션을 유도하여 집값을 상승시키고 이를 통해 금융위기로부터 벗어나겠다는 것이다.

차마 드러내놓고 말은 못 하지만 돈을 뿌리는 연준의 전략은 간단하다. 첫째, 부동산 가격을 올리기 위해서는 인플레이션 외에는 약이 없다는 것이다. 둘째, 달러 약세를 통해 빚을 줄인다는 것이다.

이렇게 되면 경기가 정말로 회복되었을 때 금리 인상 등 선제적 대응을 놓칠 경우, 잘못하면 인플레이션 쓰나미가 밀려들 공산이 크다. 또 그 쓰나미를 막겠다고 급격한 통화 회수와 금리 인상으로 빚어질 부작용과 역풍도 문제다. 이래저래 걱정의 늪은 깊어갈 수밖에 없다.

미국 주가 버블보다 중요한 채권시장 문제

미국은 유동성 장세로 자산가격을 회복하였다. 곧 돈의 힘으로 주식시장과 부동산시장을 살려낸 것이다. 그러나 세계 경제의 고요함은 폭풍 전야의 그것과도 같다. 투자자들도 채권 등 유가증권 매매 부문이 정체되고 그 시장가격의 변동성이 너무 낮다는 데 불안을 느낄 정도이다. 시장가격의 변동성이 줄어들면 투자가들은 함부로 움직일 수 없다.

미국에서는 공포지수라고 불리는 VIX지수가 있는데 이것이 하락하면 공포감이 없어진다는 뜻이다. 변동성 하락과 더불어 VIX지수가 장기간 하락하고 있지만 오히려 시장에는 잠재적 공포감이 있다. 변동성 하락, 곧 저금리 하에서 시장의 평온함은 '차입금으로 운용하는 레버리지 확대'를 조장하는 토양이다. 그런데 만약 금리상승 분위기가 강해지면 유동성이 일제히 레버리지 축소방향으로 움직이기 마련이다.

따라서 유동성 위기는 조기 금리 인상이나 경기 과열을 우려한 빠른 금리 인상으로 비롯될 수 있다. 채권투자가들은 일반적으로 저금리 기조가 지속될수록 수혜를 입는다. 그러나 경기회복으로 실업률이 하락하고 인플레이션이 시작되면 금리 인상을 더 이상 미룰 명분이 없어진다. 만약 금리 인상으로 채권시장 유동성에 불이 붙으면 초저 수준의 변동성 시대는 순식간에 종말을 맞고 널뛰기 시장이 될 것이다.

그런데 문제는 이러한 대량의 채권을 받아줄 시장이 있느냐로 귀결된다. 아시아 각국 정부는 이제 더 이상의 외환보유고 확충을 고려하지 않고 있어 미국 국채시장이 고갈되어 가고 있다. 모기지 채권도 금리가 올라가면 수요가 줄어들기는 마찬가지다. 영국 〈이코노미스트〉지는 유동성이 고갈된 채권시장은 출구가 좁은 만석상태의 영화관과 같다고 비유했다.[*]

캐스케이드 현상이 올 수도

이미 세계는 환율전쟁 속으로 접어들었다. 이대로 환율전쟁이 진행된다면 캐스케이드cascade 현상이 올 수도 있다. 캐스케이드 현상이란 어느 한 시점에 매물이 폭포수처럼 쏟아지면서 시세가 폭락하는 현상을 말한다.

어느 시점에서 인플레이션이 과도하게 진행되어 초인플레이션이 발생해 글로벌 경제를 짓누르면 이는 캐스케이드 현상으로 연결될 수 있다. 나는 중남미 근무 때 이것을 경험한 적이 있다. 일단 초인플

❖ SpringLady, 〈스넥 매거진(SNEKMAGAZINE)〉, 2014년 8월 1일

레이션이 시작되면 전 단계에 의해 다음 단계가 순식간에 발동되면서 폭포수를 맞는 것처럼 일순간에 일이 벌어진다.

화폐가치의 하락으로 최초 1만 명이 달러화를 거부하면 다음 100만 명을 돌파하게 되고, 그다음에는 순식간에 1000만 명이 거부하게 된다. 세계 인구의 일부만 달러를 거부해도 그 여파는 걷잡을 수 없게 될 것이다. 결국 달러의 몰락으로 이어지게 된다.

본격적인 환율전쟁이 시작되다

글로벌 금융위기로 미국은 3차에 걸쳐 양적완화정책을 시행했다. 말이 고와 '양적완화'이지 막말로 공중에서 헬리콥터로 무차별적으로 돈을 뿌린 것이나 마찬가지였다. EU 역시 마찬가지로 양적완화정책을 실시하며 유로화를 대량 살포했다. 양대 경제권이 돈을 그렇게 많이 찍어내어 살포했음에도 인플레이션이 일어나지 않은 것은 세계적인 불경기로 돈이 시중에 활발히 돌지 않았기 때문이다.

일본도 아베가 집권하면서 이른바 '아베노믹스'를 외치며 돈을 찍어내어 시중에 퍼붓기 시작했다. 그 결과 엔화는 달러당 78엔에서 100엔 내외로 25% 가까이 절하되었다.

글로벌 금융위기 기간 중 6차례의 환율전쟁

영국의 〈옥스퍼드 이코노믹스〉지는 2007년 글로벌 금융위기 이후 크고 작은 여섯 차례의 환율전쟁이 있었다고 요약했다. 1차 환율전쟁을 2007~2008년 영국의 파운드화 25% 절하로, 2차를

2009~2011년 미국 연준의 양적완화 도입에 따른 달러화 15% 절하로, 3차를 2011~2012년 스위스중앙은행의 환율 하한선 폐지에 따른 스위스프랑화 10% 절하로 구분했다.

이어 4차는 2013~2014년 일본은행의 대규모 부양책에 따른 엔화 30% 절하, 5차는 2014년부터 2015년 6월까지 ECB의 마이너스 금리 채택과 양적완화 확대에 따른 유로화 12% 절하가 각각 해당했다. 6차 전쟁은 2015년 8월부터 중국이 위안화 가치를 대폭 절하하며 촉발되어 현재 진행 중이다.

〈옥스퍼드 이코노믹스〉는 다만, 양적완화 정책이 한계에 다다랐으면 통화가치 절하 경쟁은 다시 제로섬게임 형태로 돌아갈 수 있다고 경고했다. 경제전문가들은 현재 진행 중인 중국의 위안화 가치 절하가 미국의 환율조작국 지정과 무역보복과 격돌하는 형태로 환율전쟁이 진행된다면, 한국 경제에는 큰 타격이 될 수 있다고 지적했다.[*]

미국의 부동산 경기가 살아나다

서브프라임 사태의 직접적인 원인이었던 미국의 부동산 경기가 2011년부터 완연히 살아났다. 주택 매매는 2011년 9월부터, 집값은 2012년 6월부터, 매물은 2013년 1월부터 꾸준히 증가했다. 집값은 2013년 3월 전년 대비 매월 1% 이상씩 상승해 무려 10.9%나 올랐다. 부동산 경기가 급속도로 살아났다. 미국에서 부동산 경기가 살아난다 함은 곧 소비경제가 활성화됨을 뜻한다.

여기에 놀란 미 의회가 버냉키를 불러내어 출구전략을 거론하자

---

[*] 연합뉴스 이율·윤영숙 기자, "6차 환율전쟁 본격화하나", 2016년 3월 13일

부동산 경기 회복세

주택 매매
2011년 9월부터 꾸준히 회복

집값
2012년 6월부터 꾸준히 회복

매물
2013년 1월부터 꾸준히 회복

자료: NAR

시장이 놀랐다. 장기국채의 투매가 쏟아져 채권가격이 하락하면서 장기금리가 상승했다. 양적완화로 정부가 국채를 대규모로 사들이고 있음에도 국채가격이 급락했다는 것은 그만큼 시장이 크게 놀랐다는 반증이다.

이런 일로 정작 놀란 건 미 의회와 연준이다. 이야기 한 번 잘못 꺼냈다가 기껏 모처럼 살아 오르는 시장에 찬물을 끼얹을 수 있다고 느낀 것이다. 양적완화를 반대하던 스티글리츠 교수조차도 돌연한 양적완화의 축소는 위험하다는 의견을 피력했다.

게다가 셰일가스로 에너지값이 싸지고 달러 인덱스(83~84) 상승으로 상대적으로 원자재값이 저렴해졌다. 더구나 최근의 엔저로 일본 수입품 가격이 낮아져 당분간 인플레이션은 걱정하지 않아도 될 형편이었다.

미국이 출구전략을 서두르는 이유

그럼에도 미국은 경기가 급속도로 살아나자 2014년 들어 테이퍼링을 더 이상 미룰 수가 없었다. 아니, 서두르고 있었다. 테이퍼링이란 그간 시중에 돈을 푸는 양적완화정책인 국채와 모기지채권 매입을 점진적으로 축소하는 걸 말한다. 이는 더 나아가 머지않아 그간 풀었던 달러를 거두어들이겠다는 출구전략의 신호탄이기도 하다. 이 때문에 그간 개발도상국들에 방출되었던 달러의 귀환 사태가 일어났다.

개발도상국들에서 달러가 많이 빠져나가자 당연히 해당 국가의 환율이 춤출 수밖에 없었다. 아르헨티나의 경우 2014년 1월 페소화가 무려 18.6%나 급락했다. 더구나 2월 초 공식 환율은 달러당 7.7페소이지만 암달러 환율은 12페소였다.

이외에도 경상수지 적자가 큰 인도, 인도네시아, 남아공, 터키, 브라질 등의 환율이 요동칠 요주의 국가들이다. 이들 국가는 잘못하면 외환위기에 빠질 위험이 있다.

터키 리라화는 2013년 5월 버냉키 쇼크 이후 무려 30%의 절하를 기록했었다. 그럼에도 터키는 달러 유출을 막기 위해 이번에 금리를 4.5%에서 10%로 무려 5.5%이나 올렸다. 굉장히 다급했다는 방증이다. 화끈한 돌궐족답다. 심지어 우리 환율도 2월 3일 하루 14원 10전이나 올랐다.

개발도상국들은 일제히 미국의 테이퍼링을 비난하고 나섰다. 그럼에도 미국은 테이퍼링을 늦출 여유가 없었다. 왜냐하면 미국의 2013년 하반기 두 분기 성장률이 모두 3%를 넘어서는 호황을 누리면서 시중통화량(M2)이 급격히 늘어나고 있기 때문이다. 이 추세로 나가면 자칫 인플레이션에 휩싸일 가능성마저 있었다. 게다가 경기가 살아나자 고용 증대로 인해 실업률이 6.7%로 떨어졌다. 연준의 목표 실업률인 6.5%에 바짝 다가선 것이다.

연준이 예상했던 것보다 경기가 급격히 활성화되고 있었다. 이제는 오히려 경기를 조금 진정시켜야 했다. 게다가 미국으로서는 개발도상국들이 금리를 올려 달러를 자국 내에 가두어놓아야 미국으로 귀환하는 달러가 줄어 시중통화량 증가의 부담을 조금이나마 줄일 수 있다.

만약 이 추세대로 진행되어 미국의 실업률이 6% 이하로 하락하고 물가상승률이 장기 목표치인 2%를 웃도는 상황이 오면 미국도 부득이 금리 인상을 서두르지 않을 수 없다. 이것은 최악의 시나리오다. 내 코가 석 자인 미국이 다른 나라 사정을 봐줄 수 없는 이유이다. 실제 미국 백악관이 전망한 국내총생산GDP 성장률은 2014년 3.1%, 2015년 3.4%다. 2013년 미 GDP 성장률은 1.9%였다.

중국, 위안화 절상 못 하는 두 가지 이유

중국이 위안화를 대폭 절상하게 되면 다음과 같은 두 가지 부작용에 시달릴 수 있다. 하나는 수출기업의 채산성이 악화될 때 발생할 실업자 문제이다. 중국도 중소기업이 많기에 중소기업은 위안화 평가절상으로 수출채산성이 악화되면 고용을 줄이거나 신규채용이 어려울 수밖에 없다.

다른 하나는 1985년 플라자 합의 이후 일본 경제처럼 국제 투기성 자본의 유입과 유출에 따른 중국 경제의 혼란 가능성이다. 위안화 평가절상 기대감으로 국제 유동성이 중국으로 이동하면 중국 자산시장 거품이 발생한다. 그다음 거품을 유지할 수 없게 되면, 중국 경제도 1990년대 일본 경제처럼 자산시장 거품 붕괴에 따른 후유증이 클 것을 우려하고 있는 것이다. UN무역개발회의UNCTAD도 중국의 견해에 동의하고 있다. 중국이 선진국처럼 변동환율제도로 변경하지 못하는 이유이다.

환율전쟁의 신호탄, 원고가 시작되다

이런 환경 속에서 미국과 유럽의 경기는 살아나고 있었다. 2013년 5월 22일 미국 경기가 뚜렷이 살아나자 그간 뿌렸던 달러를 거두 어들이는 출구전략이 거론되었다. 그러자 개발도상국들의 화폐가 치가 급락하기 시작했다. 가장 위험한 나라 순서대로 5개 국가를 'Fragile', 즉 깨지기 쉬운 나라라는 의미로 F5라고 불렀다. 인도, 인 도네시아, 브라질, 터키, 남아공 순이다.

이 나라들이 위기의 국가로 지목된 이유는 바로 경상수지와 외환 보유고이다. 가진 돈, 곧 달러도 없는 데다 경상수지 적자로 위험국가 로 지목된 것이다.

반면 우리나라는 전통적인 외환보유고 대국이자 경상수지 흑자 국가다. 2013년 8월 인도네시아와 인도가 외환위기를 겪을 수 있다 는 이야기가 나온 2차 충격 때부터 원화는 다른 모습을 보이기 시작

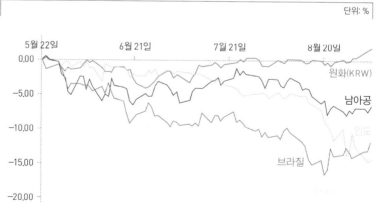

원화의 가치 변동

단위: %

자료: 블룸버그, IBK자금운용부

했다. 인도, 브라질, 남아공 등의 나라 통화는 추가적 약세를 보였지만, 원화는 오히려 유일하게 강세를 보였다. 이 기간 원화가 2.4% 강세를 보인 반면 인도의 루피는 17.6%, 인도네시아의 루피아는 14.2% 약세를 보였다.

2013년 우리나라 경상수지 흑자는 무역수지 흑자에 힘입어 역대 최고를 달성했다. 우리나라 GDP의 약 6%에 달하는 수치다. 그 때문에 위험국가들에서 빠진 돈의 일부가 우리 증시와 채권시장으로 흘러들어 오고 있어 원화가 절상되고 있었다. 문제는 앞으로다. 미국의 출구전략이 시작되면 이 흐름은 더 증폭될 가능성이 높다. 원화 절상이 더 가파를 수 있다는 이야기다.❖

본격적인 환율전쟁에 돌입하다

근래 본격적인 환율전쟁으로 접어드는 몇 가지 이상 징후들이 연달아 보이고 있다. 우선 중국이 2014년 4월 15일 위안화 환율 변동폭을 상하 1%에서 2%로 확대했다. 1월 중 달러당 6.04위안까지 하락했던 위안화 환율은 4월 말 달러당 6.26위안까지 치솟았다. 2013년 4월 9일 이후 11개월 만에 최저치다. 중국 정부의 외환시장 개입 강도가 강해지고 있는 것이다. 마틴 펠트스타인 하버드대학 교수는 "위안화 약세는 리커창 총리가 수출을 늘려 2014년 중국의 성장목표 7.5%를 달성하기 위한 노력"이라고 풀이했다.

그러자 이번에는 미국이 치고 나왔다. 2014년 4월 19일 연방공

❖ 기업은행 이효석 과장, "쉽게 풀어쓴 경제 이야기 – 원화, 살아 있네", 기업은행 블로그 http://blog.ibk.co.kr/1006

개시장위원회FOMC에서 슬그머니 실업률 목표치(6.5%)를 더는 금리 인상과 연계치 않겠다고 발표했다. 미국 경기가 살아나 실업률이 6.6~6.7%로 떨어지자 말을 바꾼 것이다. 이 말은 경기가 살아나도 당분간은 금리 인상을 하지 않겠다는 뜻이다. 약달러로 가겠다는 의미다.

유럽중앙은행ECB은 2014년 6월 기준금리를 0.25%에서 0.15%로 내리고 하루짜리 예금금리를 마이너스 0.1%로 낮췄다. 현대 세상에 마이너스 금리가 탄생한 것이다. 돈을 은행에 맡기면 수수료, 곧 벌금을 물릴 테니 시중에 돈을 풀라는 뜻이다.

이어 3개월 만인 9월 4일 또 금리를 전격 내렸다. 기준금리를 0.15%에서 0.05%로 0.1%포인트 내리고 하루짜리 예금금리를 마이너스 0.2%로 낮췄다. 그리고 10월부터 자산유동화증권ABS 등 민간 자산을 매입하는 제한적인 양적완화를 실시하기로 했다. 전문가들은 ECB의 새 조치가 약 1조 유로를 시중에 푸는 효과가 있을 것으로 분석했다.

이에 더해 마리오 드라기 ECB 총재는 여전히 회원국 국채를 매입하는 미국식의 전면적 양적완화 가능성을 열어두고 있다. 전문가들은 ECB가 국채 매입에 나서면 이미 두드러지기 시작한 유로화 약세가 가속화해 환율전쟁을 자극할 것이라고 우려했다.

일본은 막대한 돈을 풀어 자국의 통화가치를 떨어뜨리는 아베노믹스를 계속하고 있다.

세계 4대 경제권이 모두 자기 먼저 살겠다고 자국 화폐의 평가절하에 목을 맨 형국이다. 환율전쟁이 시작된 것이다. 우리는 가만히 앉아 당하게 생겼다. 주변의 위안화와 엔화가 절하되면 우리 원화는 상대적으로 절상되는 효과를 가져온다.

특히 위안화 절하는 심각하다. 중국은 위안화 약세를 통해 수출을 늘리고 수입을 줄이겠다는 것인데, 이는 우리 수출에 치명적이다. 중국 상품과의 수출 경쟁에서 가격경쟁력이 약화될 뿐 아니라 우리 수출의 제1시장인 대중국 수출에 빨간불이 켜지기 때문이다.

2009~2014년 5년간 가장 절상 폭이 높은 원화

글로벌 금융위기 이후 4차 환율전쟁이 시작된 뒤 우리 원화의 추이를 보자. 아래 그림은 2009~2014년 5년간 원화와 위안화, 달러, 유로, 엔 환율의 실질실효환율 가치 변화를 나타내고 있다. 미국의 양적완화정책이 시작되어 브라질의 만테가 장관이 환율전쟁을 비난한

최근 5년간 실질실효환율 가치 변화

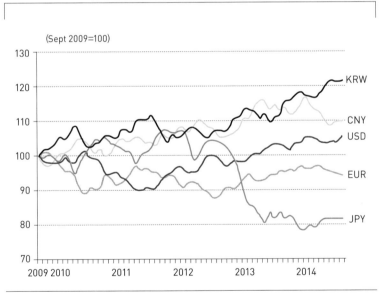

자료: Datastream/Choonsik Yoo

2009년 후반기를 100으로 환산해 이후 변화 양상을 보여준다. 우리 원화의 절상 폭이 가장 큼을 알 수 있다.

이 그림에서 보면 달러의 가치는 양적완화정책이 두 차례 시행된 영향으로 2011년 초반까지 하락했지만 낙폭은 10% 정도였다. 그나마 유로존 재정위기가 불거지자 달러 가치는 반등하기 시작했다.

이 기간 중 원화와 위안화 가치는 꾸준하게 상승세를 타고 있다. 그러나 상승 속도는 가파르지 않고 점진적이었다. 다만 위안화 가치는 중국 경제성장의 둔화를 막아보기 위해 2013년 말경부터 하락 반전시킨 것을 알 수 있다.

엔 가치는 이 기간 중 2012년 중반까지는 강세를 유지했으나 이후 아베노믹스 예고 발언과 실제 시행 이후 급속히 하락했다. 이렇게 보면 아베노믹스의 엔 절하 정책은 확실하게 영향력을 발휘한 것을 알 수 있다. 이후 엔화는 원화 대비 3년 사이에 40% 가까이 절하되었다.✧

우리나라의 수출은 전체 국내총생산GDP의 약 57%를 차지한다. 무

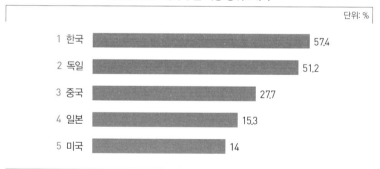

2012년 GDP 대비 수출 비중 상위 5개국

단위: %

1 한국	57.4
2 독일	51.2
3 중국	27.7
4 일본	15.3
5 미국	14

✧ 환율전쟁과 한국의 대응, 유춘식 블로그, 로이터통신 서울지국 부지국장

역 강국 가운데 가장 높은 편에 속한다. 곧 주식회사 대한민국은 수출 주력기업인 셈이다. 그런데 이렇게 환율에서 밀리면 상당히 위험한 지경에 이를 수 있다.

원화가 다른 통화에 대해 강세로 가는 이유

원화가 다른 통화에 대해 강세로 가는 이유는 무얼까? 주요 경제권의 경제 상황이 좋지 않아 돈을 많이 풀기 때문이다. 특히 일본의 양적완화가 기승을 부리고 있다. 우리 원화가 엔화에 대해 강세로 가는 이유이다.

그리고 유로존도 디플레이션에서 헤어 나오지 못하고 있다 보니 금리를 내리고 추가 양적완화정책을 다시 만지작거리고 있다. 이 통에 유로화가 연신 하강세를 타고 있어 유로화 대비 원화가 강세로 가고 있다.

그렇다 보니 달러는 엔화나 유로화 대비 상대적으로 강세를 보인다. 우리 원·달러 환율은 이 틈에 달러에 대해서는 약세를 타고 있으

금융위기 전후 3년간 달러 인덱스 추이

| 2008 | 01 03 05 07 09 | 11 | 2010 01 03 05 07 09 | 11 | 2011 01 03 05 07 09 |

90.00
87.50
85.00
82.50
80.00
77.50
75.00
72.50

* 달러 인덱스=주요 6개 통화 대비 달러 가치

자료: CNBC

나 더 두고 볼 일이다.

그렇다면 앞으로 원·달러 환율은 어떻게 될까? 기본적으로 주요 6개 통화 대비 달러 가치를 나타내는 '달러 인덱스 지표'는 지난 10년간 80을 향해 수렴하는 특징을 갖고 있었다. 하지만 2016년 말 기준, 100을 돌파했다.

달러 환율 관련, 많은 변수가 있는 외환시장을 예측한다는 것은 어렵다 못해 무모하지만 몇 가지 단서를 유추해볼 수는 있다.

첫째, 달러화의 가치가 중장기적으로 하향 안정될 것이라고 예상되면서 달러들이 수익을 좇아 이머징 시장을 향해 빠져나오고 있기 때문이다. 그 대상 중 하나가 우리나라인 것이다. 달러의 유입이 많아지면 원화는 강세로 갈 수밖에 없다. 우리 돈의 수요가 많아 가치가 오르는 것이다.

둘째, 이머징 마켓 중에서도 우리 시장이 가장 건전한 시장이라고 외국인들이 보고 있는 것이다. 2013년 우리나라 경상수지 흑자는 700억 달러를 넘어섰고 이후 흑자규모는 더 증가하여 2년 내리 1000억 달러를 넘어섰다. GDP의 8%를 넘어 과도하다고 견제받을 수치였다.

아이러니한 것은 미국이 양적완화를 축소하는 테이퍼링을 실시하면 긴축으로 돌아서는 것이기 때문에 이론적으로는 달러 가치가 올라야 한다. 그런데 시장은 거꾸로 갔다. 오히려 달러 가치가 하향 안정되었다. 미국 경기가 좋아지면서 은행에서 잠자고 있던 달러들이 풀려나와 시장에 유동성이 증가하기 때문이다. 이후 유럽 경기가 침체되면서 유럽중앙은행이 연달아 금리를 내리자 달러는 강세로 돌아섰다.

그러나 미국이 양적완화정책을 끝내면서 강달러 현상을 최소화하는 방안을 추진할 공산이 크다. 더구나 2015년부터 미국 경제가 본격적으로 회복되면 시중에 달러 유동성이 풍부해져 달러는 약세로 돌아설 가능성이 크다.

그러면 원화는 다시 기존의 트렌드를 좇아 강세로 갈 것이다. 이때 우리 원화 환율이 1000원대가 깨지면 우리 정부의 못된 개입이 있을 수 있다. 하지만 립서비스 이상이 되어서는 안 된다. 다시 강조하지만 정부는 외환시장에 실물개입을 해서는 안 된다. 대세의 흐름을 무모하게 막겠다고 나서다 헛되게 국고만 낭비할 수 있다. 유럽과 중남미의 격동의 외환시장을 현장에서 오랜 기간 지켜보면서 느낀 것이다.

가파르게 떨어지는 엔 환율, 마이너스 금리도 불사

문제는 엔화다. 2014년 9월을 전후해 엔저 하락세가 다시 재현되고 있다. 국제 금융시장에서 '강한 달러'가 부활하는 상황 속에서 일본이 기회를 놓치지 않고 엔화 가치를 떨어뜨리고 있다. 달러당 엔화 환율이 110엔에 근접하고 있고 원화 당 엔화 환율은 950원대이다. 6년 만의 최저 수준이다.

원·엔 환율은 2년 9개월 만에 36% 이상 떨어졌다. 최근 한국 경제를 위협하는 엔저 추세가 다시 가속도를 밟는 것은 돈을 풀겠다는 일본은행의 의지가 더 확고해지면서부터다. 일본은행은 2014년 9월 두 차례에 걸쳐 사상 처음으로 단기 국채를 '마이너스 금리'로 매입했다. 이는 액면가에 돈을 더 얹어주면서까지 국채를 사들인 것으로, '손해를 보더라도 시중에 돈을 풀겠다'는 극약 처방이다.

일본은행은 2014년 10월 31일 금융정책결정회의에서 추가 금융완화를 결정했다. 1년간 매입하는 자산을 약 60조~70조 엔에서

80조 엔으로 늘려 시중 자금량을 확대키로 했다. 1년간 매입하는 장기국채 금액도 현재의 약 50조 엔에서 80조 엔으로 확대했다.

세계 메이저 금융사들은 엔저현상의 지속으로 엔화에 대한 원화의 환율이 향후 1년 안에 800원대로 추락할 수 있다고 판단하고 있다. 원·달러와 달러·엔 환율을 동시에 전망한 주요 금융사들을 보면 BNP 파리바는 1년 안

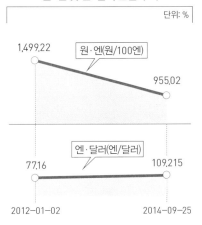

원·엔 및 엔·달러 환율 추이

단위: %

1,499.22

원·엔(원/100엔)

955.02

엔·달러(엔/달러)

77.16   109.215

2012-01-02   2014-09-25

자료: 서울외국환중개, 외환은행

에 800원대도 깨고 100엔당 786원까지 예상했다. 모건스탠리는 2015년 3분기 중 100엔당 873원을 제시했고, 크레디트스위스 등은 앞으로 1년 동안 900원대가 유지될 것으로 내다봤다.✧

잘 해내고 있는 우리 수출기업들

이러한 환율전쟁 하에서도 우리 수출기업들은 참으로 선전했다. 아직까지는 엔저의 거센 공격에도 크게 흔들리지 않았다. 다음 페이지의 그림은 지난 10년간 물량 기준으로 우리 수출실적과 세계 수출량 변화를 보여주고 있다. 이 그림에서 보듯 2009년 이후 원화 가치

✧ 우상규 기자, 〈세계일보〉, 2014년 9월 28일 등

최근 10년간 수출 실적과 세계 수출량

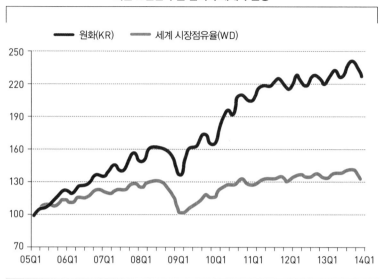

2015년 주요국 수출 순위

순위	국가명	수출액(억 달러)	증가율(%)
1	중국	16,641	−1.9
2	미국	11,341	−6.0
3	독일	9,997	−11.9
4	일본	4,696	−9.2
5	네덜란드	4,242	−16.7
6	한국	3,968	−6.6
7	프랑스	3,772	−13.8
8	홍콩	3,732	−2.4
9	영국	3,430	−9.1
10	이탈리아	3,418	−14.5

* 2015년 1~9월 기준

자료: 한국무역협회

가 지속적으로 상승했지만 세계 시장점유율에 악영향은 나타나지 않고 있다. 우리 수출기업들이 환율 영향을 최소화하며 잘 대응해 나갔다는 뜻이다.

오히려 그사이에 대한민국이 수출 6강으로 올라섰다. 참으로 대단한 선전이다. 더구나 특기할 만한 사항은 2013년 엔저 공습 속에서도 오히려 세계 최대 무역국으로 부상한 중국 시장에서 일본을 제치고 대중국 최대 수출국으로 우뚝 서게 되었다는 점이다.[*]

2014년 세계 외환시장이 요동치다

2014년 세계 외환시장에 새로운 변수가 등장했다. 바로 미국의 셰일가스shale gas다. 셰일가스로 인해 에너지 지도가 바뀌면서 세계 외환시장이 요동치고 있다. 달러는 초강세를 갱신하고 산유국 통화가치는 외환위기에 몰릴 정도로 피폐해지고 있다.

러시아는 2013년 중순 달러당 34루블이었던 것이 2014년 말 한때 80루블까지 떨어져 외환위기 직전의 위험에 몰리기도 했다. 사재기와 예금 이탈이 늘어나 러시아 정부는 비상대책을 마련해야 했다. 우선 금리를 일시에 6.5%나 증가시킨 17%로 올렸다.

유로화는 달러당 1.49유로였던 것이 1.13유로까지 떨어져 9년 만의 최저치를 나타냈다. 주요국 통화들이 모두 달러에 비해 약세를 나타냈다. 세계 에너지 시장을 근본적으로 뒤엎은 셰일가스의 위력이었다.

❖ 환율전쟁과 한국의 대응, 유춘식 블로그, 로이터통신 서울지국 부지국장

국제정세의 변수, 셰일가스

셰일가스는 진흙이 수평으로 퇴적하여 굳어진 암석층(혈암shale)에 함유된 천연가스다. 미국의 한 벤처기업이 개발한 수압분쇄기술로 고압의 물을 수평으로 분사해 추출한 것이 바로 셰일가스와 셰일석유이다. 셰일가스 생산은 미국뿐 아니라 세계를 뒤흔들어 놓고 있다.

미국은 1일 석유 사용량이 2300만 배럴에 달한다. 이 가운데 미국 내 생산량은 800만 배럴 정도로 나머지 1500만 배럴을 수입에 의존해야 했다. 그러던 것이 셰일가스 개발로 일일 500만 배럴의 셰일가스와 셰일석유를 생산해 수요를 대체할 수 있게 되면서부터 세계 에너지 시장의 지각변동을 불러왔다. 미국이 사우디아라비아를 제치고 세계 최대의 산유국이 된 것이다.

이 때문에 산유국들은 비상이 걸렸고, 미국은 에너지 수입국에서 자립국으로의 꿈을 키워가고 있다. 이는 세계 정세와 경제에 엄청난 후폭풍을 불러일으키고 있다.

우선 국제 원유 가격이 반 토막 이하로 떨어졌다. 배럴당 120달러를 육박하던 원유값이 배럴당 40달러 내외로 곤두박질친 것이다. 또한 이로 인해 미국의 무역적자가 대폭 줄어들고 있다.

게다가 미국 내 셰일가스 가격은 기존 수입 가스 가격의 5분의 1에 불과해 미국의 제조업 경쟁력이 살아나고 있다. 제조업이 살아나자 고용이 늘어나 실업률 또한 눈에 띄게 줄어들고 있다. 2016년 11월 기준 실업률이 4.6%이다. 선진국 가운데 미국의 경제가 유일하게 살아나고 있다. 달러가 강세로 가는 이유의 하나이다.

또 다른 중요한 사실은 이제 에너지 쟁탈전으로 인한 세계 정세가 안정을 찾을 것이란 점이다. 사실 예전 미국의 아프가니스탄 침공이나 이라크전쟁은 그 근저에 석유가 있었다.

석유가 급락 현상은 석유수출국기구 오펙OPEC에 치명타를 안겨주었다. 그동안 셀러 마켓이었던 에너지 시장이 바이어 마켓으로 변하고 있는 것이다. 세계 원유 수요 전망치는 줄어드는 반면 원유 공급은 늘어나기 때문이다.

생산 쿼터량 조정과 고가 정책으로 일관했던 오펙의 단결력에 금이 가고 있다. 그간 오펙을 주도했던 세계 최대 석유생산국인 사우디아라비아가 먼저 생산량을 늘리고 덤핑을 치기 시작했다. 오펙 회원국 베네수엘라가 유가 하락에 대응하는 긴급회의 소집을 요구했으나, 사우디에 이어 이란과 이라크까지 덤핑 대열에 동참했다.

이 때문에 중동과 러시아, 남미 산유국들이 곤혹을 치르고 있다. 특히 러시아는 외환시장이 흔들리고 있다. 원유와 가스 수출로 큰돈을 벌어들이고 있는 러시아 경제가 치명타를 입어 루블화가 추락하고 있다.

사우디는 1986년에도 산유량을 200만 배럴에서 1000만 배럴로 늘리며 저유가 전쟁을 유도한 바 있다. 이로써 1998년까지 12년간이나 기록적인 저유가 시대가 계속되었다. 당시 최대 패전국은 소련이었다. 석유 판매 대금의 급감이 소련 붕괴의 한 원인이었다. 이는 사실 미국의 연출로 레이건은 소련을 압박하기 위해 사우디와 협력해 저유가 시대를 지속시켰다. 이제 막을 올린 석유가 인하전쟁도 그때와 유사하다. 미국과 대립하는 러시아·이란·베네수엘라가 가장 큰 고통을 받기 때문이다.

저유가는 세계 경제에 긍정적으로 작용한다. 유럽은 물가하락, 곧 디플레이션이 우려되어 양적완화를 시행할 것으로 보인다. 이는 내수경기 진작에 도움이 된다. 다만 이는 유로화의 약세를 부추겨 당분간 상대적으로 달러의 강세가 예상된다. 중국 역시 에너지 가격 인하와 안정적인 확보로 경제성장의 안정성이 담보되었다. 일본 또한 한숨 돌릴 수 있다. 후쿠시마 원전사고 이후 원전의 올스톱으로 인한 에너지 수입 증가로 힘든 상황에서 여건이 조금 나아질 듯하다.

우리나라에도 저유가가 큰 호재로 작용하고 있다. 달러의 강세는 상대적으로 원화의 약세를 뜻한다. 이는 수출경쟁력이 높아져 엔저 공격을 어느 정도 커버해줄 것이다. 2014년 10월 15일 한국은행은 기준금리를 2%로 인하했다. 4년여 만에 최저치다. 유가 하락세 덕분에 인플레이션이 억제되면서 중앙은행이 금리를 인하하기가 한결 수월해졌다. 덕분에 내수 경기가 힘을 받을 것이다. 그리고 석유가격 인하로 수입 총액이 줄어들어 무역흑자가 더 늘어날 것이다. 그리고 휘발유값 인하 등 제반 물가에도 긍정적으로 작용할 것이다.

차제에 가스와 석유에 기반하고 있는 전기요금 체계를 대폭 손보아야 한다. 그간 가정용보다 산업용에 싸게 적용했던 전기요금 체계를 중소기업은 기존대로 놔두고 대기업 전기료는 누진제를 적용해 올려야 한다. 대신 서민들의 전기요금을 그만큼 깎아주어야 한다. 서민들이 아직도 삼성전자와 현대자동차 등 재벌기업들 전기료 일부를 대신 내주는 이러한 불합리한 전기요금 체계는 더 이상 존속해서는 안 된다.

셰일가스로 인한 달러 가치의 상승

미국 경제는 셰일가스로 인해 다시 중흥기를 맞았다. 세계에서 유일하게 경제가 살아나고 있는 나라이다. 당연히 달러 가치가 치솟았다. 주요 6개국 통화 대비 달러 가치를 보여주는 달러 인덱스가

2014년부터 치솟기 시작해 100을 넘겼다. 곧 이는 다른 6개 통화들이 달러에 비해 약세로 돌아섰다는 뜻이다.

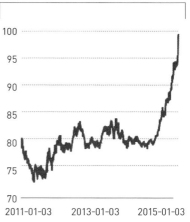

달러 인덱스 흐름

자료: 국제금융센터

이 글을 마무리하는 2016년 12월 초 현재 달러당 엔화는 113엔, 유로화는 0.94유로, 영국 파운드화는 0.79파운드, 중국 위안화는 6.88위안, 원화는 1,173원이다. 세계 경제가 기지개를 피지 않는 한 당분간 달러 강세가 유지될 전망이다.

이제는 수출지상주의 마인드를 바꾸어야

공식적으로는 부인하지만 한국은 오랜 기간 환율전쟁에 참가한 주요 참전국이다. 수출입국을 내건 이래 고환율 정책으로 수출기업들을 정책적으로 많이 지원해왔다. 그 덕에 삼성전자, 현대기아차 등 수출기업이 세계무대에서 무럭무럭 자라날 수 있었다. 고환율이 한몫 단단히 했음을 그 누구도 부인하기 어렵다.

2007년 후반 한때 달러당 900원 선이 무너지기도 했지만 정부의 고환율 정책으로 2013년 중반까지만 해도 1100원대를 웃돌았다. 이에 따른 물가상승과 내수침체로 서민과 자영업자는 어려워졌다. 그리고 삼성과 현대 등 재벌기업은 수출과 영업 환경이 좋아져 우리 경제의 재벌 의존도는 물론 소득 불평등과 빈부의 양극화가 심화되었다. 그들이 내수 상품을 비싸게 팔아 그 자본력으로 해외에서 값싼 수출경쟁력을 유지할 수 있었던 것도 국민들의 부담이었다.

하지만 이제 마인드를 바꾸어야 한다. 수출기업들을 위한 환율에 대한 집착은 더 이상 바람직하지도, 가능하지도 않다. 이제는 갈수록 심화되는 소득 불평등과 점점 벌어지는 양극화로 인해 기존의 수출기업 지원 일변도에서 서민 복지를 생각해야 할 때이다. 원화가 강세면 물가가 내려가 서민들에게는 좋다.

문제는 수출기업이다. 원고高를 받아들이는 기업과 정부의 자세가 필요하다. 원고에 대비한 우리 기업의 각오와 준비가 절실한 시점이다.

한국, 환율전쟁 위험에 무방비로 노출되어 있다

2011년《통화전쟁Currency Wars》의 저자 제임스 리카즈는 투자은행 업계에서 30년 넘게 일해온 금융 전문가이자 통화제도 분석가이며 현재 탄젠트캐피털파트너스 대표이다. 그는 책에서 미국을 비롯한 각국 중앙은행의 양적완화정책에 숨어 있는 의도와 그 부작용을 밝히는 데 힘썼다.

그는 "미국 FRB가 '장기 금리를 낮춰 재정 상태를 완화하기 위해' 양적완화를 시행한다고 포장했지만, 결국은 기준금리를 더 내릴 수 없는 상황에서 새로 돈을 찍어 달러 가치를 내리기 위한 조치일 뿐"이라고 지적한다. 미국 중앙은행의 양적완화는 결국 자국의 수출 경쟁력을 올리고, 미 달러화로 빌린 돈의 가치를 깎아내려 부채 부담을 줄이기 위한 조치라는 뜻이다. 그는 "미국처럼 해외에 빚이 많이 있는 국가가 의도적으로 자국 통화가치를 깎아내리는 행위는 역사상 최대의 도둑질"이라고까지 썼다.

세계 각국이 미국발 인플레이션에 맞서 통화전쟁에 참전하는 상황에서, 리카즈는 "특히 한국과 브라질, 대만 등 부품 수출을 많이 하는 국가는 그야말로 통화 전쟁의 패전국이 될 것"이라고 전망하였다.[*]

환율전쟁은 남의 문제가 아닌 바로 우리의 문제

문제는 각국이 경기부양을 위해 공급한 유동성이 실물경제보다는 주식, 채권, 부동산 등 자산시장으로 유입되면서 자산버블이 우려되고 있다는 점이다.

지금까지는 유로화 약세와 셰일가스 효과로 달러 인덱스는 상대적 강세를 유지했다. 그러나 달러 약세장이 시작되면 본격적인 원화 강세가 온다. 그건 우리 수출에 타격이 크다.

이제 앞으로 양적완화의 가장 큰 피해 대상국은 중국과 한국, 인도 등 아시아와 브라질, 러시아 등 신흥 개발도상국들이다. 이들이 주요 절상 대상으로 떠올랐다. 그 가운데 특히 아시아가 중요한 타깃이 될 수밖에 없다. 경제규모가 가장 크기 때문이다. 하지만 중국은 환율 문제에 관한 한 아직 빗장을 굳게 잠그고 있어 자유시장경제체제로 완전 오픈한 우리 환율시장만 독박을 쓸 위험에 처해 있다. 이제 세계의 환율전쟁은 남의 문제가 아닌 바로 우리의 코앞에 다가온 우리 문제인 것이다.

❖ 윤예나 기자, "통화전쟁 2.0", 〈조선비즈〉, 2013년 5월 17일

미국 정부, 금의 도전을 용서치 않다

금, 달러 가치와 반대로 움직여

금은 전통적으로 재미없는 안전자산이다. 금이 2011년까지 10년 만에 4배 이상 급등한 것은 달러화 약세 때문이었다. 그러자 달러를 대신해 금이 포트폴리오 분산 차원에서 투자 대상으로 떠올랐다. 실제로 세계 주요 중앙은행들과 국부펀드들이 달러화 자산 대신 금으로 옮겨 갔다.

2008년 글로벌 금융위기 이후 미국은 경기부양을 위해 천문학적 수준의 돈을 풀었다. 그 결과 달러를 불신한 투자자들이 안전자산인 금을 선호하기 시작했다. 달러 가치는 급속도로 떨어지고 금값은 천정부지로 올랐다. 2011년 9월 5일 금 가격은 사상 최고치인 온스당 1920달러까지 치솟았다. 7개월 사이에 무려 600달러

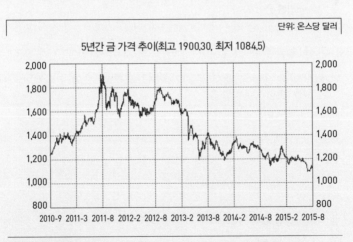

단위: 온스당 달러

5년간 금 가격 추이(최고 1900.30, 최저 1084.5)

자료: www.kitco.com

가 상승한 것이다.

미국, 달러에 대한 금의 도전을 용서치 않다

미국으로서는 금값 상승이 달가울 리 없었다. 왜냐하면 이자 한 푼 안 붙는 안전 자산으로 돈이 몰린다는 것은 그만큼 달러에 대한 불신을 뜻하기 때문이다.

게다가 중국 등 각국 중앙은행들이 외환보유고에서 달러 비중을 줄이고 금 보유를 늘리는 것을 견제할 필요가 있었다. 미국은 달러에 대한 도전만큼은 용서할 수 없었다. 기실 이라크의 후세인이 죽은 것도 달러에 대한 도전 때문이었다. 그가 석유를 달러 대신 유로화로 팔겠다고 선언함으로써 넘지 말아야 할 선을 넘어버린 것이었다.

미국 정부와 연준은 금 투자국들과 금 투자자들에 대한 독수를 준비했다.

미국 정부와 연준의 독수, 폭락하는 금값

우선 연준은 2011년 9월 21일부터 4000억 달러 규모의 오퍼레이션 트위스트를 실시했다. 오퍼레이션 트위스트란 연준이 장기국채를 사들이고 단기국채를 매도함으로써 장기금리를 끌어내리고 단기금리는 올리는 공개시장 조작방식이다. 이는 장기금리를 끌어내려 투자를 유인하는 데 목적이 있다고 연준이 발표했다.

하지만 이는 윗돌을 빼다 아래에 박는 임시방편으로 유동성이 늘어나지 않아 경기부양에 회의적인 사람들이 많았다. 당시 경기부양론자들에게는 이 정책의 무용론이 대두될 정도로 혹독한 비판을 받아야 했다. 그러나 금융시장의 구루들조차 눈치채지 못한 이 정책의 목적은 장기투자 유도 이외에 따로 하나가 더 있었다. 연준의 타깃은 바로 금이었다. 단기금리가 오른다는 것은 이자 한 푼 벌어들이지 못하는 금 투자자에게는 치명적이었다. 금값이 수직 낙하했다. 단 이틀 만에 1900달러대에서 1600달러대로 떨어졌다. 사람들이 안전자산이라 믿고 있는 금값도 이렇게 급락할 수 있다는 것을 연준이 보여준 것이다.

금 선물시장을 옥죄다: 금 선물거래 증거금 21% 인상

미국 정부는 여기에서 그치지 않았다. 금의 대량거래로 현물시장을 선도하는 선물시장을 손보기로 했다. 오퍼레이션 트위스트를 시작한 지 딱 이틀 뒤인 9월 23일 폭탄 규정을 내놓았다. 금과 은의 선물거래 증거금을 각각 21%와 16% 인상한 것이다.

증거금이 인상되면 거래비용 부담이 늘어나 거래량이 줄면서 상품 가격은 하락하는 법이다. 그러자 금값은 일주일 사이에 거의 10%가 폭락했다.

금에 투자한 헤지펀드들에게는 날벼락이었다. 보통 헤지펀드들은 20배 정도의 레버리지(부채)를 사용해 금에 투자하는데 이때 너무 큰 타격을 받았다. 조지 소로스와 폴 존슨이 그해 큰 손해를 본 이유였다.

제2의 오퍼레이션 트위스트

그럼에도 중국 등 외환보유고 대국들이 미국 국채보다는 금을 선호했다. 중국은 더 이상 달러 자산을 늘리지 않겠다는 호언도 서슴지 않았다. 미국은 이런 현상을 더 이상 좌시할 수 없었다. 특히 중국의 입에 재갈을 물릴 필요가 있었다.

미국은 언제라도 금값에 치명적인 단기금리를 내릴 수 있음을 또다시 보여주기로 했다. 2012년 6월부터 2670억 달러 규모로 2차 오퍼레이션 트위스트를 실시했다.

국제 금값 추이

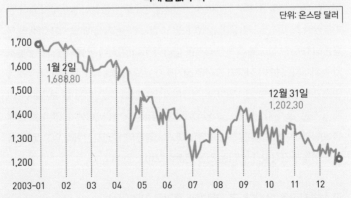

단위: 온스당 달러

1월 2일
1,688.80

12월 31일
1,202.30

자료: 뉴욕 상업거래소

현물시장 손보다: 2013년 4월 12일 황금 대학살

그럼에도 금 수요는 줄지 않았다. 오히려 2012년 12월부터 뉴욕상품거래소에서는 실물 금에 대한 인도 요청이 늘어났다. 그 뒤 4개월 사이에 무려 보유분의 27%가 줄어들었다. 너무 빨리 줄어드는 금 재고분에 대한 우려가 커져 갔다. 미국 정부는 또다시 이에 대한 대책이 필요했다. 이제는 현물시장을 찍어 누를 필요가 있었다.

2013년 4월 12일. 금요일이었다. 뉴욕상품거래소(COMEX)가 개장하자마자 갑자기 금 100톤짜리 매도주문이 날아들었다. 갑작스럽게 쏟아진 어마어마한 매도 물량이 시장을 덮쳤다. 금 가격은 대폭 하락했다. 두 시간가량 지나 시장이 안정을 찾을 무렵 300톤의 매도물량이 다시 쏟아졌다. 이는 2012년 세계 금 생산량의 11%에 이르는 규모였다. 온스당 1521달러였던 금 가격은 오후 5시께 1476달러까지 떨어졌다. 이날 하루 거래된 금만 무려 1100톤이었다.

그리고 주말을 넘긴 월요일 아침(4월 15일), 금요일보다 더 큰 물량이 쏟아져 오전 금값이 100달러 이상 밀리며 1400달러 아래로 추락했다. 한 마디로 금투자 큰손들에게는 재앙이었다. 양 이틀 이러한 거대 물량을 쏟아낼 수 있는 기관은 딱 한 군데밖에 없었다. 연준을 의심할 수밖에 없는 이유였다.

이후에도 금값이 꿈틀거릴 때마다 대량 투매는 종종 있었다. 이에 놀란 투자자들이 금시장에서 발을 빼기 시작했다. 연준과 맞설 수는 없기 때문이다. 투자자들이 미국 국채로 몰려들면서 달러 가치는 계속 오르는 반면 금값은 많이 떨어졌다. 미국 정부가 금 비중을 늘리는 각국 중앙은행과 금 투자자들에게 멋지게 카운터펀치를 먹인 셈이었다.

이런 연유로 한때 온스당 1900달러를 넘어섰던 금값이 많이 떨어져 2016년 1월 15일 현재 국제 금값은 1087달러 내외이다.

세계 각국의 금 보유량, 안갯속을 헤매다

현재 전 세계의 중앙은행들이 보유한 금 총량이 대략 3만 톤으로 추정되고 있다. 미국 8100톤, 중국 4000톤(최근 공식 발표 약 1700톤), 독일 3400톤, IMF 2800톤, 이탈리아 2500톤, 프랑스 2400톤 등이다.

주요국에 비해 저조한 한국의 금 보유량

단위: t

미국	독일	이탈리아	프랑스	중국	스위스	러시아	일본	네덜란드
8133	3401	2451	2435	1054	1040	789	765	612

한국

한국 은행 금 보유량 14.4t…
세계 52위 그쳐
스리랑카·요르단 수준

자료: 세계금위원회

미국 마켓워치는 중국의 금 보유량이 중국 정부의 발표보다 2~3배 더 많을 것으로 보고 있다며 축소 집계 배경을 주목하고 있다. 현재 세계의 금 최대 생산국은 중국으로 전 세계 연간 생산량인 2700톤의 약 14%에 상당하는 370톤 내외를 생산하고 있다. 반면 미국이 아직도 금을 8000톤 이상 보유하고 있는지도 의문이다.

미국과 중국이 서로 금 보유량에 대한 정확한 통계를 밝히지 않는 것은 그만큼 금 시장에 대한 신경전이 치열하다는 의미다. 양국의 금 보유량이 역전되는 시기가 바로 세계 금시장의 주인이 바뀌는 시기일 수 있기 때문이다.

시장이 벼르고 있다

미국도 금시장을 장악했다고 안심하기에는 이르다. 왜냐하면 금값이 싸지면 일반인들과 큰손들의 수요가 살아난다. 그뿐만 아니라 1968년에 미국이 금시장을 평정하려 영국과 손잡고 금 9300톤을 시장에 풀었을 때 그 많은 금을 시장이 소화해버린 역사적 사실이 있다. 미국에서 또 대량의 금이 쏟아져 나오기를 시장이 벼르고 있을 수 있다. 그 중심에 중국이 있다.

III

우리 생활 속의
유대인

JEWISH ECONOMIC HISTORY

외국 자본의 영향력은 우리가 생각하는 것 이상으로 생활 곳곳에 스며들어 있다. 우리나라 증시가 대표적인 예다. 2014년 9월 현재 외국인 비중이 33%에 이른다. 딱 3분의 1이다. 그 가운데에도 은행과 대기업들의 외국인 지분율은 50%가 넘는다. 사실상 경영권을 지배할 수 있는 지분이다. 언제든지 적대적 인수합병을 시도할 수 있는 지분인데, 이 외국인 자본의 태반이 유대계다.

유대인들이 그토록 좋아하는 금융권은 사실상 무장해제당한 형편이다. 우량 은행들의 외국인 지분은 오래전에 60%를 넘어섰다. 이 가운데 3개 은행 경영권은 아예 외국인 손에 넘어갔다. 이러한 사태는 1997년 외환위기 때 본격적으로 시작되었다.

외환위기의 주범은 관치금융과 기업대출이었다. 은행권에 국민총소득의 약 3분의 1에 달하는 공적자금을 투입해 부실을 정리해주어 위기를 극복했다. 5대 은행이 모두 거덜 나고 30대 재벌 가운데 16개 재벌이 도산해 인수되었다.

기업들에 대한 부채 탕감과 금융기관에 대한 공적자금 투입은 결과적으로 이들을 인수한 재벌들과 외국인 투자자들에게 그 혜택이 돌아간 셈이다. 이러한 위기가 터지면 그 비용은 결국 납세자인 국민들이 지게 된다. 위기로 가장 피해를 보는 사람들은 서민과 청년들이다.✢

✢ 조윤제 서강대학교 교수, "금융위기는 다시 온다", 〈중앙일보〉, 2014년 9월 6일

한국의 IMF 사태

나라의 곳간이 비다

1997년 11월 시작된 외환위기 당시, 정부는 환율 하락을 막기 위해 10월과 11월 두 달 동안 118억 달러를 외환시장에 쏟아부었다. 그러나 역부족이었다. 애당초 무지한 게임이었다.

1992년 영란은행과 이듬해 유럽 주요 국가들이 헤지펀드에 당하는 모습과 과정을 조금만 유심히 보고 공부했더라면 부리지 않았을 객기였다. 이 통에 대외부채상환용 외환만 바닥났다. 달러를 비싼 값에 사서 싼값으로 시장에 팔아치운 꼴이었다. 엄청난 국부의 손실이었다. 게다가 더 치명적인 것은 나라 곳간이 비어 국가가 부도 직전에 몰린 것이다.

일본과 미국의 매몰찬 반응

다급해진 정부는 IMF와 비밀협상을 시작했다. 1997년 11월 중순

IMF와 비밀협상을 시작한 뒤에도 재정경제부는 아시아태평양 재무차관회의가 열린 필리핀 마닐라에 엄낙용 차관보를 보내 사카키바라 일본 대장성 차관을 면담하고 도움을 요청했다. 일본 금융기관들이 한국 금융기관들에 빌려준 단기채무 상환을 연장해주도록 대장성이 적극 나서 도와달라고 부탁한 것이다. 그러나 매몰차게 거절당한다. 사카키바라 차관은 "한국 정부가 원화 환율을 시장에 맡기지 않은 상황에서 일본이 자금을 지원할 경우 이 돈이 시장개입용으로 사용될 수 있기 때문에 지원이 곤란하다"는 뉘앙스를 풍겼다. 그 뒤에는 미국의 훈수가 있었다.

미국 정부는 한국의 위기사태 초기부터 직접지원 방안을 배제한 채, 오직 IMF를 통한 지원 방안만 강력히 고수했다. 그 전제는 한국 경제의 강력한 구조개혁, 곧 '완전개방 시장경제체제'로의 환골탈태였다. 미국 정부는 이 같은 방침을 관철시키기 위해 당시 일본 정부가 추진하던 아시아통화기금을 포함해 한국이 시도하던 다른 자금조달 수단을 차단했다.

엄 차관보는 오후에 미국의 서머스 재무차관과 가이트너 차관보와 면담했다. 이들 미국 관료들에게 사카키바라 차관에게 말했던 것을 반복 설명했다. 한마디로 '지금은 시장 상황이 어렵게 되었으니 우방국인 미국이 적극적으로 도와달라. 이번 위기를 넘기고 나면 금융시장을 개방하고 기업 및 금융 시스템도 적극적으로 고쳐나가겠다'는 내용이었다.

당시 국제사회가 한국에 우선적으로 요구한 두 가지는 '투명성 확보와 상호보증 해소'였다. 외환위기는 신뢰의 위기였다. 멀쩡해 보이던 한국 기업이 픽픽 쓰러지자 월스트리트의 한국 담당자들은 일제히 투명성 문제를 지적하였다. "한국은 회계가 엉망이다. 우발 채무가 기록이 안 돼 있다." "부채규모를 파악할 수가 없다. 상호지급보증 때문이다." "밀어내기 수출 관행 때문에 매출 채권을 믿을 수가 없다"는 식이었다. 이런 보고들 때문에 국제사회에 '한국은 믿을 수 없는 나라'라는 인식이 박혔다. 그리고 걷잡을 수 없이 돈이 빠져나간 것이다.✧

미국, 한국을 IMF 구제금융 쪽으로 몰아가다

IMF 사태 때 외국계 사이에서 나돌았던 말 가운데 하나가 "한국에서 정직한 숫자는 천연기념물뿐"이라는 극히 냉소적인 표현이었다. 서머스 차관은 "한국 금융기관이 안고 있는 부실채권 규모를 솔직하게 공개해야 한다. 이를 토대로 정리가 불가피한 금융기관을 선정해 조속히 처리해야 한다"고 못 박았다. 한국이 IMF에 자금지원을 요청할 생각이 있다면 빠른 시일 안에, 그리고 명시적으로 이를 대외에 공표하는 게 바람직하다고 말했다. 환율제도도 조속히 자유변동환율제로 전환하는 것이 좋을 것이라는 충고도 했다. 엄 차관보는 도움을 청하러 갔다가 까다로운 충고만 들었다.

1997년 11월 16일 미셸 캉드쉬 IMF 총재가 입국했다. 김영삼 대통령은 삼성동 인터콘티넨탈호텔 스위트룸에서 미셸 캉드쉬 총재를 맞이했다. 그는 비밀협상을 현장에서 지휘하려고 내한한 것이다.

그 와중에 대통령은 경제부총리를 경질했다. 임창렬 부총리가 한국 경제의 키를 잡은 11월 19일 오후였다. 그는 서울에 와 있던 가이

✧ "이헌재 위기를 쏘다", 〈중앙일보〉

트너 차관보와 IMF 피셔 부총재를 차례로 만났다. 모두 유대인이었다. 가이트너로부터 전해 들은 미국의 입장은 확고했다. "한국이 현 금융위기를 넘기려면 IMF의 자금지원을 받는 수밖에 없다. 미국은 IMF를 통하지 않고 양자 지원을 통해 한국을 도울 수는 없다"는 요지였다. 피셔 부총재도 "한국의 상황이 갈수록 악화되고 있는 만큼 서둘러 IMF에 구제금융을 신청해야 한다"고 강조했다.

미국 현지에서의 압박도 심했다. 루빈 미국 재무장관은 11월 20일 오전에 한국 관련 성명을 발표했다. "한국이 현재의 위기 상황을 벗어나기 위해서는 금융체제를 강화할 수 있는 강력하고 효과적인 행동을 신속히 취해야 한다"는 내용이었다. 더 이상 지체하지 말고 IMF에 손을 벌리라는 경고성 메시지였다. 미국 재무부 3인방이 모두 유대인이었기에 우리의 IMF 사태는 유대인들에 의해 주도된 셈이다.

11월 20일 외환시장은 달러가 거의 증발한 상태에서 4일째 거래가 중단되었다. 그 이튿날 재경원이 마지막 순간까지 IMF 자금지원에 대해 사실무근이라고 부인했으나, 밤 10시 20분경 임 부총리가 IMF 자금지원 요청을 전격 발표했다. 지원금액과 조건 등 실무협상

∴ 재무부 유대인 3인방. 왼쪽부터 루빈, 서머스, 가이트너

은 11월 24일부터 시작되었다.

협상이 막바지에 들어서자 미국 대통령까지 나섰다. 클린턴은 11월 28일 김영삼 대통령에게 전화를 걸어 협상의 조속한 타결을 요구했다. "12월 첫째 주가 되면 한국은 파산이다. 협상을 조속히 마무리 짓는 게 좋을 것"이라는 게 통화의 요지였다.

외환보유액을 속인 정부

미국 정보기관은 우리 관료들이 '튼튼한 펀더멘털'을 강조하던 1997년 중반부터 이미 단기부채 급증으로 한국 경제가 심각한 유동성 위기에 빠질 가능성이 크다는 사실을 반복해서 경고했다. 결국 11월 말 정부는 놀라운 사실을 발표한다. 장부상에 남아 있는 것으로 되어 있는 외환보유액 300억 달러가 실은 거의 바닥났다고 고백한 것이다. 우리 국민만 모르는 사실이었다. 시중은행에 몇십억 달러가 예치되어 있었지만 이마저도 곧 사라질 처지에 있었다. 정부는 마침내 IMF에 손을 내밀었다. 당시 연준 의장 그린스펀도 자신의 자서전 《격동의 시대》에서 당시 상황을 다음과 같이 기록했다.

"루빈이 이끄는 태스크포스팀이 사실상 24시간 움직이고 있었고, IMF는 550억 달러 규모의 금융지원종합정책을 마련했다. 역대 가장 큰 규모였다. 이 거래는 새로 선출된 김대중 대통령의 협조를 필요로 했다. 김대중 대통령이 처음으로 내린 결정은 긴급경제개혁에 전념하겠다는 것이었다. 그동안 재무부와 연준은 수많은 세계의 대형은행들에 연락해 한국에 빌려준 차관을 회수하지 말 것을 요청해야 했다."

"곧 우리는 한국 정부가 외환보유고를 속여왔다는 사실을 알게 되었다. 한국 정부는 갖고 있던 외환 대부분을 시중은행에 매각하거나 융자해 주었다. 은행들은 악성채무 문제를 해결하는 데 이 자금을 썼다. 그들이 보유액이라고 발표하였던 자금은 이미 사용된 뒤였다."

미국의 의도, 한국 경제를 관치에서 신자유주의로

미국이 왜 한국 경제를 IMF 관리체제에 집어넣으려 했는지에 대한 궁금증은 IMF와 자금지원 조건을 협상하는 과정에서 풀렸다. 미국은 이미 오래전부터 한국 경제를 '팍스 아메리카나'로 일컬어지는 미국 주도의 경제 틀에 맞추려는 의도를 갖고 있었다. 한국의 경제력이 커지면 커질수록 미국은 한국 경제의 체질을 '관치에서 미국식 경제체제, 곧 신자유주의 경제체제로' 바꿔야 한다고 생각했다.

그들은 한국 경제의 낡은 틀을 깨부수기 위해서는 IMF를 통한 관리가 가장 효율적이라고 생각했던 것이다. 협상 끝에 IMF는 550억 달러의 패키지 자금을 빌려주는 조건으로 우리 금융산업의 무장해제와 주요 경제정책의 감독권까지 틀어쥐었다.

IMF가 아닌 미국과 벌인 협상

IMF는 출자액에 따라 지분을 갖는다. 따라서 IMF 구조상 실질적인 운영권은 줄곧 미국이 장악해왔다. 다만 IMF 구상을 처음 제안하였던 영국의 입장이 고려되어 총재만큼은 지금껏 유럽이 맡아왔다. 당시 캉드쉬 총재가 부지런히 서울을 들락거렸고, 휴버트 나이스 단장이 이끄는 대표단과 한국 정부가 협상을 밀고 당겼다.

그러나 말이 IMF 대표단과 협상이었을 뿐, 실제로는 미국과의 협상이었다. 미 재무차관보 데이비드 립튼이 1997년 11월 30일, 극비리에 서울에 들어와 협상을 막후에서 지휘했다.

립튼 차관보는 IMF를 관할하는 재무부 책임자였다. 당시 한국 상황에서는 그가 곧 IMF였다. 협상장은 힐튼호텔 19층이었고, 립튼 차관보는 이 호텔 10층에 여장을 풀었다. 나이스 단장은 부지런히 10층을 들락거리며 차관보의 지시를 받아왔고, 협상장에 돌아와서는 이를 그대로 요구했다. 협상은 칼자루를 쥔 그들 의도대로 결정되었다.

관치금융의 종말

그때 그들이 내린 결론은 간단했다. "한국은 그간의 일본식 금융 시스템, 곧 관치금융을 버리고 미국식 자본주의로 대체한다"는 것이었다. 이것은 이미 합의 이전에 워싱턴에서부터 결정되었던 사항이었다.

당시 미국 재무부는 그 무렵 한국의 금융 관행이 일반적인 방법으로는 치료하기 어려운 중증이라고 여겼다. 로버트 루빈의 자서전 《글로벌 경제의 위기와 미국》에 아래와 같이 기록되어 있다.

우리의 견해는 갈수록 한국에서 대대적인 개혁이 외면되는 한 그 어떤 조치로도 시장의 신뢰를 회복할 수 없다는 쪽으로 쏠렸다. (…) 문제가 되는 한 가지 관행은 '관치금융'이었다. 그것을 통해 정부 관리들은 누구에게 융자해줄 것인지 은행들에 지시할 수 있었다. 그 같은 관행은 이른바 '정실자본주의'라고 일컬어졌다. 결과적으로 한국의 은행들은 기강이 없었다. 기업에 호의를 베푸는 은행들은 도산하는 일이 없도록 보호반았으며, 사실상 금융에 대한 견제라고는 없는 상태였다. 한국은 경제가 되살아나기 위해서는 근본적인 문제들에 대처해야 했다. 그러나 국제통화기금 관계자들과의 협상이나 데이비드 립튼과의 대좌에서 한국 관리들이 제시한 방안은 미흡했다.

협상이 끝난 후, 200여 항목에 이르는 방대한 이행각서에 김영삼 대통령은 물론, 김대중 후보 등 대통령 출마자들까지 서명해야 했다. 550억 달러의 패키지 자금 가운데 실제로 갖다 쓴 돈은 195억 달러였는데, 그나마 우리 국민의 금 모으기 등으로 이마저 4년 안에 다 갚았다. 그러나 IMF의 후유증은 컸다.

세계은행과 IMF는 미국 재무장관의 허수아비다

2001년 노벨경제학상 수상자인 컬럼비아대학 조지프 스티클리츠 교수는 2001년 BBC 방송 인터뷰에서 "세계은행과 IMF는 미국 재무장관의 허수아비다. 그들이 하는 일은 달러를 조정해 월스트리트의 해외전략을 돕는 것에 불과하다" 며 충격적인 실정을 밝혔다.

그는 1993년부터 1995년까지 미국 정부의 경제자문위원회 위원을 지냈으며, 1995년부터 1997년까지는 클린턴 대통령의 경제자문위원회 위원장으로 활동하였다. 그 뒤 1997년부터 2000년까지는 세계은행의 수석연구위원 및 수석부총재를 역임하였다. 2000년 9월 연례회의가 열리기 일주일 전, 그는 자기가 몸담고 있는 세계은행과 IMF, 두 국제금융기구를 강하게 비판하였다. 이 일로 그는 강제 사퇴당했다.

⚜ 조지프 스티클리츠 교수

조지프 스티글리츠는 다음과 같은 이야기도 남겼다. "IMF에 구제금융을 신청한 나라는 우선 지도자가 뇌물을 받게 된다. 지원 대상국의 지도자가 국유자산을 싼 값으로 다른 나라에 양도하겠다고 동의만 하면 즉석에서 10%의 사례비가 스위스은행의 비밀계좌로 입금된다. 또한 자본시장이 자유화된다. 이론적으로 자본의 자유화는 자본이 자유롭게 유입되고 유출되는 것을 의미한다. 그러나 아시아와 브라질의 금융위기 경험에 비춰볼 때 자본의 자유로운 유입은 필연적으로 부동산과 증시 및 환율시장의 투기로 이어진다."

심지어 세계은행에서 오래 근무했던 퍼킨스는 《경제저격수의 고백》이라는 책에서 자신이 직접 개발도상국에서 금융위기를 만들어내는 일에 개입하였다고 고백한다.

조지프 스티글리츠는 미 정부 경제자문위원장과 세계은행 수석부총재를 지내미국 정부와 이들 국제기구의 관계는 물론, 국제기구의 속성을 누구보다 잘 아는 사람이었다. 미국은 제도적으로 국제기구가 미국의 영향력 아래 있을 수밖에 없도록 태생적인 장치를 해놓았다. IMF가 바로 좋은 예다.

IMF의 운영원리

IMF의 운영원리는 1국 1표제의 민주주의 원리가 아니라, 지분에 따른 약육강식의 논리다. IMF에서는 돈을 많이 낸 나라일수록 발언권이 클 수밖에 없다. IMF의 재원은 가맹국의 납입금으로 충당되며, 주식회사처럼 납입금의 비율에 따라 지분이 주어진다. 이 점에서 IMF는 철저하게 자본의 논리가 지배하는 작동체제다. 이러한 IMF 창설을 이끈 이가 유대인이다. 당시 미국 대표로 영국 대표 케인스가 내놓은 안을 누르고 미국의 뜻대로 관철시킨 화이트 재무차관이 그 주인공이다. 결성 이래 IMF의 최대주주는 미국이다. 2009년 3월 현재 미국의 지분비율은 17% 정도다. 일본과 독일이 6% 안팎이며, 프랑스와 영국은 5% 정도다. 그런데도 미국이 IMF를 좌지우지할 수 있는 까닭은 무엇인가? 그것은 IMF의 의사결정이 중대 의제일 경우에는 반드시 전체 투표수의 85% 이상의 찬성으로 이루어지도록 하였기 때문이다.

IMF는 미국의 지지와 동의를 얻지 못하면 그 어떤 결정도 내릴 수가 없다. 말 그대로 IMF는 미국에 의한, 미국을 위한 의결구조다. 이런 편파적이고 독단적인 의결구조에 힘입어 미국은 IMF를 원격조종하는 것이다. 그래서 이러한 국제기구는 미국의 대외경제정책에 보조를 같이할 수밖에 없는 구조다.

미국의 대외경제정책은 유대계 관료와 금융가들에 의해 크게 영향을 받고 있다. IMF 사태 당시의 로버트 루빈 재무장관, 매들린 울브라이트 국무장관, 로렌스 서머스 재무차관, 그린스펀 연준 의장 등은 물론 월스트리트의 주요 실세들이 모두 유대인들이었다. 이들이 주도하는 미국의 대외경제정책 가운데 악명 높은 하나가 일명 '워싱턴 컨센서스'다.

워싱턴 컨센서스

'워싱턴 컨센서스Washington Consensus'는 1990년 전후로 등장한 미국의 경제체제 확산전략이다. 외환위기와 같은 국가적 위기 발생을 제3세계 구조조정의 전제로 삼아 미국식 시장경제체제인 신자유주의의 대외확산을 꾀하는 것이다. 미 행정부와 IMF, 세계은행이 있는 워싱턴에서 정책결정자들 사이에 이루어진 합의다.

미국의 정치경제학자인 존 윌리엄슨이 1989년 자신의 저서에서 제시한 남미 등 개도국에 대한 개혁 처방을 '워싱턴 컨센서스'로 부른 데서 유래되었다. 거시경제안정화, 경제자유화, 사유화, 민영화가 그 뼈대이다. 이후 이 합의는 개발도상국들이 시행해야 할 구조조정 내용들을 담고 있다. 그 내용은 정부예산 삭감, 자본시장 자유화, 외환시장 개방, 관세 인하, 국가 기간산업 민영화, 외국 자본에 의한 국내 우량기업 합병·매수 허용, 정부규제 축소, 재산권 보호 등이다.

그런데 이런 권고를 수용하지 않을 때는 집권 세력의 부패비리를 폭로해 지배정권을 무력화시킨 다음 다른 정당을 집권시킨 뒤 구조조정을 하게 한다는 전략이다. 또한 외환위기가 발생하면 이를 방치함으로써 구조조정 프로그램을 관철하는 기회로 삼는다는 것이다.

이처럼 제3세계의 외환위기 발생을 구조조정의 기회로 삼아 신자유주의를 확산시킨다. 이것이 반세계화 진영이 '세계 경제를 미국 기업이 진출하기 쉽게 만들어 이익을 극대화하기 위한 금융자본주의의 음모'라고 비난하는 이유이다. 또 조지 소로스는 이를 '시장근본주의'라고 비난한 바 있다.

한때 워싱턴 컨센서스를 지지하였던 자유주의자로서 〈뉴욕타임스〉의 정기 기고자인 폴 크루그먼 교수는 자신의 기고문에서 이렇게 말했다.

10년 전 워싱턴은 확신에 찬 태도로 라틴아메리카 국가들을 설득했다. 외국의 상품과 자본에 문호를 개방하고 국영기업들을 사유화시키면 엄청난 경제성장을 누릴 수 있다고 말이다. 그러나 그런 일은 일어나지 않았다. 아르헨티나는 오히려 재앙을 맞았다. 멕시코와 브라질은 얼마 전만 해도 성공신화로 회자되었다. 그런데 두 나라의 1인당 국민소득이 1980년에 비해 조금 높아졌을 뿐, 오히려 불평등 수준이 갑자기 높아졌기 때문에 대부분의 사람은 20년 전보다 더 빈곤해졌다. 왜 개혁은 약속한 효과를 실현하지 못하는가? 이는 심란한 질문이다. 나 역시 워싱턴 컨센서스를 전부 믿은 것은 아니었지만 많은 부분을 믿었다. 하지만 지금은 나의 신념을 시장에 내다 팔아야 할 때다.

병 주고 약 준 미국, 위기의 순간에 돕다

1997년 12월 3일 IMF가 한국에 총 583억 달러의 자금을 지원하기로 확정했음에도 국가부도 위험으로 환율이 치솟았다. 12월 5일 IMF로부터 52억 달러가 들어왔지만, 이 돈은 중앙은행의 창고에 쌓이기도 전에 곧바로 나라밖으로 빠져나갔다. 한국 정부는 IMF와 협상이 타결되면 외국계 금융기관들의 자금인출 사태가 진정되고 국제사회의 신뢰도 회복될 것으로 기대했으나 실상은 반대였다.

IMF를 출발한 달러는 서울 도착 즉시 빠져나갔다. 해외투자자들은 그동안 한국에 달러가 부족해 대출을 적극적으로 회수하지 못했으나 IMF로부터 달러가 유입되자 기회는 이때라며 서둘러 대출을 회수해 갔다. 금융시장의 혼란은 좀처럼 개선될 조짐을 보이지 않았다. 오히려 더 심해졌다.

외환시장에 모라토리엄의 위기감이 점증되었다. 12월 10일 서울 외환시장은 개장 37분 만에 거래가 중단되었다. 미 달러화에 대한 원화 환율이 하루 상승 제한폭인 1565.90원까지 폭등했기 때문이다. 아무도 달러화를 팔겠다고 나서지 않았다. 환율이 연초 800원대에 비해 2배가 된 것이다. 12월 18일 김대중 후보가 대통령에 당선되었을 때 우리나라 외환보유고는 고작 39억 달러였다. 12월 23일에는 이제 더 이상 어떻게 손써 볼 수 없는 마지막 상황에 몰렸디. 환율이 1960원까지 치솟았다.

이렇게 우리가 국가부도라는 절체절명의 위기에 처했을 때 위기적 상황을 타개해준 것은 그래도 미국이었다. 1997년 12월 19일 백악관에서 클린턴 대통령 주재로 국가안보회의가 열렸다. 매들린 올브라이트 국무장관, 윌리엄 코언 국방장관, 로버트 루빈 재무장관 등이 둘러앉았다. 대통령을 제외한 네 사람이 모두 유대인이었다. 이날 회의의 의제는 한국의 외채 만기연장 문제였다. 우리나라의 운명이 유대인들에 의해 재단되는 순간이었다.

루빈 재무장관은 시장논리를 들어 한국 채권의 만기연장 문제는 민간 금융기관에 맡겨야 한다고 주장했다. 지금까지 한국의 상황을 이끌어온 미국 재무부의 입장을 고스란히 반영하고 있었다. 반론이 제기되었다. 코언 국방장관이었다. "한국은 수만 명의 미군이 휴전선을 사이에 두고 북한과 총을 겨누고 있는 나라다. 한국의 경제위기는 이 같은 상황을 감안해서 풀어가야 한다." 올브라이트 국무장관도 코언 장관을 거들고 나섰다.

이날 회의의 결과는 한국에 대한 자금지원을 조기에 재개하고, 은행들의 외채연장을 적극 유도해야 한다는 것이었다. 그동안 한국을 옥죄어왔던 경제문제가 안보논리로 해결되는 순간이었다.

유대인들, 구원투수로 나서다

하지만 한국 외환시장은 아수라장이었다. 크리스마스를 눈앞에 둔 12월 23일, 우리나라는 정말 손쓸 수 없는 마지막 상황에 몰렸다. 이때 구원투수로 나선 사람들이 유대인이었다.

그린스펀은 자서전 《격동의 시기》에서 한국의 외환위기 해결을 위해 자신이 한 역할을 이렇게 기록하고 있다.

1997년 아시아 금융위기 당시 한국이 내게 가장 큰 충격을 안겼다. 그때 한국을 디폴트 조치했으면 사태는 더욱 악화되었을 것이다. 서울에 급전을 공급해 한국 경제를 회생시킨 로버트 루빈 당시 미 재무장관은 전 세계 재무장관들의 '명예의 전당'에 오를 만하다.

한국 정부는 250억 달러의 외환이 있어 *끄떡없다*고 주장했으나 우리는 곧 한국 정부가 장난치고 있음을 알게 되었다. 내 보좌관 찰리 시그 먼이 11월 말 한국은행에 전화해 "왜 외환을 풀지 않냐"고 묻자 그들은 "한 푼도 없다"고 답했다. 어려운 문제는 전 세계 수십 개 대형은행에 "한국 부채를 회수하지 말라"고 설득하는 일이었다. 우리는 전 세계 재무장관, 은행장들의 잠을 일시에 깨우는 기록을 만들었다.

당시 재무장관이었던 루빈도 자신의 자서전《글로벌 경제의 위기와 미국》에서 다음과 같이 말했다.

우리는 그해 휴가철에 전 세계 재무장관과 중앙은행장이 잠을 설치게 하는 데 모종의 기록을 수립했던 것이 틀림없다. 하지만 연방 걸어댄 전화는 보람이 있었다. 12개국의 참여를 확보한 가운데 우리는 성탄절 전날에 성명을 발표했다. 내용은 우리가 전 세계 선진국 은행들로부터 이끌어낼 자발적 대출 연장의 맥락에서 국제통화기금이 자금 방출에 박차를 가한다는 것이었다. 그 성명은 민간은행들과 한국인들이 자기 몫을 해줄 경우 쌍무형식의 자금을 내놓을 의향이 있는 나라들 모두의 이름을 명시했다.
은행들이 함께 움직이도록 종용하기 위한 대대적이고 동시다발적인 국제적 노력은 주로 뉴욕 연방준비은행을 통한 연방준비제도이사회와 미국 재무부의 기여를 통해 실현되었다. 본질적으로 어려운 상황을 가중시킨 것은 만나야 할 은행가들이 모두 성탄절 휴가로 흩어져 있었다는 사실이었다. 나는 서머스 차관의 방에 있는 회의 탁자에서 미국 은행들과 투자은행들에 전화를 걸었다. 뉴욕 연방준비은행장 윌리엄 맥다노는 국제적 상대역들에게 전화했고, 그들은 다시 유럽과 일본의 은행에 비슷한 전화를 했다.

상업은행에 근무했던 맥다노는 이 문제를 어떤 식으로 포장해야 하는지 알고 있었다. 미국의 주요 은행장들이 모이자, 그는 그들이 한국을 위해서가 아니라 자신들과 주주의 이익을 위해 집단적으로 행동해줄 것을 권하였다. 그렇지 않을 경우 그들이 안고 있는 거액의 한국 채권은 회수가 불가능해질 수 있다고 말했다. 일부 은행가들은 불평했으나 거의 모두 참여하기로 했다. 우리 같은 회의가 세계 전역의 금융 중심지에서 있었다. 아마도 세계에서 다른 어느 곳보다 외국 은행들이 많은 런던에서는 영란은행 총재 에디 조지가 휴가 중인 주요 은행가들을 불러들였다. 런던의 금융가 '더 시티'가 휴가로 문을 닫았던 복싱데이, 곧 크리스마스 선물을 하는 12월 26일에 회의를 가졌다.

미국이 이렇게 몸이 달았던 데는 이유가 있었다. 그린스펀의 자서전 《격동의 시대》는 미국의 뜻이 어디에 있었는가를 좀 더 명확하게 드러낸다. "한국을 채무불이행 상태로 그냥 두게 되면 훨씬 안 좋은 결과가 나타날 수 있었다. 한국처럼 큰 경제규모를 가진 국가가 채무불이행 상태에 빠질 경우, 국제시장이 위태로워질 가능성도 무시할 수 없었다. 그 여파가 일본이나 다른 국가의 주요 은행 시스템으로 퍼지면 이들이 파산에 이를 수도 있었다"는 것이다.

크리스마스 다음 날 IMF와 미국 등 G7 국가들이 자금을 조기에 지원하기로 했다는 소식이 전해지면서 서울 외환시장에서 원화 가치가 큰 폭으로 반등했다. 이날 미 달러화에 대한 원화 환율은 모라토리엄 위기감이 감돌던 12월 23일보다 22.6%가 떨어진 달러당 1498원으로 마감했다. 절체절명의 위기는 수습된 것이었다.

IMF 그 이후

녹아난 한국 경제

IMF를 틈탄 외국 자본의 인수합병 사례들

하지만 IMF로부터 혹독한 대가를 요구받은 한국 경제는 순식간에 나락으로 추락했다. 외국인에게는 값싼 한국 기업을 사들일 절호의 기회였다.

우리나라 최대 기업인 삼성그룹조차 IMF로부터 자유로울 수 없었다. 삼성그룹의 굴삭기가 볼보에, 포크리프트 부문이 클라크에, 화학 부문은 듀퐁과 GE플라스틱에, 석유화학 부문은 아모코에 넘어갔다. 또한 세계경영을 모토로 하던 대우그룹이 공중분해되어 대우자동차가 GM에 넘어갔다. 이 밖에도 두산음료가 코카콜라에, 삼양제지가 프로텍터갬블에, 오비맥주가 인터브류에 넘어가는 등 크고 작은 업체가 헐값에 외국인에게 매각되었다.

이뿐만이 아니다. 당시 외국인 자본은 폭락한 우리나라 상장기업들의 지분을 거저 줍다시피 하였다. 특히 우량기업과 금융주들을 쓸어 담았다. 이때 재미를 본 외국인 헤지펀드는 그 뒤에도 목표물을 정해 대량 공략을 일삼았다.

이러한 외국계 펀드는 주로 유대계로, SK텔레콤을 공격한 타이거펀드, SK㈜를 노렸던 소버린자산운용, 삼성물산을 괴롭힌 헤르메스펀드 등이 있었다. 1999년 소로스와 쌍벽을 이루었던 유대계 펀드인 타이거펀드는 SK텔레콤 지분 7%를 매집한 뒤 적대적 인수합병 위협을 가했다. 하지만 불과 몇 달 뒤 6300억 원의 시세차익을 남기고 지분을 SK계열사에 넘겼다. 이 과정에서 SK그룹은 2조 원가량의 경영권 방어자금을 쏟아부었다. 또 2003년에는 소버린자산운용이 SK㈜ 지분 15%를 확보하면서 최대주주에 올라선 이후, 기존 경영진 사임을 요구하는 등 분쟁을 벌였다. 하지만 이 또한 투자목적을 단순투자로 변경하더니 결국 1조 원의 차익을 남기고 떠났다.

이 밖에 영국계 헤르메스펀드는 2004년 3월 삼성물산 지분 5%를 매집해 단일 최대주주로 올라선 이후, 삼성전자 지분매각 등을 요구하는 등 경영권 참여에 나섰다. 하지만 1년도 안 되어 전량 매각해 73억 원의 시세차익을 챙겼다.

2005년 초 제일은행을 팔아 1조 원이 넘는 이익을 챙겼던 뉴브리지캐피털, 한미은행 대주주였던 칼라일펀드 등이 국내에서 돈을 벌어 간 대표적 헤지펀드다. 이렇듯 이들 외국계 펀드는 주주총회 개최 요구 등 적극적인 경영참여로 주가를 끌어올린 뒤, 대규모 시세차익을 남기고 지분을 정리하곤 했다. 그래서 '한국은 헤지펀드의 놀이터'라는 말까지 생겨났다.

칼 아이칸과 KT&G

기업사냥꾼이란 특정 목적을 위해 기업을 인수하거나 합병하는 투자가 또는 전문가 집단이다. 원래 기업사냥꾼은 필요에 따라 우호적 인수합병 또는 적대적 인수합병을 취하는데, 특히 적대적 매수자를 기업사냥꾼으로 표현한다. 기업사냥꾼은 크게 세 부류로 나눌 수 있다.

첫째, 거대한 기업조직을 운영하면서 기업가치를 극대화할 목적으로 인수합병을 활용하는 경우다. 대표적인 예로 제너럴일렉트릭GE을 이끌었던 잭 웰치 회장을 들 수 있다. 웰치는 16년 동안 480여 개의 기업을 사고팔아 제너럴일렉트릭을 세계 최고의 기업으로 변신시켰다.

둘째, 인수합병을 통해 기업매매 차익을 노리는 경우다. 적대적 인수합병으로 싼값에 기업을 인수한 다음, 이보다 높은 가격에 팔아 차익을 남긴다. 주로 론스타 등 구조조정 전문 투자집단에 의해 시도된다.

셋째, 인수합병 대상이 되는 기업에 전문적으로 투자하여 그린메일이나 주식매매 차익을 노리는 경우로, 주로 전문 투자집단이 해당된다. 그린메일이란 경영권이 취약한 대주주에게 보유주식을 높은 가격에 팔아 프리미엄을 챙기는 투자를 말한다. 이때 보유주식을 팔기 위한 목적으로 대주주에게 그린메일이라 불리는 편지를 보내는데, 공갈·갈취를 뜻하는 블랙메일의 '메일'과 미국 지폐 색깔인 '그린'의 합성어로 미국 증권시장에서 널리 사용된다. 대표적인 예로 칼 아이칸이나 대규모의 인수합병 펀드를 운용하는 워런 버핏이 해당된다.

기업사냥꾼 세계에서 영향력이 크기로 소문난 인물은 단연 칼 아이칸이다. 물론 유대인이다. 금융위기 이전에 그의 재산은 145억 달러로 미국의 18번째 부자였다. 우리나라에서는 2006년 KT&G 지분을 사들여 10개월 만에 40%의 차익을 남기고 되판 일로 유명해졌다.

론스타와 외환은행, 론스타펀드

론스타는 1989년 텍사스 주 댈러스에서 설립된 폐쇄형 사모펀드다. 론스타는 텍사스 주의 별칭이다. 처음에는 주로 부동산투자 전문으로 출발하여 부동산에만 투자했다. 이후 부실채권정리, 구조조정 등으로 운용의 폭을 넓혔다. 세계 14개국에 6000여 건, 180억 달러 규모의 부동산 관련 자산을 보유하고 있으며, 투자자산의 75%가 아시아에 집중되어 있다 한다.

부실채권정리 분야에서는 골드만삭스나 도이체방크를 능가한다는 평가를 받는다. 신용위기에서도 론스타는 부실채권정리 전문회사답게 메릴린치가 보유했던 장부가액 306억 달러 규모의 부실채권 자산담보부증권CDO을 22%의 가격인 67억 달러에 매입했다. 그나마 인수대금의 75%는 메릴린치가 빌려주고, 손실이 나면 이 부분도 메릴린치가 떠안는 구조였다. 인수대금도 2개 펀드를 출시해 순식간에 모았다. 한마디로 자기 돈 한 푼 안 들이고 코 푼 격이다. 참으로 대단한 실력이었다.

위기에서 천부적으로 돈 냄새를 맡는 텍사스의 외로운 별 론스타는 우리 외환위기를 틈타 한국 시장에서 포식한 뒤, 이제 다시 자기 본토에서 사냥하고 있다. 230억 달러의 운용자금을 갖고 위기에 처한 기업과 자산들을 사들이는 것이다. 이번 신용위기에서도 CTI그룹의 모기지사업 부문을 44억 달러의 채권을 떠안는 조건으로 15억 달러에 사들였고, 베어스턴스 모기지 부문도 매입했다.

원래 론스타의 주 활동지역은 아시아였다. 일본의 노무라증권과 니혼채권은행 등으로부터 5조 엔 정도의 채권을 매입했고, 2002년에는 도쿄쇼와은행(지금의 스타은행)과 타이완의 제일은행을 인수했다.

한국에는 IMF 외환위기 직후 한국자산관리공사와 예금보험공사로부터 5000억 원 이상의 부실채권을 사들이면서 진출했다. 이후 계속 투자를 확대해 투자규모만도 10조 원을 넘는다. 2001년 6월 서울 강남구 역삼동에 있는 스타타워, 2002년 한빛여신전문, 2003년 4월에 극동건설을 각각 인수한 데 이어, 같은 해 8월에는 외환은행을 인수함으로써 한국에서도 은행업을 시작했다. 한국에서는 론스타코리아가 투자를 맡고, 허드슨어드바이저코리아가 자산을 관리한다. 관련 회사로는 한빛여신전문의 후신인 스타리스㈜와 합작회사인 신

외환위기 이후 사모펀드의 주요 국내 금융기관 및 기업 인수현황

대상기관	매입자	매입연도	매입가격(백만 달러)
굿모닝증권	H&Q, Lombard	1998	82
한미은행	Caryle Group	1998	385
제일은행	Newbridge Capital	1998	427
외환카드	Olympus Capital	1999	118
위니아만도	UBS Capital Consortium	1999	201
만도기업	JP Morgan Consortium	2000	470
해태제과	UBS Capital Consortium	2001	410
하나로통신	Newbridge-AIG	2003	1,100
외환은행	Loan Star	2003	1조 4000억 원

자료: 박태견, 〈프레시안〉, 2002년 7월 25일

한신용정보 등이 있다.

론스타는 또 극동건설을 인수한 지 3년도 안 돼 인수자금 대비 3배를 벌었다. 그동안 고배당과 부동산 매각 등으로 최소 3500억 원 이상을 현금화했다. 만도기업의 운명도 극동건설과 비슷하다. 고배당과 자산매각 등으로 이미 인수가의 2배를 안겨주었다.

론스타는 1조 3832억 원에 외환은행을 사서 3년이 채 안 되어 4조 2500억 원의 매각차익을 남기고 국민은행에 팔려다 중단되었다. 그 뒤 외환은행은 2012년 2월 배당과 시세차익으로 4조 원이 넘는 이익을 챙긴 뒤 하나금융지주에 인수되었다.

IMF 구제금융 이후 우리나라에서 외국계 사모펀드가 이렇듯 막대한 수익을 가져간 예는 '론스타-외환은행 사례'뿐만이 아니다. 미국계 사모펀드인 뉴브리지캐피탈이 1999년에 5000억 원을 들여 제일은행을 인수해서 1조 1800억 원의 매각차익을 얻었다. 제일은행은 현재 스탠더드차타드은행에서 인수하여 SC제일은행이라는 이름으로 새출발했다. 또한 칼라일이 2000년에 4559억 원을 들여 한미은행을 인수하여 약 7000억 원의 매각차익을 얻고 시티뱅크에 팔았다. 현재는 한국시티은행이라는 이름으로 영업을 하고 있다.

재무적 투자자와 전략적 투자자

론스타나 뉴브리지캐피탈, 칼라일 등과 같이 자본이득만 노리고 회사를 인수하는 세력을 자본시장에서는 FIfinancial investors, 곧 재무적 투자자라고 한다. 단순히 매각차익을 노리고 회사를 인수하는 세력을 말한다. 이와 반대되는 개념이 SIstrategic investors, 곧 전략적 투자자다. 실제로 해당 사업을 영위할 목적으로 자금을 들여 회사를 인수하는 세력을 말한다. 위의 사례에서는 스탠더드차타드은행이나 시티 뱅크, 그리고 국민은행이 여기에 속한다. 이들은 실제로 은행을 경영할 목적으로 인수를 한 것이다.

이들 재무적 투자자 FI는 IMF 당시 풍전등화에 서 있던 은행이나 기업들을 비교적 헐값에 인수한 다음, 경제가 안정되자 실제 그 회사를 경영하고 싶어 하는 SI를 찾아 높은 가격에 팔아치우는 방식으로 큰 차익을 챙긴다.

이렇게 설명하면 FI는 마치 잿밥에만 관심이 있는 야비한 세력으로 비칠 수 있지만 흑백논리로 FI를 바라봐서는 안 된다. 분명 자본시장에서 이들의 존재는 필요하다. 예를 들어 사업 확장을 위해 반드시 A회사를 인수해야 하는 SI가 있는데 당장 자신의 회사에는 돈이 별로 없을 경우, 돈 많은 FI와 컨소시엄을 이루어 인수하는 경우가 있다. 이 경우 FI는 수익을 얻을 목적으로, SI는 경영권을 확보할 목적으로 동맹을 맺는 것이다. 결과적으로 SI의 인수에 도움을 주게 된다.

또한 자력으로는 회생하기 어려운 부실기업을 인수해서 강력한 구조조정과 신규투자로 기업을 정상화시킨 다음, 이를 되팔아 차익을 올리는 FI도 있다. 이 경우 FI는 자신의 노력으로 기업을 회생시켜 수익을 얻고, 부실기업은 새로운 회생의 기회를 얻고, 기존 주주는 주가가 올라서 좋은 일거삼득의 효과를 얻는다. 이러한 FI들을 특히 구조조정펀드(CRC펀드)라고 한다.

문제는 이러한 역할을 하는 FI가 그동안은 외국계 사모펀드가 대부분이었다는 것이다. 아무래도 외국계의 경우, 우리나라에 뿌리를 두지 않았기 때문에 기본적인 상도의까지 무시하면서 단물을 빨아먹는 경우가 비일비재했다. 우리나라 토종자본을 육성할 필요성이 여기에 있다. 아무래도 토종자본의 경우, 적법한 테두리 안에서 최소한의 상도의는 지켜가며 거래를 할 것이기 때문이다. 따라서 최근에 군인공제회나 국민연금 등이 주축이 되어 사모펀드PEF를 만드는 현상은 바람직하다.

하지만 돈만 있다고 문제가 해결되는 것은 아니다. 고도의 테크닉으로 무장한 외국계 펀드들과 맞대결하기 위해서는 우리도 상당한 금융 노하우와 실력을 길러야 한다. 우리가 론스타와 같은 외국계 사모펀드들을 비난하지만, 그들의 정보력이나 딜을 만들어나가는 아이디어를 보면 대단하다.

따라서 우리의 시각도 변해야 한다. FI들을 돈 놓고 돈 먹는 협잡꾼처럼 보는 시각이 있는 한, 유능한 토종 FI들을 육성하기란 쉽지 않아 외국계 펀드들에게 휘둘릴 공산이 크다.

당시 외환은행은 부실덩어리

이러한 독수리 투자가들이 IMF 사태와 같은 위험한 상황에서 아무도 거들떠보지 않던 다 죽어가는 기업을 회생시켜 놓았다면, 그 긍정적인 면도 참작해야 한다. 만약 투자했다가 기업이 회생하지 못하고 죽어버렸다면 그들도 엄청난 손해를 본다. '하이 리스크 하이 리턴'의 자본주의 속성을 너무 백안시하는 것도 문제다.

사실 당시 외환은행은 부실덩어리였다. 하이닉스와 대우건설 등에 돈을 빌려주었다가 떼였기 때문이다. 외환은행은 못 받게 된 대출금을 두 회사의 주식으로 바꿔 가졌다. 주당 5000원씩 값을 쳐주고 운영자금도 더 대줬다. 그러나 두 회사 주가는 1000원대에서 헤맸다. 외환은행의 부실도 덩달아 눈덩이처럼 커졌다. 팔려고 내놓았지만 사겠다는 곳이 없었다. 미국 사모펀드 론스타가 나타난 건 그때였다.

그리고 이렇게 평상시 기업경영을 잘못해 기업가치가 저평가되어 있던 것을, 이들이 들어와 주주 행동주의를 통해 기업가치를 올려놓았다면 당연히 그에 대한 보상이 따라야 한다는 주장도 있다. 양쪽의 주장을 균형 있게 살펴보는 균형감각과 상식이 필요하다.

IMF 때 여러 국내 금융기관들을 문 닫게 만든 JP 모건

JP 모건 은행은 IMF 외환위기 초기 반년 동안 12건의 채권발행 주간사로 선정되어 모두 40억 달러어치 채권을 성공적으로 발행했다. 또 1998년 1월 뉴욕에서 열린 단기외채 210억 달러의 만기연장 협상에서 서방채권은행단의 대표 역할을 했다.

JP 모건은 같은 해 4월 국내 사상 최대 규모의 '파생금융상품 사고'를 쳤다. 그 내용을 살펴보자.

JP 모건은 1996년 말 태국 등 동남아 통화가 지나치게 강세를 보이자 거품이 심하다고 보았다. 이를 이용해 총수익스왑TRS: Total Return Swap이라 불리는 동남아채권연계 신용파생상품을 만들었다. 태국 바트화나 인도네시아 루피아화 가치가 더 올라가면 이를 산 사람이 돈을 벌지만 통화가치가 폭락하면 이를 판 JP 모건이 떼돈을 버는 구조였다. 문제는 이를 사줄 만한 멍청이를 찾아야 했다. 이때 걸려든 멍청이가 우리나라 금융사들이었다.

JP 모건은 1997년 봄 주택은행·보람은행·SK증권·한국투신·한남투신·제일투신·신세기투신 등 국내 금융기관들에 무이자로 돈을 빌려주면서 동남아채권연계 파생금융상품인 TRS를 사도록 했다. 그리고 겨우 몇 달 뒤 동남아 금융위기가 터져 두 나라 통화가치가 급락했다. 이 때문에 우리 금융사들은 16억 달러의 손실을 입어 TRS를 샀던 금융사들은 쪽박을 찼다.

SK증권이 설립한 역외펀드 가운데 하나인 다이아몬드펀드는 300억 원의 자본금과 JP 모건에서 차입한 5300만 달러 상당의 엔화를 동원해 JP 모건이 판매한 8700만 달러어치의 금융상품을 사들였다. 역외펀드란 세 부담 및 법 규제가 엄하지 않은 외국에 마련한 재외투자신탁이다. 다이아몬드펀드가 사들인 상품은 1년 만기 인도네시아 채권에 투자하는 상품으로, 동남아의 통화가치가 엔화보다 오르면 투자이익을 거두되 하락하면 투자원금의 4배를 물어주도록 되어 있었다.

그런데 1997년 7월 타이 바트화 폭락사태를 시작으로 인도네시아 루피화, 말레이시아 링기트화 등 동남아 통화의 가치가 무더기로 폭락했다. 이 때문에 다이아몬드펀드는 차입금과 투자손실금 1억 8900만 달러를 JP 모건에 물어주어야 할 처지가 되었다. 결국 다이아몬드펀드에 지급보증을 선 보람은행에까지 책임이 고스란히 돌아온 것이다.

주택은행은 SK증권의 다이아몬드펀드에 1억 6700만 달러, 신세기투신이 설립한 역외펀드의 파생금융상품 거래에 1억 4200만 달러 등 모두 3억 900만 달러의 지급보증을 섰다가, 이들 펀드가 투자에 실패하는 바람에 이 거금을 JP 모건 측에 물어주어야 했다.

두 은행과 SK증권 외에도 많았다. 한국투신, 대한투신, 한남투신, 제일투신, 신세기투신과 이름 밝히기를 꺼리는 증권사, 종합금융사, 생명보험사 등이 JP 모건의 파생금융상품을 샀다가 예외 없이 손해를 보았다.

국내 금융기관들이 입은 전체 피해액은 자그마치 16억 달러, 당시 우리 돈으로 2조 원에 가까운 거액이었다. 피해를 입은 해당 기관들은 "JP 모건에 사기를 당했다"며 소송을 내며 부산을 떨었으나 이미 기차는 떠난 뒤였다.

이 사건의 여파로 한남투신과 신세기투신은 결국 문을 닫았다. 문제상품의 판매간사를 맡았던 SK증권 또한 자본이 완전잠식되면서 모그룹인 SK그룹의 자금난마저 야기할 정도로 치명적인 손실을 입었다. 이전까지만 해도 잘나가던 보람은행도 1998년 9월 8일 라이벌 하나은행에 합병당했다.※

우리 상장기업 주식들, 헐값에 넘어가다

국내 주식시장이 개방된 것이 1992년이다. 그러나 1997년 말 외환위기 전까지는 외국인 투자가 제한에 묶여 그리 크지 않았다. 이 기간 외국인이 주식투자를 위해 국내에 순유입한 금액은 170억 달러에 불과했다.

1997년 들어 외환위기가 본격적으로 진행되자 국내 주식시장은 폭락세를 보였다. 동시에 외국인의 국내 주식시장 투자제한이 풀렸다. 이때부터 대부분 우량주식이 외국인의 손에 넘어갔다. 당시 상황을 보자.

1996년 800대를 웃돌던 주가지수는 IMF 사태가 본격화되던 1997년 연말에 376까지 떨어졌다. 700~800원 수준이던 달러 환

※ 박태건, 〈프레시안〉, 2002년 7월 25일

율은 1997년 말에는 2000원을 넘볼 정도로 치솟았다. 이때 들어온 핫머니는 우리 주식을 헐값에 무더기로 쓸어 담았다. 평소 가격의 15% 수준에서 산 셈이다. 이듬해 초 잠시 반등하던 주가는 6월 말에 298까지 밀렸다. 이렇게 연평균 주가지수가 곤두박질한 1998년에, 외국인들은 거저 줍다시피 하며 우량주 4조 8000억 원어치를 사들였다.

1998년 한 해 동안 외국인의 순매수 상위 5개 종목은 삼성전자, 한국전력, 삼성전관, 엘지전자, 삼성화재였다. 대한민국을 대표하는 종목들이다. 그리고 외환위기로 폭락한 금융주들을 쓸어 담았다.

이를 시작으로 외국인들은 지수 1000대인 이듬해에 1조 5000억 원, 주식시장이 다시 꺾여 지수 500대인 2000년에 무려 11조 4000억 원어치를 사들였다. 2000년 IT 버블이 깨지면서 연초에 1000을 넘겼던 주가지수가 연말에 504까지 떨어졌다. 그리고 지수 600대인 2001년에 7조 5000억 원어치를 매수했다. 이로써 외국인 지분율이 1999년 처음으로 20%를 넘긴 뒤 2001년 1월 30%대에 진입했다.

외환위기가 치유되어 가던 2000년에 불어닥친 '국가부채와 국부 유출 논쟁'으로 인한 경제위기설은 경기냉각만 불러온 게 아니라 주식시장에 직격탄을 날렸다. 게다가 2000년은 IT 버블이 깨지면서 무서운 하락이 진행되던 구간이었다. 2000년 연초 1055였던 주가지수는 연말에 504까지 추락했다. 경제위기가 닥칠지도 모른다고 우려한 국내 투자자들이 주식을 내다 팔기에 바빴다. 당시 우리나라 국가부채는 1999년 말 현재 GDP의 22.5%에 불과했다. 일본의 97%, 프랑스 67%, 독일 63%, 미국 57% 등과 비교하면 전혀 문제될 게 없었다.

유럽 통합 당시 경제수렴 기준 60%에도 훨씬 못 미치는 금액이었다. 더구나 외환위기를 극복하기 위한 노력이 국부유출로 매도당했다.

그렇지만 외국인 투자자들은 달랐다. 그들은 경제위기설이 터무니없다는 사실을 꿰뚫어 봤다. 게다가 IT 거품도 가라앉아 있었다. 외국인 투자자들은 우리 주식을 2000년 한 해에만 무려 11조 4000억 원어치 사들였다. 이것은 외환위기 직후인 1998년에 기록했던 사상 최고 기록인 4조 8000억 원의 매입을 2배 이상 넘어선 것이었다.

이렇듯 우리 경제를 사실 이하로 비관적으로 폄하하는 것은 경제 심리를 위축시켜 큰 해악을 끼치게 된다. 경제위기설을 함부로 이야기해서는 안 되는 이유이다.

그 뒤에도 외국인은 지수 800대인 2003년과 2004년에 각각 13조 8000억 원과 10조 5000억 원어치의 주식을 순매수했다. 2002년도의 일시적인 순매도 2조 9000억 원을 감안하면 외환위기 이후 2004년까지 우리 주식을 낮은 지수대에서 싼 가격에 46조 6000억 원어치나 사들였다. 미화로 490억 달러 남짓이었다. 이로써 주가지수 782 정도였던 2003년 10월에 외국인 지분율은 40%를 넘어섰다. 그리고 2004년 4월 44.1%까지 올라갔다.

우리 증권시장이 개방된 1992년부터 2004년까지 총합계를 내보면, 외국인 투자가들은 유가증권시장(61조 4000억 원)과 코스닥시장(6조 원)에서 약 67조 4000억 원 규모를 순매수했다.

대략 IMF를 틈타 외국인이 본격적으로 순매수를 이어간 1998년에서 2004년까지 주가는 400에서 800 사이에서 등락을 거듭하였다. 이 기간 외국인 지분율은 18%에서 44%로 2.4배 이상 불어났다. 이로써 우리나라는 미국의 뒷마당이자 우리보다 먼저 외환위기를 겪

었던 멕시코 다음으로 외국인 주식보유 비중이 높은 국가가 되었다.[*]

외국인, 이미 본전은 뽑고도 남아

그 뒤 외국인이 장기 보유한 과실을 본격적으로 수확하기 시작한 것은 2005년부터였다. 외국인들이 한국 시장에 첫발을 들인 지 14년째 되던 해였다. 그들이 순매도로 돌아선 것은 지수가 1300대를 넘어서 그들이 산 가격대보다 2배 이상 비싸졌기 때문이다. 지수가 1800대를 넘어선 2007년까지 3년 동안 무려 44조 원 이상을 팔아치웠다. 외국인들은 2005년부터 2008년 8월까지 코스피시장(75조 4568억 원)과 코스닥시장(1조 340억 원)에서 연간 기준으로 줄곧 '매도 우위'를 보이면서 총 76조 5000억 원의 순매도를 기록했다.

이에 따라 국내 증시가 개방된 1992년부터 2008년 9월까지 우리 주식시장에서 외국인 투자가의 누적 순매도액은 9조 원을 넘어섰다. 외국인 투자가가 국내 증시에 투자한 자금보다 빼내 간 자금이 9조 원이나 더 많아진 것이다.

그럼에도 코스피시장에서 외국인이 보유한 주식 잔고액은 2008년 8월 19일 기준 237조 7000억 원이었다. 시가총액의 30.3%다. 그들이 사들인 금액보다 훨씬 많이 팔았음에도 그들의 시가총액은 단지 13%만 조정되었을 뿐이다. 그들은 투자한 돈보다 더 많이 빼내 가고도 아직도 우리 상장기업 전체 지분의 30%를 쥐고 있는 것이다. "외국인이 국내 주식시장에서 단물을 다 빼먹는다"는 속설이 그다지 과장된 이야기만은 아닌 셈이다.

❖ 최용식, "최용식의 주식시장 읽기", 〈이데일리〉

그리고 신용위기로 주식시장이 다시 상대적으로 약세였던 2009년에 외국인 투자자는 순매수로 돌아 7월 말까지 17조 8000억 원을 순매수하였다. 이로써 코스피시장의 외국인 투자 시가총액은 235조 원에 이르렀다. 이후에도 매수세를 늦추지 않아 2009년 8월 13일 기준 코스피시장 순매수 규모가 20조 590억 원으로 20조 원을 넘어서는 진기록을 세웠다.

주식은 쌀 때 사서 비쌀 때 팔아야 한다. 이것은 가치투자의 기본이다. 이것은 탓할 것이 못 된다. 다만 우리 스스로 알아야 할 것은, 외세에 의해 강제로 개방되고 외국인 주식투자 한도가 급격히 상향 조정되었다는 점이다. 우리 스스로가 스케줄을 가지고 선제적으로 대책을 세워 열었어야 하는 부분이다.

그리고 또 하나, 현실을 직시해야 할 것이 있다. 2005년도의 예를 보면, 우리 상장기업들이 벌어들인 순이익이 약 69조 원에 이른다. 그런데 우리 주식시장에 들어와 있는 외국인들이 2005년도에 벌어들인 시세차익과 배당금은 그보다 많은 80조 원이었다. 우리 상장기업 전체가 힘들여 번 돈보다 더 많은 돈을 그들이 가져간 셈이다.

지나친 '웩더독 현상'

이뿐 아니다. 돈 많은 외국인의 선물 및 옵션 파생시장에서의 횡포는 더 심하다. 막대한 자금력으로 선물과 옵션을 활용해 현물시장을 입맛대로 주무르고 있다. 이를 꼬리가 몸통을 흔드는 '웩더독wag the dog 현상'이라 부른다. 이제 이것이 기정사실화되고 심화되어 마치 주식시장은 그러려니 한다. 순진하게 현물시장에 투자하고 있는 개미들만 속절없이 털리고 있는 실정이다.

외국인들이 파생시장을 악용해 현물 주식시장을 흔들어 벌어 가는 돈도 문제지만, 파생시장 그 자체에서 외국인들이 벌어들이는 돈은 추정조차 안 된다. 이러한 탓에 우리나라 주가지수 선물옵션시장은 유동성 측면에서 세계 최대의 파생상품시장으로 부상했다. 국내의 외국인뿐 아니라 일본, 홍콩, 대만, 싱가포르, 호주, 미국 등 세계 각지에서 우리나라 시간에 맞추어 주문을 내는 등 파생상품시장의 글로벌화가 빠르게 진행되고 있다.

특히 우리나라는 현물거래대금과 선물거래대금의 차이가 너무 크다. 실제 파생상품시장의 과열 정도를 보여주는 '선물거래대금/현물거래대금' 배율에서 한국은 4.8배로 나타났다. 물론 약정액 등 선물거래의 특성상 어느 정도 현물보다 선물대금이 클 수도 있다. 하지만 미국(1.62배), 일본(0.74배)의 경우를 고려하면 지나치게 과열되어 있다.

파생상품은 2007년 미국발 금융위기의 주범이었다. 한국은 2008년 전 세계 옵션시장 거래량 1위를 차지하였으며, 선물시장 거래량도 7위를 기록할 정도였다. 파생시장은 현물시장과 비례해서 커지는 게 맞다. 그럼에도 이렇게 파생시장이 비정상적으로 커지는 데는 이유가 있는 법이다.

한 일간지는 2008년 금융위기 이후 1년 동안 외국인 투자자들이 한국 자본시장에서 파생금융상품 거래로 챙긴 수익이 25조 원에 이른다고 보도했다. 한국은행에 따르면 2008년 9월부터 2009년 9월까지 정확히 총 13개월 동안 파생금융상품수지가 185억 5320만 달러 적자를 기록했다. 평균 환율로 따지면 24조 8232억 원으로, 우리나라 예산의 10분의 1에 가까운 규모다.

금융위기 이후 13개월 동안 파생시장에서 불거진 엄청난 적자는 2008년 하반기부터 외환시장이 요동을 친 데서 비롯되었다. 여기에 국내 금융기관이나 수출기업 대부분이 향후 환율 하향세를 예상하고 너도나도 환율변동 위험을 피하기 위해 '선물환'이나 '키코KIKO'라는 환헤지 파생상품을 보험처럼 이용한 것이 문제다. 금융위기가 한국의 내부 사정 때문에 촉발된 것도 아니고, 금융위기라는 높은 파도에 휩쓸린 것은 국내 투자자나 외국인 투자자나 마찬가지였을 텐데, 그 와중에 외국인만 한국에서 25조 원을 벌어간 것이다.

외국인 18년 동안 연평균 수익률 30%

한국 주식시장이 개방된 1992년 이후 지난 18년 동안 외국인 순매수, 보유 시가총액 등을 따져 환산한 결과 외국인은 연평균 30.8%의 높은 수익을 올린 것으로 추산되었다. 이는 같은 기간 코스피 연평균 상승률(11%)보다 3배 가까이 높다. 예금금리(6.9%)보다는 4배 이상 높다. 1990년대 통계자료가 없어 계산에서 빠진 연평균 2조에서 5조 원 수준의 배당수익까지 더하면 실제 수익률은 이보다 더 높을 것으로 추정된다. 너무나 대단한 수익이다.✢

금융산업을 위한 시스템, 곧 제도의 틀을 잘 갖추어야

금융산업은 자유로운 환경과 창의성이 꽃 피울 수 있는 개방된 제도 위에서 만개할 수 있다. 그러나 서브프라임 사태로 촉발된 신용위기에서 보았듯이, 이에 못지않게 중요한 게 금융제도와 감독 시스템

✢〈매일경제신문〉, 2009년 8월 2일

이다. 양쪽의 균형과 견제가 필요하다. 흔히들 경제성장은 기술경쟁력에 달려 있다고 한다. 그러나 경제제도system 연구로 노벨상을 받은 더글러스 노스 교수는 한 나라의 경제적 성과는 '기술수준'이 아니라 '제도수준'에 달려 있다고 주장한다.

자원이나 기술이 부족한 것은 비교적 쉽게 해결된다. 자원이 풍부한 동남아시아나 라틴아메리카보다 자원이 부족한 동북아시아가 더 빠른 고도성장을 한 사실을 보아도 쉽게 알 수 있다. 기술이 부족하면 외국에서 도입하면 된다. 기술을 개발하는 것보다 도입하는 편이 오히려 더 경제적일 수도 있다. 그런데 바람직한 제도나 의식은 외국에서 쉽게 도입할 수 없다. 물론 제도의 외형을 모방하는 것은 어렵지 않다. 그러나 사회에 체화된 제도는 문화의 산물이기 때문에 쉽게 얻어지지 않는다. 그러므로 한 사회가 경쟁력이 있는 제도를 갖추는 것은 기술수준을 올리는 것보다 훨씬 어렵다.

대외개방과 금융자유화, 그리고 기업부채의 감소와 기업회계의 투명화 등은 우리가 먼저 대책을 세워 단계적으로 개방하거나 조치했어야 할 부문이었다. 그런데 IMF 사태로 외부의 힘에 의해 문이 열리고 금융혁신이 단행되었다. 이를 두고 혹자는 보이지 않는 축복이라고까지 했다. 일견 일리 있는 말이다. 외환위기 때 우리는 많이 당했다. 하지만 이 속에서 배워야 한다. 지나간, 흘러간 역사가 아니라 현재에 숨 쉬고 있는 역사여야 한다. 아팠던 역사는 잊어버리면 안 된다.

외환시장은 시장원리에 맡겨야

글로벌 금융자유화 이후 수많은 외환위기가 세계 각국을 강타하였다. 1980년대 초 남미, 1990년대 초의 영국을 비롯한 유럽과 스칸디나비아 국가들, 그리고 1990년대 후반의 동아시아, 러시아와 터키, 그리고 최근의 그리스에 이르기까지 거의 모든 개도국과 일부 선진국들이 돌림병처럼 외환위기를 겪었다.

외환위기, 대부분 인위적 정책개입으로 촉발

외환위기의 공식은 생각보다 간단하다. 환율이 시장참여자들이 느끼는 실질 가격과 괴리가 클 때 발생한다. 중남미 4개국 현장에서 근무하며 느낀 바로는, 중남미 각국 정부가 물가안정을 위해 자국 통화가치를 지나치게 달러화에 고정시키려는 정책이 항상 문제였다. 하도 인플레이션에 시달리다 보니 인플레이션 공포에서 벗어나고자 하는 것인데, 환율을 시장에 맡기지 못하고 인위적으로 잡고 있다 결국 외환위기를 당하고 만다. 각국의 사례와 배경은 다르지만 직접적 계기는 인위적인 환율에서 비롯되었다.

각국 정부가 환율시장에 인위적으로 개입한 원인을 사례별로 살펴보자. 수많은 위기 사례 가운데 중남미의 외환위기가 가장 유명하다. 아르헨티나, 브라질, 칠레, 멕시코, 우루과이는 1970년 중반 이후 대외적인 금융개방을 포함한 금융자유화를 적극적으로 시행했다가 거의 모두 1980년대 초 외환위기를 맞았다. 미국의 금리 인상으로 부채위기까지 함께 겪었다. 당시 중남미 각국은 많은 해외 차관과 투자를 유치하여 경제발전을 이루었다.

1970년대 들어 세계 경제는 두 차례에 걸친 오일 쇼크로 인플레이션 압력이 고조되고 경기가 침체되는 등 이중고에 시달렸다. 특히 미국은 베트남 전쟁에 휘말려 재정적자가 커지면서 더 힘들었다. 그런 와중에 미국 연준의 볼커 의장이 인플레이션을 잡기 위해 1979년 고금리정책으로 전환하면서 이자율이 11%에서 19%로 급등하였다. 중남미 각국은 미국에서 들여온 해외 차관에 대한 이자부담 증가와 고금리를 겨냥한 투자자금의 유출로 큰 타격을 받았다.

그러나 그것보다 더 무서운 것은 각국 정부가 인플레이션에 대한 우려와 공포로 자국 화폐의 통화가치에 지나치게 집착한 것이었다. 중남미는 항상 고율의 인플레이션에 시달려왔기 때문에 인플레이션 방어에 대한 집착이 다른 어느 나라보다 강하다. 미국의 고금리정책으로 달러가 강세로 돌변하면 자국 통화의 가치는 당연히 평가절하된다. 그럴 때는 그동안 중남미 정부들이 달러화에 고정시켜 두었던 자국 통화의 페그제나 제한적 변동환율제를 포기하고 환율을 시장에 맡기는 변동환율제를 채택하여야 한다. 그래야 금융위기가 외환위기로 번지지 않는다. 그러나 물가안정에 대한 정부의 집착이 환율 시장에 대한 정부의 인위적인 개입을 불러 외부에서 바라본 환율의 실질시장 가격과 큰 차이를 보여준다. 이를 시장이나 헤지펀드가 그냥 내버려둘 리 없다.

금융위기와 외환위기는 분리해서 생각하여야 한다. 우리는 흔히 금융위기와 외환위기를 동의어로 착각하는 경우가 있다. 금융위기는 금융산업의 문제이며 외환위기는 외환시장에서 발생하는 문제다. 물론 금융위기가 외환위기를 촉발하는 원인인 경우가 많다. 하지만 부실채권의 증대 등 금융위기는 금융산업 내의 해법으로 풀어야 한다. 이로 인해 생기는 외환의 탈출 러시나 외부 헤지펀드의 공격 등의 문제는 외환시장의 시장 기능으로 풀어야 한다는 뜻이다.

각국의 외환위기 사례들

금융위기가 외환위기로 전이된 각국의 사례들을 살펴보자. 아르헨티나의 경우 금융 부문에 대한 적절한 규제와 감독 없이 금융자유화가 급진전되어 도덕적 해이에 빠진 은행 부문의 대출이 급격히 증가하였다가 1979년 10월부터 시작된 미국의 고금리로 금융위기를 맞았다. 이때라도 환율을 시장에 맡겨야 했다. 평가절하가 예상되자 외국 자본이 썰물처럼 빠져나갔다. 누가 평가절하가 예상되는 나라에 달러를 그냥 잠겨두고 있겠는가.

그러나 아르헨티나 정부는 자본유출이 극도로 심화되고 외환보유고가 급격히 줄어든 다음에야 고정환율제를 포기하고 1981년 2월 페소화를 10% 평가절하했다. 이것이 시장의 기대치에 못 미치자 4월과 6월에 추가로 각각 34%와 38%라는 큰 폭의 평가절하를 단행했다. 하지만 사후 약방문에 불과했다. 너무 늦은 것이다. 결국 금융위기가 외환위기로 전이되어 GDP의 절반이 넘는 비용을 지출하였다.

칠레는 1970년 세계에서 최초로 민주적인 선거에 의해 공산주의 정권이 평화적으로 집권하게 된다. 아옌데 정부는 외국 기업의 유상몰수를 원칙으로 했으나 미국 기업의 경우 지난 15년간 총이윤이 총자본금을 초과하였다는 이유로 무상몰수를 단행했다. 이에 대해 당시 미국 대통령 닉슨은 1972년 1월 칠레에 대한 경제원조 중단을 발표했다. 세계의 다른 금융기관도 칠레에 대한 자금대여를 중단했다.

이후 1973년 칠레의 피노체트 군부독재 정권은 아옌데의 사회주의 정권을 총칼로 무너뜨리고 1970년대 중반 영국보다도 일찍 신자유주의를 도입했다. 정부의 주먹visible fist 아래 시장의 보이지 않는 손invisible hand을 대거 도입한 칠레는 금융 부문에서도 금리자유화, 은행의 민영화, 신용배분에 대한 규제 철폐, 그리고 금융시장의 개방 등을 도입했다.

칠레 경제가 회복기에 접어들자 경제정책 입안자들은 1979년부터 인플레이션을 잡기 위해 노력했다. 남미에서 인플레를 잡기 위해 주로 썼던 방법은 달러화에 페소 환율을 고정pegged시키는 것이었다. 상대적으로 미국의 물가가 안정되어 있기 때문이다. 칠레는 페소화의 공시환율을 39페소 : 1달러로 낮추어 조정했다.

이처럼 고평가된 페소화의 고정환율제는 일시적으로 인플레이션을 잡고 칠레에 경제호황을 불러왔다. 정부의 안정화 정책과 경제성장에 대한 초반의 낙관적인 기대는 1980년대에 들어 주식시장의 활황과 부동산 가격의 폭등을 유발하고 은행 금리가 지속적으로 인상되면서 제조업보다 금융 부문에 의존하는 거품경제를 낳았다. 일시에 너무 앞서나간 금융자유화의 결과는 심각한 투기와 버블이었다.

그러나 1979년부터 발생한 국제금리의 상승으로 외자는 유출되기 시작하고, 이에 따라 거품경기는 축소된다. 이때라도 고정환율제를 포기하고 환율을 시장에 맡겨야 했다. 거품경기가 빠지고 칠레 경제가 빠른 속도로 퇴보하면서 1981년 말부터는 외국 자본들이 썰물처럼 빠져나가기 시작했다. 그 결과 더 이상의 외자 유치가 힘들어지고 고정환율제를 유지할 수 없게 되자 그제서야 페소화를 급격히 평가절하시켰다. 그러나 너무 늦어 1982년 8월 외환위기를 맞게 된 것이다.

라틴아메리카의 국내 금융위기는 잘못된 금융자유화 탓이었다. 외채위기의 원인은 방만한 재정이나 심각한 인플레이션과 같은 잘못된 거시경제정책과 무분별한 차관도입 등이었다. 금융위기와 부채위기는 서로를 더욱 악화시키며 1970년대까지 꽤 훌륭한 성장을 하던 이 지역 경제를 수렁에 빠뜨리고 말았다.

라틴아메리카의 경험은 금융억압을 비판하고 자유화를 주장했던 주류 경제학자들의 믿음에 심각한 타격을 주었다. 자유화가 저축과 투자, 그리고 자금배분의 효율성을 증대시켜 경제성장을 촉진하기는커녕 금융 부문을 취약하게 만들고 결국은 위기로 내몰고 말았던 것이다. 유명한 표현대로 '금융 억압을 끝내자goodbye financial repression', '찾아온 것은 금융위기hello financial crash'였다.

결국 금융자유화는 환율시장이 유연하게 반응할 수 있는 시장 시스템 아래에서만 가능한 것이었다. 금융시장을 개방하고 시장경제에 맞추어 자유화를 도모하면서 고답적인 방법으로 억누르면 금융의 출입구인 외환시장은 터지기 마련이다. 이것이 금융위기가 외환위기로 전이되는 방식이다.

영국의 외환위기

외환위기의 파도는 다른 지역도 비껴가지 않았다. 1992년에 영국 등 유럽을 강타한 뒤 스칸디나비아 반도로 번진 것이다. 영국의 재무관료들은 대체로 '검은 수요일' 사건이 통화정책이 정치 논리에 좌우되어 정책 판단을 잘못해서 빚어진 사건이라고 평가했다.

당시도 독일의 고금리가 문제였다. 1990년 통일을 달성한 독일이 동독 경제부흥을 위해 돈을 퍼붓자 인플레이션이 일어났다. 이를 막기 위해 독일은 2년 동안 10차례나 금리를 올려 초고금리로 돌아섰다. 그러자 영국의 파운드화는 강한 평가절하 압력을 받았다. 이때라도 같이 금리를 올리든가 환율조정체제ERM를 탈퇴하여 환율을 시장에 맡겨 자유화해야 했다. 그러나 영국은 미련을 버리지 못하고 버티다 나중에는 무모한 강수를 선택했다.

1990년 10월 유럽단일통화체제인 환율조정체제ERM에 가입했던 영국이 '검은 수요일'이라 불리는 1992년 9월 16일 환투기 공격에 대처하기 위해 파운드화 지지용으로 280억 달러의 보유외환을 투입해 파운드화를 매입하였다. 그러나 소로스를 비롯한 헤지펀드들의 공격 앞에 역부족이었다. 이때 헤지펀드들이 동원한 액수는 1조 달러에 달하는 것으로 추정되었다. 그러다가 영국은 33억 파운드의 손실을 보고, 이자율도 하루에 10%에서 12%, 15%로 올렸다. 그것도 안 돼 외환보유고가 바닥을 보이자 결국 환율조정체제를 탈퇴하였다. 지난 25년간 영국 정치·경제사에 최악의 치욕으로 기록된 사건이다. 당시 무능함이 드러난 집권 보수당은 1997년 토니 블레어가 이끄는 '뉴 노동당'에 참패한 뒤 지금까지도 지지도를 회복하지 못하고 있다.

동아시아 외환위기

한국을 포함한 동아시아 국가들도 1997년 심각한 외환위기로 말미암아 깊은 내상을 입었다. 이는 대공황 이후 자본주의 경제사에서 가장 큰 사건으로 불리고 있다. 수십 년 동안 기적적인 경제성장을 이룩하여 '동아시아의 기적'이라 불리던 이들의 외환위기는 아무도 예상치 못한 것이었다.

이들 국가는 자본 흐름에 대한 조심스런 규제 속에서 차관과 국내 투자를 촉진하며 급속한 성장을 이룩하였다. 1990년대 초반에는 정치·경제, 그리고 이데올로기의 변화 속에서 금융시장을 개방하라는 대내외적 압력이 강화되었고, 결국 단기자본을 포함한 금융시장의 빗장을 열어젖히고 만 것이다. 물론 과다한 투자로 말미암은 수익성 악화나 수출시장의 쇼크 등 경제의 구조적인 문제점도 중요한 요인이었지만, 적절한 규제와 감독 없이 도입된 금융자유화와 개방으로 단기외채가 급등하고 금융 부문의 취약성이 심화되었던 것이 더욱 일차적인 요인이었다.

위기 이전에는 개방과 밝은 성장 전망을 배경으로 이 지역에 대한 자본 유입이 급등하였지만, 일단 위기가 촉발되자 패닉에 휩싸인 국제 금융자본의 무리 짓기 행위가 태국에서 시작된 위기를 멀리 한국에까지 전염시켰다. 결국 국제자본은 단기대출에 대한 롤오버(연장) 거부라는 형태로 이 지역으로부터 급속히 빠져나갔다. 결국 '기적'을 파산시키고 말았던 것이다.

1997년 하반기부터 불어닥친 동남아와 한국의 외환위기는 이 지역에서 처음으로 유대인에 대한 비판적 시각을 갖게 하였다. 마하티르 수상은 말레이시아의 화폐인 링깃의 급격한 가치 하락이 국제 유대 자본의 숨은 음모라고 주장하였다. 국제 환투기꾼 소로스가 미국 및 IMF와 짜고 개혁에 미온적인 태국 경제에 대한 악성루머를 퍼뜨려 바트화의 가치를 폭락시켰다는 것이다.

각국 외환위기의 공통점
각국의 외환위기에는 중요한 공통점이 있다. 해당 통화 당국과 민간 투기자본 간의 상호 대결이라는 구도가 작용하고 있다는 점이다. 다른 각도에서 바라보면, 민간 투기자본들은 공적 기관인 각국의 통화 당국을 상대로 하는 머니게임을 대단히 매력적인 기회로 생각한다고 볼 수 있다. 그러면 민간 투기자본은 왜 민간끼리의 머니게임보다는 공적인 통화 당국을 상대로 하는 머니게임을 선호하는 것일까. 그 이유는 간단하다.

순수한 민간끼리의 머니게임에서는 서로 상대방의 패를 읽기가 쉽지 않다. 당연히 승률도 반반이다. 그렇지만 공적 기관을 상대로 한 머니게임에서는 상대방의 패를 읽기가 쉽다. 이길 확률이 상당히 높은 것이다. 공적인 통화 당국이 외환시장에 개입하는 데에는 명백한 정책의지가 반영되게 마련이고, 이러한 정책의지는 민간에게 쉽게 노출된다.

영국의 검은 9월 사태 때도 그랬다. 당시 나는 스페인에 근무하고 있었기 때문에 유럽에서 진행되고 있는 외환시장의 움직임을 비교적 피부로 느낄 수 있었다. 영란은행이 하루 몇십억 달러씩 동원해 환율을 방어해보려 하였지만 내가 보기에도 터무니없는 역부족이었다. 그것은 시장에 대항하는 영국 관리의 오판에 의한 엄연하고도 엄청난 국부의 손실이었다.

당시 상황을 보자. 유럽의 기축통화인 마르크의 금리 인상으로 투기자본이 대거 이탈하는 상황에서 영국이 취할 수 있는 최선의 대응책은 마르크와 똑같은 수준 또는 그 이상으로 금리를 인상시키는 것이었다. 그렇지만 영국은 고질적인 실업병을 앓고 있어 금리를 인상하는 데에는 한계가 있었다. 그렇다면 남아 있는 방법은 파운드의 가치를 ERM의 기준환율 밑으로 충분히 절하시키는 것뿐이었다.

이에 대해 외환투기꾼들은 당시 영국 입장에서 파운드의 기준 환율을 바꾼다는 것이 결코 쉽지 않음을 잘 알고 있었다. 그렇지만 영국으로서는 달리 대안이 있을 수 없다는 패에 승부를 걸었다.

외환투기자들은 국제 투기자본을 끌어모아 계속 파운드를 매도하면서 영란은행을 몰아붙였다. 영국은 계속 환율을 고수하면서 파운드화 폭락을 막으려 들었다. 마침내 국고가 텅 비게 될 위기로 몰렸다. 다른 수단으로는 금리를 더 올리는 길밖에 없었으나, 그럴 경우 가뜩이나 심각한 불경기가 더욱 곤두박질칠 것을 우려한 영국 국민은 존 메이저 영국 총리에게 차라리 ERM 체체를 탈퇴하라고 요구하였다. 야당의 거센 반대를 무릅쓰고 영국을 ERM에 가입시켰던 범유럽주의자 메이저 총리는 결국 압력에 굴복하여 굴욕적인 ERM 탈퇴 선언을 해야 했다. 비슷한 곤경에 처하였던 이탈리아 리라화도 ERM에서 같이 탈퇴했다. 이탈리아 일간지 〈라 레프불리카〉는 이 소식을 "유럽, 산산조각 나다"라는 제목으로 대서특필했다.

한편으로 영국 정부가 디폴트(부도)를 내지 않은 건 그때나마 환율을 시장에 맡겼기 때문이다. 만약 고집을 더 피워 영국이 마지막까지 파운드화의 방어를 포기하지 않았더라면 우리나라가 외환위기 직전에 그랬던 것처럼 더 큰 손실을 입어야 했을 것이다.

투기자본은 영란은행이 고집하던 가격으로 파운드를 비싸게 팔 수 있었고 파운드의 절하조치가 내려진 다음에 파운드를 다시 싸게 매입함으로써 막대한 환차익을 거둘 수 있었다. 오늘의 국제 금융세계를 들여다보면 민간 투기자본의 규모가 골리앗인데 견주어 공적 외환준비금의 규모는 다윗에 불과하다는 사실을 깨달을 수 있다.

과잉유동성과 기러기 떼

2004년 IMF 통계에 따르면 전 세계 연간수출액은 7조 4000억 달러인 반면 전 세계 외환거래 규모는 770조 달러로 연간 전 세계 수출액의 100배가 넘는다. 2004년 연간 외환거래액의 99%는 무역활동과 직접 관련이 없는 거래라는 뜻이다. 여기서 1992년과 2004년 사이에 연간 교역량은 약 50% 증가한 반면 외환거래 규모는 280%나 급증했다. 세계의 금융 유동성이 실물경제를 훨씬 앞지르고 있다. 하루 약 3조 원의 핫머니가 흘러 다니는, 한마디로 유동성 과잉공급이 계속되는 것이다.

이러한 핫머니의 과잉유동성에 대항해 OECD 회원국의 모든 중앙은행이 동원할 수 있는 공적 외환준비금은 고작 5000억 달러에도 못 미치는 실정이다. 게다가 남의 나랏일로 각국의 중앙은행들이 동시에 같은 방향으로 움직여줄 것으로 기대하는 것은 비현실적이다. 적어도 규모에 관한 한 공적인 통화 당국이 민간 투기자본과 대적할 수 없다는 사실은 명백하다. 게다가 헤지펀드들의 기러기떼 공격은 한순간에 승패를 결정짓는다.

이미 1980년대 중반 피터 드러커 교수는 그의 저서 《새로운 현실》에서 전후 세계 경제를 지배하는 패러다임이 '무역에 의한 상호 의존'에서 '자본이동에 의한 상호 의존'으로 변하고 있다고 지적하였다. 이제 우리는 자본이동에 의한 상호 의존도가 높은 시대에 살고 있음을 인식해야 한다. 이는 제조업보다 금융업이 우리 경제와 삶에 끼치는 영향이 훨씬 크다는 뜻이다.

IMF 사태의 주범, 환율

IMF 사태 당시 원·달러 환율은 800원대였다. 환율 결정요인은 수 없이 많지만, 길게 보면 궁극적으로 양국 간의 구매력 평가에 수렴한 다. 경제학 용어로 '구매력 평가설'이다. 장기 환율결정이론이다.

우리 경제가 본격적으로 올림픽을 준비하기 시작한 1984년의 환율이 800원대였다. 이때부터 1997년 IMF가 일어날 때까지 13년간 한미 양국 간 물가상승률의 누적 차이는 30%를 웃돌았다. 미국의 연간 물가상승률이 3% 안팎일 때 우리는 연평균 5.4%로 13년간 물가가 97.5%나 올랐기 때문이다. 구매력 평가에 따르면 우리 원화의 환율이 달러에 비해 30% 이상 올라야 정상인 것이다. 그럼에도 우리의 환율은 1984년에서부터 1997년까지 13년간이나 계속 800원대 이하에 머물러 있었다. 구매력 평가설에 따르면 1100원대 이상에 있어야 할 환율이었다.

올림픽을 치르면서 국민적 긍지를 높이고 '1만 달러 시대'를 앞당겨 '선진조국 창조'를 해야 한다는 정치적 논리가 득세하였다. 이 정치적 캠페인이 정권의 기반과 연결되어 성역화 조짐을 보였다. 결국 정치 논리가 시장의 경제 논리를 무시하고 강하게 사회를 리드하면서 시장을 무시했다. 1만 달러 시대의 선진조국 창조에 집착하여 원화 고평가를 고집하는 무리한 시장방어가 계속되었고, 결국 외환보유고가 바닥을 드러냈다. 외국 헤지펀드들이 이걸 놓칠 리 없다. 결국 IMF의 원인이 많겠지만 직접적인 주범은 환율이었다. 환율만 시장에 맡겨 놓았더라도 혹독한 외환위기는 피할 수 있었다.

국제수지 측면도 살펴보자. 우리나라 국제수지는 1994년부터 급속히 악화되었다. 이때부터라도 환율이 자연스럽게 올라야 했다. 그래야 국제수지를 호전시킬 수 있었기 때문이다. 그러나 당시 정권은 환율을 결사적으로 방어했다. 1996년 수출이 격감하여 이해 국제수지 적자가 230억 달러로 늘었다. 이 때문에 외환보유고도 크게 줄었다. 하지만 1996년에도 원화가치는 크게 떨어지지 않았다.

게다가 원화의 강세, 곧 고평가를 유지하기 위해서는 국내 금리를 국제 금리보다 훨씬 높여 고금리정책을 유지해야 했다. 결국 부채비율이 높은 우리 기업들만 녹아났다. 이처럼 순리에 어긋나는 일이 벌어진 것은 정권의 이해관계 때문이었다.

종금사의 돈놀이가 화를 부르다

게다가 김영삼 정부의 섣부른 '세계화'는 사실상 외환과 금융에 대한 급진적 규제 철폐를 불러왔다. 그리고 감독기구 같은 것도 없이 '종금사(종합금융사)'와 같은 금융업체 설립이 허가되었다. 이 종금사가 이른바 '만기 불일치' 방식의 금융업 돈벌이를 처음 선보였다. 금리가 싼 엔화 계열의 단기대출을 얻어다 금리가 비싼 국내 시장과 동남아 금융시장에 투자하는 것이었다. 이런 일들이 세계화라는 명목으로 진행되었다.

당시 종금사는 '황금알을 낳는 거위'로 여겨졌다. 해외에서 이자가 싼 자금을 들여와 이자가 비싼 국내에서 돈놀이를 하였으니 앉아서 큰돈을 벌었다. 이러니 종금사 설립은 거대한 이권이었다. 정권은 무더기로 종금사 허가를 내줬다. 그런데 환율이 상승하면 종금사는 환차손을 입을 수밖에 없다. 달러당 800원에 10억 달러를 들여왔다면 총 8000억 원을 돈놀이해서 해외 이자와 국내 이자의 차이만큼 돈을 벌어야 한다. 그러나 환율이 1100원으로 오른다면 원금은 7억 3000억 달러로 줄어든다. 환차손이 원금의 30%에 이르러 이자차익으로는 도저히 감당하기 어렵다. 결국 종금사는 대부분 무너질 수밖에 없다. 정도의 차이는 있으나 당시 모든 금융기관이 비슷한 처지였다. 이런 이해관계 때문에 당시 정권은 결사적으로 환율을 방어했다.

그러나 언제까지나 버틸 수는 없었다. 외환위기 직전 4년 동안의 국제수지 적자는 430억 달러로, 1990년대 중반의 외환보유고보다 2배가 많았다. 외환보유고는 빠르게 줄어들었고, 막대한 외채를 들여와 외환보유고를 메워야 했다. 악순환의 연속이었다.

결국 외환위기를 맞아 그동안 시장을 무시했던 원화 가치는 폭락하여 환율이 순식간에 폭등했다. IMF 뒤 1998년 1월의 평균 환율은 1707원, 1년 전과 비교해 2배 이상 폭등했다. 이 과정에서 환율을 억지로 방어하려다 외환보유고가 고갈된 것이다. 800원대에 판 달러를 1700원대에 다시 사들여야 했다. 엄청난 국고의 손실이었다.

캉드쉬, 한국 관료와 종금사는 근친상간 관계

한국이 IMF와 구제금융을 합의할 때인 12월 초 캉드쉬는 연일 메가톤급 발언을 한국 경제에 퍼부었다. 그는 서울에 오기에 앞서 스페인 신문 〈엘 파이스〉와의 회견에서 아시아 경제모델 폐기를 선언하며 그 한 예로 한국의 재벌 해체를 언급했다. 그는 이어 방콕에서 아시아 국가들의 군비 축소까지 언급했다. 한국 경제 위기의 근본 원인을 잘 지적하는 것이기는 하나 그의 속내는 '시장에 대

∴ 미셀 캉드쉬 당시 IMF 총재

한 국가의 개입 근절을 통한 시장개방'이었다. 미셸 캉드쉬 IMF 총재가 1997년 말 한국에 구제금융을 주기 직전, 외신 기자회견에서 퍼부은 독설이 있다. "한국 관료와 종금사는 근친상간 관계에 있다." 이 얼마나 씻기 힘든 쓰라린 비난인가.

캉드쉬만 당시 이런 얘기를 한 게 아니다.

"한국 정부는 모든 것을 비밀로 덮어두고 군대와 같은 수직적인 조직에 휩싸여 있다. 한국 국민은 우선 정부 관료들이 수년간 양산한 쓰레기 청소부터 해야 할 것이다."(루디거 돈 부시, MIT 교수)

"한국 경제 몰락의 원인은 지적으로 무능하고 부도덕한 금융관료 때문이다."(독일, 〈디 자이트〉)

"한국이 그동안 고속성장을 이룬 것은 한국 국민의 근면성, 교육열, 저축심 때문이다. 그러나 정부와 기업이 모든 것을 망쳐놓고 있다."(폴 크루그먼 당시 MIT 교수)

외환위기로도 관치를 벗어나지 못한 외환시장

1997년 외환위기는 환율과 금리 등이 당국자들 손에 좌우되던 낡은 시스템이 부른 결과였다. 당연히 외환위기를 겪는 과정에서 금리는 속박을 훌훌 벗어던졌다. 관치를 벗어나 시장 기능이 작동한 것이다. 채권시장이 눈부시게 성장하며 시장금리가 뿌리를 내렸다. 금리는 주가처럼 수요와 공급, 재료와 정보에 따라 움직이는 명실상부한 시장가격으로 자리 잡았다.

그러나 우리에게는 아직 철저하게 반성하지 않은 시장이 남아 있다. 바로 외환시장이다. 과거에는 이처럼 '환율상승'을 방어하다가 외환보유고를 소진하였다면 다음에는 '환율하락'을 방어하느라 원화 자산을 소진하여 국가부채를 누적시키기도 하였다. 명분만 바뀌었다. 지난번에는 선진조국 창조를 위한 방어였다면, 이번에는 수출기업을 돕기 위한 방어란다.

이 통에 외환시장 안정을 위해 너무 많은 외국환평형기금채권을 발행했다. 이를 통해 사들인 달러표시 외환보유수익률이 외평채 이자보다 낮아 손실이 가중되었다. 게다가 달러 약세가 한동안 진행되어 환차손도 심한 편이었다. 또 한편으로는 외환시장 안정을 위해 사들인 달러 과다로 통화 증발이 심해지자 이를 다시 환수하기 위해 통화안정채권을 발행하였다. 그 이자부담도 만만치 않다. 이래저래 빚이 쌓이고 있다. 이래서는 안 된다. 시장은 시장에 맡겨야 한다.✤

경제는 균형감각이 무엇보다 중요하다. 어느 한쪽에 치우침이 없어야 한다. 시장은 다수의 참여자로 이루어져 비교적 상식과 균형점을 추구하는 속성이 있다. 시장은 어느 한쪽의 정치 논리나 이데올로기에 치우치지 않는다. 사람의 IQ가 100이라면 시장은 1000이라 한다. 몇 사람이 머리 맞대고 지혜를 짜내는 것보다 시장이 훨씬 효율적으로 일을 한다. 그래서 계획경제가 시장경제를 못 당하는 것이다.

시장경제를 진정으로 추구하는 나라라면 정부는 스스로 무엇을 할 것인지에 앞서, 무엇을 하지 말아야 할 것인지를 먼저 생각해야 한다. 정부가 개입해서는 안 되는 일을 의지를 갖고 하지 않는 것이

✤ 최용식, 21세기 경제연구소장

중요하다. 무위이무불위無爲而無不爲, 곧 '인위적인 일을 하지 않기에 하지 못하는 일이 없다'는 도가의 사상이 시장경제의 중요한 덕목이다. 특히 외환시장에서는 시장의 능력을 믿는 정부와 국민의 인식이 중요하다.

정부가 해서는 안 될 일

정부가 해서는 안 될 일이 바로 시장에 대한 필요 이상의 인위적인 개입이다. 시장이 시장원리에 맞게 잘 돌아갈 수 있도록 지원하고, 시장의 결함이나 불공정한 게임 룰이 없는지 살펴 시장 기능을 활성화시켜 주는 것이 정부의 몫이다. 물론 시장참여자의 일원으로 시장에 참여하는 것은 예외다. 시장을 이기려고 드는 지나친 개입이 문제다. 어느 누구도 시장을 이길 수 없다. 이기는 것처럼 보이는 게 사실은 더 큰 문제다. 문제가 속으로 곪아 훗날 더 크게 덧나기 때문이다.

외환시장이 바로 그렇다. 정부가 인위적으로 개입해 작위적인 강세나 약세를 만들 수 있다고 생각하면 큰 오산이다. 경제 논리에도 맞지 않는다. 후유증이 더 크다. 정책 실패에 따른 비용을 반드시 치러야 하는 곳이 시장이다. 비록 정책적 결정이었다 해도 정책 실패에 대한 책임을 사후에라도 물어야 한다. 뭐가 잘못되었는지 후세에 알려야 하기 때문이다.

IMF 사태는 바로 정부의 지나친 환율조작으로 초래되었다. 1984년의 800원대 환율은 무려 13년을 계속 800원대에서 고정되다시피 고평가되었다. 미국과의 인플레이션 차이로 구매력 평가가 13년 동안 무려 30% 이상 차이가 벌어졌는데도 말이다. 원화가 시장 가치에 비해 지나치게 고평가되어 있는 걸 간파한 헤지펀드들이 가

만있을 리 없었다.

그해 11월 외환보유고는 242억 달러였으나 무리한 환율방어에 외환을 써 실제 가용분은 93억 달러 정도였다. 이는 당시의 적정 외환보유고(360억 달러)는 물론, 만기가 다가온 단기차입금(100억 달러)을 갚기에도 부족한 액수였다. 당시 외채는 1197억 달러였다. 인위적인 원화의 고평가 집착이 결국 국가부도를 불러왔다.

IMF 이후에는 정반대 방향의 정부 개입이 시작되었다. 이번에는 수출 지지를 위해 원화의 저평가에 집착하였다. 이로 말미암아 정부가 외환시장 안정을 위해 운영하고 있는 외국환평형기금의 누적손실액이 1998년 이후 무려 18조 원에 이르렀다. 이에 따라 국회 일각에서 감사원의 감사청구를 요구하고 나서는 등 논란과 문제가 커졌다. 외평기금은 외환시장에 달러가 넘쳐 원·달러 환율이 급락할 경우 정부가 달러 매입으로 환율을 방어하기 위해 국채를 발행해 조성한 기금이다. 외평기금 누적적자가 급증한 것은 2003년, 2004년 파생상품 거래 등 무리한 시장개입으로 외평기금의 규모가 비대해지면서 이자손실이 급증한 데다, 달러 약세가 지속되어 환차손까지 발생했기 때문이다.

정부의 시장개입 결과 외환보유액이 약 2300억 달러로 늘어났다. 세계 4위였다. 외평기금 채권을 계속 늘려 사들인 결과다. 외평채 발행금리가 외평기금으로 사들인 미국채 등 달러표시 자산의 수익률보다 더 높아 역마진이 계속 발생하고 있다. 게다가 한은의 경우 원화로 사들인 달러 보유가 계속 늘어나면서 통화증발 압력이 커지자 이를 상쇄하고자 150조 원이 넘는 통화안정채권을 발행하였다. 그 결과 국가채무는 늘고 이자 뒤치다꺼리로 한국은행 적자도 급증하고 있다. 기본적으로 외환시장에 대한 이러한 인위적인 시장개입은 바람직하지 않다. 시장은 시장원리로 풀어나가야 한다.

시장가격은 시장 스스로의 기능에 의해 결정되어야 한다. 시장참여자들이 비싸다고 생각하면 매도세가 나올 것이고, 싸다고 생각되면 매수세가 몰려 적정한 시장가격이 수요공급의 법칙에 의해 스스로 정해지는 것이다. 이것이 시장의 자기보정적인 기능이다. 시장을 무시한 정부의 인위적인 개입은 언젠가는 한계에 부딪힐 수밖에 없으며 결국 시장의 보복을 받는 법이다.

    유대인 이야기를 쓰고 보니, 1990년대 초 밀턴 프리드먼과《흥망 세계 경제》를 쓴 일본의 가나모리 히사오가 벌였던 논쟁이 생각난다. 이들 사이의 논쟁은 국가경제의 흥망과 성쇠를 가져오는 원인이 '제도'에 기인하는 것인지, 아니면 '인간'에 기인하는 것인지에 대한 설전이었다. 프리드먼은 제도가 중요하다고 보았고, 히사오는 인간이 중요하다고 보았다. 프리드먼은 1980년대의 중국과 대만의 예를 들어 같은 민족이지만 제도적 차이로 경제력의 차이가 벌어졌다고 주장하였다. 결국 경제의 성공과 실패를 만드는 것은 인간이 아니라 제도라고 프리드먼은 보았던 것이다. 프리드먼은 진 적이 없다는 뛰어난 논쟁력으로 유명하다. 결국 이 논쟁에서도 프리드먼이 이겼다. 그러나 유대인 이야기를 쓰고 보니 경제는 인간이 주인공이었다. 세계 경제사의 주역은 유대인이었다.

    사실 유대인 이야기보다는 좀 더 현실감 있는 국제금융에 관한 글을 쓰고 싶었다. 여기에 우리 서비스 수지 적자의 근본 요인인 관광산업, 교육산업, 의료산업 등을 덧붙여 금융산업을 포함한 서비스산업의 중요성에 대하여 알리고 싶었다. 특히 요사이 국제금융시장이 얼마나 현란하게 돌아가고 있는지, 금융자본은 얼마나 빨리 팽창하고 있는지, 월스트리트와 런던 금융시장의 깊숙한 내부의 메커니즘은 어떻게 돌아가고 있는지 이야기해주고 싶었다.

파생상품이 만들어진 시대적 배경과 아울러 그 해악, 주식시장과 파생상품의 거래가 사람의 손을 떠나 치밀한 컴퓨터 프로그램들끼리 부딪치는 현장, 과학적 투자기법의 원리, 자본주의의 극을 달리는 국제금융시장의 실체, 첨단 금융기법 등을 욕심껏 파헤쳐 전달하고 싶었다. 너무무분별하게 달리다 비록 신용위기가 터졌지만, 이는 감추어진 축복일 수있다. 자본주의가 살아 있는 한 자본의 위력은 그 스스로가 다시 이야기를 시작할 것이다.

게다가 창의력과 의지로 키울 수 있는 관광산업, 미래의 궁극적 승부처인 교육산업, 가장 우수한 인재들이 모여 있는 의료산업을 비롯하여이들 서비스산업을 키워낼 인재 양성에 관하여 이야기하고 싶었다. 그리고 그 무엇보다도 서비스산업의 '중요성'을 알리고 싶었다. 그냥 중요하다고만 외쳐서는 피부에 와 닿을 것 같지 않았다. 그래서 유대인을 통해본 서비스산업의 경제사적 의미를 도입하여, 독자가 그 중요성을 피부로느끼게 하고 싶었다. 그래서 고대부터의 유대인의 발자취를 추적하였다.그런데 그만 너무 길어져 대하 드라마가 되어버렸다. 자그마치 책이 10권이다.

그간 쓴 내용을 다시 들여다보니 필자의 능력을 넘어서는 분야가 많았다. 한마디로 욕심이었다. 필자가 도전하기에는 역부족임을 자인한다. 게다가 소송을 무기로 유대인 연구를 감시하는 '유대인비방대응기구Anti Defamation League: ADL' 때문에 서구에서는 유대인에 관한 자료를 구하기 어려웠다. 특히 비유대인이 쓴 책은 거의 없었다. 그럼에도 부족한 글을 모아 '유대인, 그들은 과연 누구인가?'라는 화두를 던지는 데 그쳤다. 그러나 누군가는, 또는 어느 조직에선가는 해야 할 일이다. 개인이 아닌 시스템을 갖춘 조직이 앞장서야 할 것 같다. 능력 있는 단체의 관심과 후학들의 정진이 있기를 바랄 뿐이다.

부끄러움으로 펜을 놓으며
KOTRA 연구위원실에서

참고문헌

가나모리 히사오 지음, 정재철 옮김,《흥망 세계경제》, 매일경제신문사, 1995

강영수 지음,《유태인 오천년사》, 청년정신, 2003

갤브레이스 지음, 장상환 옮김,《경제학의 역사》, 책벌레, 2009

공병호 지음,《인생은 경제학이다》, 해냄, 2006

권홍우 지음,《부의 역사》, 인물과사상사, 2008

기 소르망 지음, 김정은 옮김,《자본주의 종말과 새 세기》, 한국경제신문사, 1995

김경묵·우종익 지음,《이야기 세계사》, 청아출판사, 2006

김욱 지음,《세계를 움직이는 유대인의 모든 것》, 지훈, 2005

김욱 지음,《유대인 기적의 성공비밀》, 지훈, 2006

김종빈 지음,《갈등의 핵, 유태인》, 효형출판, 2001

데릭 윌슨 지음, 신상성 옮김,《가난한 아빠 부자 아들 3》, 동서문화사, 2002

마빈 토케이어 지음, 이찬일 옮김,《성경 탈무드》, 선영사, 1990

막스 디몬트 지음, 이희영 옮김,《세계 최강성공집단 유대인》, 동서문화사, 2002

문미화·민병훈 지음,《유태인 경제교육의 비밀》, 달과소, 2005

미야자키 마사카츠 지음, 오근영 옮김,《하룻밤에 읽는 세계사 2》, 알에이치코리
   아, 2011

박은봉 지음,《세계사 100장면》, 실천문학사, 1998

박재선 지음,《세계사의 주역, 유태인》, 모아드림, 1999

박재선 지음,《제2의 가나안 유태인의 미국》, 해누리, 2002

브라이언 랭커스터 지음, 문정희 옮김,《유대교 입문》, 김영사, 1999

비토리오 주디치 지음, 최영순 옮김,《경제의 역사》, 사계절, 2005

사카키바라 에이스케 지음, 삼정KPMG경제연구소 옮김,《경제의 세계세력도》, 현

암사, 2005

사토 다다유키 지음, 여용준 옮김,《미국 경제의 유태인 파워》, 가야넷, 2002

새뮤얼 애드셰드 지음, 박영준 옮김,《소금과 문명》, 지호, 2001

시바쵸프 지음, 편집부 옮김,《현대 미국의 역사》, 과학과사상, 1993

시오노 나나미 지음, 김석희 옮김,《로마인 이야기》, 한길사, 2007

쑹훙빙 지음, 차혜정 옮김,《화폐전쟁 1》, 알에이치코리아, 2008

쑹훙빙 지음, 홍순도 옮김,《화폐전쟁 2》, 알에이치코리아, 2010

안효상 지음,《상식 밖의 세계사》, 새길, 1997

애디슨 위긴 지음, 이수정 옮김,《달러의 경제학》, 비즈니스북스, 2006

에른스트 곰브리치 지음, 이내금 옮김,《곰브리치 세계사 1, 2》, 자작나무, 1997

오오타류 지음, 양병준 옮김,《유태7대 재벌의 세계전략》, 크라운출판사, 2006

우태희 지음,《세계 경제를 뒤흔든 월스트리트 사람들》, 새로운제안, 2005

육동인 지음,《0.25의 힘》, 아카넷, 2009

윤승준 지음,《하룻밤에 읽는 유럽사》, 알에이치코리아, 2004

이강혁 지음,《스페인 역사 100장면》, 가람기획, 2006

이리유카바 최 지음,《그림자 정부(경제편)》, 해냄, 2005

자크 아탈리 지음, 양영란 옮김,《미래의 물결》, 위즈덤하우스, 2007

정성호 지음,《유대인》, 살림, 2003

존 스틸 고든 지음, 김남규 옮김,《월스트리트 제국》, 참솔, 2002

찰스 가이스트 지음, 권치오 옮김,《월스트리트 100년》, 좋은책만들기, 2001

찰스 킨들버거 지음, 주경철 옮김,《경제강대국 흥망사》, 까치, 2005

최영순 지음,《경제사 오디세이》, 부키, 2002

최영순 지음,《성서 이후의 유대인》, 매일경제신문사, 2005

최용식 지음,《돈 버는 경제학》, 알에이치코리아, 2008

최용식 지음,《환율전쟁》, 새빛에듀넷, 2010

최재호 지음,《유대인을 알면 경제가 보인다》, 한마음사, 2001

최창모 지음,《이스라엘사》, 대한교과서, 2005

최한구 지음,《유대인은 EQ로 시작하여 IQ로 승리한다》, 한글, 1998

코스톨라니 지음, 김재경 옮김,《돈, 뜨겁게 사랑하고 차갑게 다루어라》, 미래의창,

2005

쿠사카리 류우헤이 지음, 강탄현 옮김,《소로스의 모의는 끝났는가》, 지원미디어,
    2000

폴 존슨 지음, 김한성 옮김,《유대인의 역사》, 살림, 2014

피터 번스타인 지음, 안진환·김성우 옮김,《신을 거역한 사람들》, 한국경제신문사,
    2008

한상휴,《한상휴의 유대인의 삶의 지혜》, 늘푸른나무, 2015

홍성국 지음,《세계 경제의 그림자 미국》, 해냄, 2005

후지다 덴 지음, 진웅기 옮김,《유태인의 상술》, 범우사, 2008

성서(대한성서공회, 공동번역 개정판)

곽정수, "승자 없는 게임, 더러운 환율전쟁", 한겨레21, 2010년 10월 15일, 제831호

박문환, [고수 투자 데일리], 〈한경 와우넷〉

우광호 기자, [유대인 이야기], 〈가톨릭신문〉

유춘식 블로그, "환율전쟁과 한국의 대응", 로이터통신 서울지국 부지국장

윤예나 기자, "통화전쟁 2.0", 〈조선비즈〉, 2013년 5월 17일

이강연 포카라 블로그, http://blog.naver.com/pokara61, 2010년 6년 28일

이율·윤영숙 기자, "6차 환율전쟁 본격화하나", 연합뉴스, 2016년 3월 13일

이효석 과장, "쉽게 풀어쓴 경제 이야기 – 원화, 살아 있네", 기업은행 블로그
    http://blog.ibk.co.kr/1006

조윤제 서강대학교 교수, "금융위기는 다시 온다", 조윤제 서강대학교 교수, 〈중앙
    일보〉, 2014년 9월 6일

최용식, "최용식의 주식시장 읽기", 〈이데일리〉

SERI CEO

SpringLady, 〈스넥 매거진(SNEKMAGAZINE)〉, 2014년 8월 1일

홍익희의
유대인 경제사 10
글로벌 서비스산업의 장악
현대 경제사 下

1판 1쇄 발행 | 2017년 1월 25일
1판 5쇄 발행 | 2023년 1월 13일

지은이 홍익희
펴낸이 김기옥

경제경영팀장 모민원 기획 편집 변호이, 박지선
마케터 박진모
경영지원 고광현, 임민진
제작 김형식

디자인 푸른나무디자인
인쇄 · 제본 민언프린텍

펴낸곳 한스미디어(한즈미디어(주))
주소 121-839 서울시 마포구 양화로 11길 13(서교동, 강원빌딩 5층)
전화 02-707-0337 | 팩스 02-707-0198 | 홈페이지 www.hansmedia.com
출판신고번호 제 313-2003-227호 | 신고일자 2003년 6월 25일

ISBN 979-11-6007-101-6 14320
ISBN 978-89-5975-861-6(세트)